主　　编　孙晓勇　国家法官学院院长
最高人民法院司法案例研究院院长
副 主 编　胡田野　国家法官学院副院长
刘　畅　最高人民法院司法案例研究院规划部主任
主编助理　赵文轩　最高人民法院司法案例研究院规划部编辑
刘丽媛　最高人民法院司法案例研究院规划部编辑

《中国法院年度案例》编辑人员（按姓氏笔画）
王　锐　刘　畅　朱建伟　朱　琳　吴光荣　李晓果
李　谦　杨小利　胡　岩　赵文轩　唐世银　徐一楠
贾　僖　曹海荣　梁　欣　程诗翰　程　瑛

本书编审人员　朱建伟

中国法院2022年度案例

国家法官学院　最高人民法院司法案例研究院　/ 编

刑事案例二

（危害公共安全罪、破坏社会主义市场经济秩序罪）

中国法制出版社
CHINA LEGAL PUBLISHING HOUSE

《中国法院2022年度案例》通讯编辑名单

凌　巍　北京市高级人民法院
刘晓虹　北京市高级人民法院
董　扬　天津市高级人民法院
王　佳　河北省高级人民法院
刘冬梅　山西省高级人民法院
杨智勇　内蒙古自治区高级人民法院
周文政　辽宁省高级人民法院
张功岩　吉林省高级人民法院
孙学诗　黑龙江省高级人民法院
牛晨光　上海市高级人民法院
戴鲁霖　江苏省高级人民法院
缪　芳　江苏省高级人民法院
符东杰　江苏省南通市中级人民法院
周耀明　江苏省无锡市中级人民法院
杨　治　浙江省高级人民法院
蒋　莹　浙江省高级人民法院
吴　婧　安徽省高级人民法院
林文君　福建省高级人民法院
章光园　江西省高级人民法院
王露爽　山东省高级人民法院
郭宇凌　河南省高级人民法院
宋淼军　湖北省高级人民法院
杨晓彤　湖北省宜昌市中级人民法院
唐　竞　湖南省高级人民法院
谢佩宏　广东省高级人民法院
邹尚忠　广西壮族自治区高级人民法院
韦丹萍　广西壮族自治区高级人民法院
李周伟　海南省高级人民法院
谭中平　重庆市高级人民法院
任　梦　四川省高级人民法院
李丽玲　云南省高级人民法院
石　瑾　云南省昆明市中级人民法院
龙　媛　贵州省高级人民法院
施辉法　贵州省贵阳市中级人民法院
王丽萍　西藏自治区高级人民法院
郑亚非　陕西省高级人民法院
吴　莹　甘肃省高级人民法院
央　措　青海省高级人民法院
康　莹　宁夏回族自治区高级人民法院
马小菊　新疆维吾尔自治区高级人民法院
王　琼　新疆维吾尔自治区高级人民法院生产建设兵团分院

序

党的十八大以来，以习近平同志为核心的党中央高度重视法治在推进国家治理体系和治理能力现代化中的重要作用，党的十九届六中全会通过的《中共中央关于党的百年奋斗重大成就和历史经验的决议》指出，必须坚持中国特色社会主义法治道路，贯彻中国特色社会主义法治理论，坚持依法治国、依法执政、依法行政共同推进，坚持法治国家、法治政府、法治社会一体建设，全面增强全社会尊法学法守法用法意识和能力。人民法院始终坚持以习近平法治思想为指导，把加强司法案例研究作为推进全面依法治国的重要途径，通过发布具有普遍指导意义的典型案例，统一法律适用、提高审判质效，提升司法公信力，努力让人民群众在每一个司法案件中感受到公平正义。《中国法院年度案例》丛书，旨在总结提炼典型案例的裁判规则和裁判方法，发挥司法规范、指导、评价、引领的重要作用，大力弘扬社会主义核心价值观，增强全民法治意识和法治素养，展现新时代我国法治建设新成就。

《中国法院年度案例》丛书自2012年编辑出版以来，已连续出版11年，受到读者广泛好评。近年来，为更加全面地反映我国司法审判执行工作的发展进程，顺应审判执行实践需要，响应读者需求，丛书2014年度新增金融纠纷、行政纠纷、刑事案例3个分册，2015年度将刑事案例调整为刑法总则案例、刑法分则案例2个分册，2016年度新增知识产权纠纷分册，2017年度新增执行案例分册，2018年度将刑事案例扩充为4个分册。自2020年起，丛书由国家法官学院与最高人民法院司法案例研究院共同编辑，每年年初定期出版。在全国各级人民法院的大力支持下，丛书编委会现编辑出版《中国法院2022年度案例》系列丛书，共23册。为助力实施环境资源审判专门化的司法政策，推进生态文明建设与绿色发展，自今年起，丛书将土地纠纷（含林地纠纷）分册改为土地纠纷（含环境资源纠纷）分册。

《中国法院年度案例》丛书以开放务实的态度、简洁明快的风格，在编辑中坚持以下方法，努力把案例书籍变得“好读有用”：一是高度提炼案例内容，控制案例篇幅，每个案例基本在3000字以内；二是突出争议焦点，剔除无效信息，尽可能在有限的篇幅内为读者提供有效、有益的信息；三是注重对裁判文书的再加工，大多数案例由案件的主审法官撰写“法官后语”，高度提炼、总结案例的指导价值，力求引发读者思考，为司法工作提供借鉴，为法学研究提供启迪。

《中国法院年度案例》丛书编辑工作坚持以下原则：一是广泛选编案例。国家法官学院和最高人民法院司法案例研究院每年通过各高级人民法院从全国各地法院汇集上一年度审结的典型案例近万件，使该丛书有广泛的精选基础，优中选优，可提供给读者新近发生的全国各地多种类型的典型性案例。二是方便读者检索。为体现以读者为本的宗旨，丛书分卷细化，每卷下还将案例主要根据案由分类编排，每个案例用一句话概括裁判规则、裁判思路或焦点问题作为主标题，让读者一目了然，迅速找到目标案例。

中国法制出版社始终全力支持《中国法院年度案例》丛书的出版，给了作者和编辑们巨大的鼓励。2022年，丛书将继续提供数据库增值服务。购买本书，扫描前勒口二维码，即可在本年度免费查阅往年同类案例数据库。我们在此谨表谢忱，并希望通过共同努力，逐步完善，做得更好，真正探索出一条编辑案例书籍、挖掘案例价值的新路，更好地服务社会主义法治国家建设、服务法治社会建设、服务学习研究法律的读者。

《中国法院年度案例》丛书既是法官、检察官、律师等法律工作者的办案参考和司法人员培训的实用教材，也是社会大众学法用法的经典案例读本，同时是教学科研机构案例研究的良好系列素材。当然，案例作者和编辑在编写过程中也难以一步到位实现最初的编写愿望，客观上会存在各种不足甚至错误，欢迎读者批评指正。我们愿听取各方建议，不断扩宽深化司法案例研究领域，立足新发展阶段，实现中国特色司法案例研究事业的高质量发展。

国家法官学院
最高人民法院司法案例研究院
2022年1月

目　录

Contents

一、危害公共安全罪

二、破坏社会主义市场经济秩序罪

（一）生产、销售伪劣商品罪

（二）妨害对公司、企业的管理秩序罪

（三）破坏金融管理秩序罪

一、危害公共安全罪

1

醉酒后点燃停放在居民区附近的电动车的行为定性

——陈某放火案

【案件基本信息】

1. 裁判书字号

浙江省台州市中级人民法院（2020）浙10刑终168号刑事判决书

2. 案由：放火罪

【基本案情】

2019年11月21日1时20分，被告人陈某酒后途经某超市南面一街面房时，为寻求刺激，试图用打火机点燃丁某明停放在一楼门外的电动车未果，遂点燃电动车上的手套，后又将打火机投入着火的手套中离开。路过的群众发现火情后报警，消防人员赶到现场将火扑灭。着火导致丁某明的电动车烧毁、邱某敏停放在此路边的浙JD××××牌小型客车车漆、车轮轮眉等多处受损，上述街面房房门和墙壁被熏黑、街面房墙边（重力墙）堆放的木板过火。经鉴定，电动车价值人民币1067元，浙JD××××牌小型客车损失价值人民币2303元。

同月27日，被告人陈某在某村被公安机关抓获。案发后，陈某的亲属已赔偿丁某明人民币2900元、邱某敏人民币3300元，均取得了谅解。

【案件焦点】

醉酒后点燃停放在居民区附近电动车的行为如何定性。

【法院裁判要旨】

浙江省台州市椒江区人民法院经审理认为：被告人陈某酒后滋事，任意毁坏他人财物，情节严重，其行为已构成寻衅滋事罪。公诉机关对被告人陈某所指控的犯罪事实清楚，定罪不当，予以纠正。关于辩护意见，审理认为侦查人员通过技侦手段确定嫌疑人的，不是一般性排查，故不是自首，归案后如实供述事实，究其犯罪情节，不予适用缓刑，其他所辩与事实相符，故对辩解予以采纳，对辩护意见部分予以采纳、部分不予采纳。被告人陈某归案后如实供述自己的罪行，是坦白，有赔偿情节，并取得其谅解，自愿接受处罚，予以从轻处罚。依照《中华人民共和国刑法》第二百九十三条第一款第三项、第六十七条第三款和《中华人民共和国刑事诉讼法》第十五条、第二百零一条的规定，判决：被告人陈某犯寻衅滋事罪，判处有期徒刑七个月。

一审宣判后，公诉机关提出抗诉，认为：（1）陈某先试图用打火机点燃电动车未果，又点燃电动车手套，并将打火机投入手套后即离开，放火故意明确。放火地点在成片的居民住宅旁，点燃的电动车已引燃附近堆放的木板，木板中间窗边仓库内堆放着易燃纺织品，停在附近的汽车部分受损，电动车着火的火焰高达相邻房屋二楼遮阳网下方，附近有大量电线电缆，若未及时发现和报警，未对火势加以控制，火势存在进一步扩散的危险，足以危害公共安全。陈某的行为符合放火罪的主客观要件，构成放火罪。原判定罪错误。（2）放火罪法定刑为三年以上十年以下，原判以寻衅滋事罪判处陈某有期徒刑七个月，量刑明显不当。被告人陈某未提起上诉。出庭检察员支持上述抗诉意见。

浙江省台州市中级人民法院经二审审理查明的事实、证据与一审相同。经审理认为：原审被告人陈某故意放火焚烧他人财物，危害公共安全，虽尚未造成严重后果，但其行为已构成放火罪。关于抗诉理由，经查，根据案发现场的客观环境，即电动车的燃烧，已引燃旁边的木板及下水管，而点火时间又发生在火灾不易被发现的凌晨，如果不及时扑救，存在火势进一步扩大而危及周边众多居民人身、财产安全的危险。陈某熟悉案发现场及附近情况，其在点燃电动车手套后即离开，对其点火行为可能引发火灾造成周边居民人身、财产损失的后果持放任态度。因此，本案符合放火罪的构成要件，抗诉机关提出陈某有放火故意、放火行为足以危害公共安全的意见成立，予以采纳。原判认定构成寻衅滋事罪定罪错误，致量刑畸轻，依法应予纠正。抗诉机关提出原判定性错误、量刑不当的理由成立，予以采纳。陈某归案后如实供述犯罪事实，已赔偿被害人经济损失并获谅解，依法予以从轻处罚。依照《中华人民共和国刑法》第一百一十四条、第六十七条第三款和《中华人民共和国刑事诉讼法》第二百三十六条第一款第二项之规定，判决：原审被告人陈某犯放火罪，判处有期徒刑三年。

【法官后语】

司法实践中，用点火方法实施的犯罪行为是否构成放火罪，关键要看点火行为客观上是否足以危害公共安全及主观上是否具有放火的故意，即客观上要根据点火事实所造成的危险是否已经处于逼近实现的阶段或者状态，也要根据点火行为造成危险的直接性、可控性与高度盖然性进行因果关系判断；主观上要根据是否认识到点火行为导致结果发生以及对此的认识程度。

一、客观上是否足以危害公共安全

（一）要根据客观事实进行判断

对于具体危险犯来说，危险是作为一个独立的构成要件而存在的，并且需要在司法过程中根据具体的案件事实进行具体认定。是否存在具体危险，应当采取一般人的标准，立足于行为当时的具体情况，判断行为所造成的危险在客观上是否已经处于逼近实现的阶段或者状态。因此，对于点火行为，并不是一经实施即可认定足以危害公共安全，而是要结合点火的对象、时间、地点、气候、环境等方面进行考察。就本案而言，从现场勘查笔录、案发现场监控视频等证据可以反映出，消防人员到达现场时，案发现场旁的电动车、木板及下水管还在燃烧，周边可燃物存在被引燃的危险，而点火时间又发生在火灾不易被发现的凌晨，如果不及时扑救，存在火势进一步扩大而危及周边众多居民人身、财产安全的危险。

（二）要根据因果关系进行判断

司法实践中，还应结合上述客观情况进行因果关系的判断。就放火罪而言，这里因果关系判断主要表现为直接性、可控性与高度盖然性。本案直接性判断不言自明，不再赘述；根据当时的客观条件，不论是时间上还是空间上，火势在一定程度达到了失去控制的燃烧状态，若未及时发现和报警，未对火势加以控制，火势存在进一步扩散的危险；虽然火势时强时弱，但是点燃的电动车已引燃附近堆放的木板，木板中间窗边仓库内堆放着易燃纺织品，停在附近的汽车部分受损，电动车着火的火焰高达相邻房屋二楼遮阳网下方，附近有大量电线电缆，可以判断相关危险的现实化具有较大可能。

二、主观上是否具有放火的故意

认定是否存在故意，不能以行为人的供述作为认定的唯一或者最重要的证据，关键还是要结合案件的客观情况。具体而言：一是点火行为在客观上导致结果发生的可能性程度；二是行为人主观上是否认识到结果会发生及对此的认识程度。本案中，陈某与电动车车主素不相识，酒后回家途经案发地，用打火机点燃路边电动车，见火未烧起来又点燃电动车手套，为使火烧得更旺，又将打火机扔进着火的手套中，未考虑后果，就直接离开现场了。此外，考虑到陈某在案发现场附近居住，熟悉案发现场及附近情况，明知周围房屋密集居住人员众多，仍点燃电动车手套后即离开，可以认定其对点火可能引发火灾造成周边居民区人身、财产损失的后果持放任态度。

综上，本案陈某的点火行为在客观上足以危害公共安全，主观上有放火的主观故意，构成放火罪。

编写人：浙江省台州市中级人民法院　王永兴

2

失火造成重大损失，行为人罪责难逃

——姚某柱失火案

【案件基本信息】

1. 裁判书字号

湖南省新晃侗族自治县人民法院（2020）湘1227刑初99号刑事判决书

2. 案由：失火罪

【基本案情】

2020年3月21日17时许，姚某柱在未办理《野外用火许可证》的情况下，将其堆放在新晃侗族自治县鱼市镇新桥村“上头雪洞山”责任地中的杂草点燃，准备用于种植玉米。在杂草燃烧过程中，因疏于防范，不慎引发山林火灾，直至同日21时许，山火才被群众扑灭。经鉴定，本次火灾过火林地面积7.23公顷，其中过火有林地面积5.59公顷。

被告人姚某柱已认罪认罚，于2020年7月17日向公诉机关出具认罪认罚具结书。

【案件焦点】

1. 被告人姚某柱的行为是否构成失火罪，公诉机关指控的罪名是否成立；2. 若公诉机关指控的罪名成立，被告人姚某柱是否可从轻处罚。

【法院裁判要旨】

湖南省新晃侗族自治县人民法院经审理认为：被告人姚某柱违反森林用火规定，在劳作时因疏于防火安全引发山林火灾，过火林地面积7.23公顷，其中过火有林地面积 5.59 公顷，造成的损失惨重，被告人姚某柱的行为已构成失火罪，公诉机关指控的罪名成立。被告人姚某柱到案后能如实供述自己的罪行，是坦白，并认罪认罚，可以从轻处罚。被告人姚某柱曾因故意犯罪于 2018 年 12 月 24 日被判处过拘役六个月，缓刑六个月，具有犯罪前科，公诉机关的量刑建议适当。依照《中华人民共和国刑法》第一百一十五条第二款、第六十七条第三款，《中华人民共和国刑事诉讼法》第十五条之规定，判决：被告人姚某柱犯失火罪，判处有期徒刑一年。（刑期从判决执行之日起计算；判决执行以前先行羁押的，羁押一日折抵刑期一日；即刑期自 2020 年 6 月 10 日起至 2021 年 6 月 9 日止。）

【法官后语】

失火罪是指由于行为人的过失行为引起火灾，致人重伤、死亡或者公私财产遭受重大损失，危害公共安全的行为。在主观方面表现为过失，即行为人没有预见自己的放火行为会引起火灾，或轻信能够避免的心理态度。失火一般发生在日常生活中，如吸烟、取暖、在田里烧草、烧田坎等不慎就可能引发火灾，致人重伤、死亡或者公私财产遭受重大损失，危害公共安全就构成失火罪。按规定造成森林火灾，过火有林地面积 2 公顷以上，或者过火疏林地、未成林地、灌木林地面积 4 公顷以上的应以失火罪立案追究刑事责任。本案被告人对自己的行为后悔莫及，也因此付出了代价。

火灾猛于虎，火灾的发生会给国家和人民的生命财产安全造成巨大的损失，应树立防火安全意识，学习防火安全知识，防患于未然，对自己负责、对家人负责、对他人负责、对社会负责。

编写人：湖南省新晃侗族自治县人民法院　杨玉琴

3

妨害公交车安全驾驶行为的性质认定及量刑平衡

——刘某某以危险方法危害公共安全案

【案件基本信息】

1. 裁判书字号

浙江省青田县人民法院（2019）浙1121刑初97号刑事判决书

2. 案由：以危险方法危害公共安全罪

【基本案情】

2019年1月12日，饮酒后的被告人刘某某携带其两岁的孙女，搭乘由司机周某某驾驶的公交车前往某街道。公交车沿省道行驶至油竹街道官塘小区站牌停车时，坐在公交车前门附近的被告人在明知公交车“前门上车后门下车”规定的情况下，觉得抱着孩子从前门下车方便，要求周某某打开前门让其下车，周某某拒绝并告知被告人从后门下车，被告人随即用方言脏话指责周某某，两人产生口角，周某某遂启动公交车向前行驶，将车开出站牌，当时车上另有乘客13人。被告人因未能在目的地站牌下车，便不顾车辆正在行驶的状况，上前用手指指着周某某的脸颊与周某某理论，周某某遂紧急刹车。车辆停下后，被告人以自己小孩摔倒被吓到为由将周某某的脸部打伤，在被其他乘客拉开后，又上前拔去了公交车的车钥匙。之后公交车内其他乘客陆续从后门下车，被告人停留在车内等待民警处置。经鉴定，周某某的伤势为轻微伤。在本案审理过程中，被告人刘某某通过其家属赔偿周某某经济损失人民币4000元。

【案件焦点】

被告人在公交车行驶过程中，以言语辱骂、用手指戳驾驶员的行为，是否已妨害公交车安全驾驶，从而构成以危险方法危害公共安全罪。

【法院裁判要旨】

浙江省青田县人民法院经审理认为：被告人刘某某在公共交通工具行驶过程中，妨害安全驾驶，危害公共安全，尚未造成严重后果，其行为已构成以危险方法危害公共安全罪。被告人刘某某具有自首情节，依法减轻处罚；被告人刘某某案发后通过家属赔偿了周某某的经济损失，酌情从轻处罚。结合公交车通行路段情况、载客情况、妨害安全驾驶行为的严重程度及对公共交通安全的危害大小、被告人的认罪悔罪表现等因素，依照《中华人民共和国刑法》第一百一十四条、第六十七条第一款的规定，判决：被告人刘某某犯以危险方法危害公共安全罪，判处有期徒刑一年二个月。

一审宣判后，被告人刘某某未上诉，公诉机关未抗诉。本案现已生效执行。

【法官后语】

本案系 2019 年 1 月 8 日《最高人民法院、最高人民检察院、公安部关于依法惩治妨害公共交通工具安全驾驶违法犯罪行为的指导意见》制定实施以来，浙江丽水地区审判的首例乘客妨害公交车安全驾驶以以危险方法危害公共安全罪判处的案件。本案审理过程中，坚持证据裁判和罪责刑相适应原则，在对被告人犯罪事实定性、自首的认定以及对被告人的量刑进行分析，对类似案件审判以及刑法修正案（十一）新规则适用具有一定参考意义。

根据刑法第一百一十四条的规定，放火、决水、爆炸以及投放毒害性、放射性、传染病病原体等物质或者以其他危险方法危害公共安全，尚未造成严重后果的，处三年以上十年以下有期徒刑。该法条规定的“危害公共安全”，是指危害不特定的多数人生命、健康以及重大财产的安全，而“其他危险方法”是指除上述法条列举的方法外的任何能够造成不特定的多数人的伤亡或者公私财物重大损失的行为。根据《最高人民法院、最高人民检察院、公安部关于依法惩治妨害公共交通工具安全驾驶违法犯罪行为的指导意见》第一条的规定，乘客在公共交通工具行驶过程中，抢夺方向盘、变速杆等操纵装置，殴打、拉拽驾驶人员，或者有其他妨害安全驾驶行为，危害公共安全，尚未造成严重后果的，依照刑法一百一十四条的规定，以危险方法危害公共安全罪定罪处罚。

本案中，(1) 被告人刘某某在明知公交车“前门上车后门下车”基本规则的情况下，要求打开前门让其下车，在司机提醒其从后门下车时未听从劝告，反而出口辱骂司机，违背乘车规则在先，司机在处理下车问题时，虽未进行解释劝导，但其要求被告人从后门下车的行为本身并无不当；(2) 司机要求被告人从后门下车，被告人即辱骂司机，实施了不断与司机争执、站到司机右前方近距离用手指戳司机等干扰行为，妨害司机安全驾驶，完全不顾车辆在搭载乘客10余人且夜间行驶的情况下，极易诱发重大交通事故的事实，危害公共安全；(3) 驾驶员要求被告人从后门下车，是一种遵守规范的行为，车辆暂时启动后被告人有上前的行为，一边骂一边用手指戳驾驶员，在这样的情况下驾驶员无法作出被告人下一步会做出何种行为的准确判断，所以驾驶员才采取了紧急刹车，且案发当晚被告人有饮酒行为、情绪激动，如果采取更激进的行为，将危害车上乘客的生命、财产安全，所以驾驶员采取急刹车的行为也在一定程度上避免了事态恶化，不存在过错。急刹车后，车上所有乘客包括被告人以及被告人抱着的孩子都由于惯性导致身体均往前冲，所以被告人起身去打了驾驶员一拳。在发生冲突时，有车上的乘客上前进行劝阻，说明也意识到被告人的行为可能会造成危害的后果，而驾驶员的处理比较冷静，拿起电话报警，并没有和被告人起冲突；(4) 公交车司机紧急刹车后，尚未将挡位挂在安全挡位上，被告人即上前殴打驾驶员，该行为存在诱发重大交通事故的风险。

综上，被告人刘某某的行为已构成以危险方法危害公共安全罪。

编写人：浙江省青田县人民法院　李晓伟　王恒威

4

高空抛物危害公共安全的认定

——翟某以危险方法危害公共安全案

【案件基本信息】

1. 裁判书字号

山东省济南市历下区人民法院（2020）鲁0102刑初144号刑事判决书

2. 案由：以危险方法危害公共安全罪

【基本案情】

2020年1月13日22时许，被告人翟某为发泄对前女友宋某的不满，步行至某小区宋某家门口，将宋某摆放在家门口的鞋架等物品无故砸坏，将宋某放置于走廊内的变速折叠自行车从10楼阳台扔至该单元门前小区公共道路上。

【案件焦点】

被告人翟某为发泄对前女友宋某的不满，将宋某放置于走廊内的变速折叠自行车从10楼阳台扔至该单元门前小区公共道路上是否构成以危险方法危害公共安全罪。

【法院裁判要旨】

山东省济南市历下区人民法院经审理认为：被告人翟某故意从高空抛物，尚未造成严重后果，但足以危害公共安全，公诉机关指控其犯以危险方法危害公共安全罪成立。被告人翟某主动投案，到案后如实供述自己的犯罪事实，系自首，依法可以从轻处罚；被告人自愿认罪认罚，依法可以从宽处罚。

山东省济南市历下区人民法院依照《中华人民共和国刑法》第一百一十四

条、第六十七条第一款，《最高人民法院关于处理自首和立功具体应用法律若干问题的解释》第一条，《中华人民共和国刑事诉讼法》第二百零一条，作出如下判决：

被告人翟某犯以危险方法危害公共安全罪，判处有期徒刑二年。

【法官后语】

“以危险方法”的真正争议点在于是否必须要求此危险方法应当与放火、决水、爆炸、投放危险物质行为相当以及所危害的公共安全是否必须造成不特定的多数人处于危险当中。法律明确列举的危险方法为放火、决水、爆炸、投放危险物质，但根据《最高人民法院关于依法妥善审理高空抛物、坠物案件的意见》的规定，故意从高空抛弃物品，尚未造成严重后果，但足以危害公共安全的，依照刑法第一百一十四条规定的以危险方法危害公共安全罪定罪处罚；致人重伤、死亡或者使公私财产遭受重大损失的，依照刑法第一百一十五条第一款的规定处罚。为伤害、杀害特定人员实施上述行为的，依照故意伤害罪、故意杀人罪定罪处罚。换言之，近年来，高空抛物、坠物事件不断发生，严重危害公共安全，侵害人民群众合法权益，影响社会和谐稳定，高空抛物行为已达到与放火、决水、爆炸、投放危险物质的危险性相当的程度。

具体到本案中的高空抛物，因行为人翟某从10楼的高空向小区公共道路抛掷自行车，就自行车自身的重量以及所抛掷的高度，到达地面的冲击力所造成的后果足以对人的生命或者财产造成重大危害；就所抛掷的地点而言，其为公共场所，能致不特定的人或物处于极度的危险当中。故行为人的行为方式符合除以放火、决水、爆炸、投放危险物质外之其他危险方法。

以危险方法危害公共安全罪所保护的法益是所有处于公共场所之内的个人或财物的安全状态。本罪应属行为犯，只要行为人实施了危害行为，即使没有造成危害后果，都应当对所实施的行为进行定罪。本案中，翟某实施了高空向公共场所抛掷自行车行为，从理论上，无论是否造成损害后果，都应当构成以危险方法危害公共安全罪，因为根据自行车被抛掷的地点为公共场所以及该自行车的冲击力，所有处于该场所的人的生命或财物都可能因此遭受侵害，此行为恰恰侵犯了公共安全之法益。

翟某扔自行车是为了发泄对前女友的不满，显然扔的行为是在其意志支配之下而做出的，应当为直接故意；在扔的行为完成以后，自行车已经脱离了其意志的支配，具体产生何种后果只能听之任之，但损害后果并非是否构成以危险方法危害公共安全罪的评价标准，即造成的损害后果只是量刑的评价范围。

高空抛物会产生非常大的社会危害性，尤其是在高楼林立的现代都市。通过以危险方法危害公共安全罪对故意高空抛物行为予以惩处，警示人们切勿从高空向公共场所抛掷重物，否则即使没有造成危害后果也是一种犯罪行为，引导人们勿存侥幸心理而向下抛物，以确保自己的行为不会对他人造成损害。

编写人：山东省济南市历下区人民法院　孟令昌

5

过失以危险方法危害公共安全罪主观心态的认定

——刘某某过失以危险方法危害公共安全案

【案件基本信息】

1. 裁判书字号

新疆维吾尔自治区昌吉回族自治州中级人民法院（2019）新23刑终258号刑事判决书

2. 案由：过失以危险方法危害公共安全罪

【基本案情】

2018年11月26日15时许，被告人刘某某伙同罗某某在某农场农田附近的公共道路上使用电子捕猎器私设电网捕猎野鸡，两人在架设好电网后离开，约一小时后返回现场发现未捕猎到野鸡，遂决定解除电网。罗某某在解除电网时触电，后经医院抢救无效死亡。经检测，涉案电子捕猎器的输出电压达到9.2千伏。

案发后，刘某某拨打120急救电话，后经医护人员报警，被告人刘某某在现场等待。2019年5月13日，刘某某的弟弟向罗某某家属赔偿30000元，并取得谅解。

【案件焦点】

以危险方法危害公共安全罪与过失以危险方法危害公共安全罪主观心态的不同认定。

【法院裁判要旨】

新疆维吾尔自治区昌吉市人民法院经审理认为：刘某某伙同罗某某明知在公共场所私拉电网会对不特定人的生命健康造成危害，仍在农田附近的公共道路两侧私自架设电网狩猎，虽尚未给他人造成严重后果，但其行为构成以危险方法危害公共安全罪。刘某某具有自首情节，可从轻处罚。罗某某的死亡是其在实施犯罪过程中自伤所致，不是因刘某某的犯罪行为造成，不符合附带民事诉讼的条件，应当依法判决驳回附带民事诉讼原告人的诉讼请求。遂判决：

一、被告人刘某某犯以危险方法危害公共安全罪，判处有期徒刑四年；

二、驳回附带民事诉讼原告人的诉讼请求；

三、作案工具电子捕猎器三台、绿色摩托车13伏电瓶一个、黑色钎子97根、豫K×××××号某牌汽车一辆及汽车钥匙依法予以没收。

刘某某不服一审判决，提出上诉称：案发现场夏天有人经过，冬天一般没人经过，且刘某某待在路口是为了防止有人经过而进行阻止，其行为符合过失以危险方法危害公共安全罪构成要件。请求二审法院依法改判构成过失以危险方法危害公共安全罪。

新疆维吾尔自治区昌吉回族自治州中级人民法院经审理认为：刘某某的行为符合过失以危险方法危害公共安全罪的构成要件，原判定性错误，予以纠正。虽然造成被害人死亡，但被害人系在与刘某某共同实施犯罪过程中自伤而亡，原判驳回原审附带民事诉讼原告人的诉讼请求正确。遂依照《中华人民共和国刑法》第一百一十五条第二款、第六十四条、第六十七条第一款，《中华人民共和国刑事诉讼法》第二百三十六条第二项之规定，判决如下：

一、维持昌吉市人民法院（2019）新 2301 刑初 250 号刑事附带民事判决第二项、第三项；

二、撤销昌吉市人民法院（2019）新 2301 刑初 250 号刑事附带民事判决第一项；

三、上诉人刘某某犯过失以危险方法危害公共安全罪，判处有期徒刑两年。

【法官后语】

本案的处理重点在于对刘某某主观心态的分析认定。本案中，刘某某明知电子捕猎器是危险物品有可能发生危险仍同意与被害人一起使用电子捕猎器捕猎物，对可能造成危害社会的后果，作为正常的成年人的刘某某，其应当是可以预见的。但其为了达到成功捕捉猎物的既定目的，同时考虑到架设捕捉器的地理位置比较偏僻，冬天一般很少有人经过该处，其车辆停放在路口，如有人经过，能够及时制止，且被害人不是第一次实施该行为，比较熟练，操作失误的概率不大。一般来讲，轻信能够避免主要表现在以下几个方面：一是过高估计自己避免结果的能力；二是过高估计共同作业人员避免结果的能力；三是不当地估计了现实存在的客观条件对避免结果的作用；四是误以为结果发生的可能性很小，因而可以避免结果的发生。

综上，刘某某对于可能发生的危害后果持的是一种过于自信的态度，其过于自信地认为可以避免危害结果发生，但客观上最终导致罗某某触电而亡，这个危害结果的发生并非刘某某希望或者放任的结果，故其行为符合过失以危险方法危害公共安全罪的构成要件。

编写人：新疆维吾尔自治区昌吉回族自治州中级人民法院　李平

6

安检员帮助公交车司机通过酒精检测构成以危险方法危害公共安全罪

——刘某、邓某以危险方法危害公共安全案

【案件基本信息】

1. 裁判书字号

广东省深圳市中级人民法院（2020）粤03刑终256号刑事裁定书

2. 案由：以危险方法危害公共安全罪

【基本案情】

2019年6月26日6时20分，邓某饮酒后来到某公交公司某车队，进行酒精检测时不能通过，邓某将酒精检测仪递给正在负责酒精检测的保安员刘某。刘某问邓某："喝酒了？"然后顶替邓某吹气，帮助其通过酒精测试。随后，邓某驾驶公共汽车上班。

当日17时28分，邓某驾驶公交车行驶至某路时，车身与于某驾驶的汽车发生碰撞，造成两车部分损坏的道路交通事故。经认定，邓某负此事故的全部责任。撤离现场后，邓某继续驾车进行公共客运。18时40分，邓某驾驶公交车行驶至某路段时，车身与崔某驾驶的小轿车发生碰撞，造成两车部分损坏的道路交通事故，事故发生后邓某未停车，继续行驶。19时6分，邓某驾车行驶至某地铁站出口时，车身与李某驾驶的汽车发生碰撞，造成两车部分损坏的道路交通事故。经认定，李某负此事故的全部责任，邓某不负此事故责任。被害人崔某驾车追至此地，交警现场认定邓某醉酒驾车及变更车道时影响正常行驶的机动车，负事故的全部责任，崔某不负事故责任。执勤民警对邓某进行呼气

式酒精检测，结果为156mg/100ml。经鉴定，邓某血液中检出乙醇，含量为128.36mg/100ml。

广东省深圳市福田区人民检察院诉称：被告人邓某、刘某结伙以醉酒驾车的方式危害公共安全，应当以危险方法危害公共安全罪追究其刑事责任。

被告人邓某认罪。被告人刘某辩称其没有顶替邓某吹气帮助其通过检测，没有想让邓某酒后开车，不构成犯罪。刘某及其辩护人还对案件定性提出质疑，一是提出邓某没有危害公共安全的主观故意，本案二被告人构成危险驾驶罪；二是提出即使邓某构成以危险方法危害公共安全罪，刘某与邓某只是在醉酒驾驶的层面成立共同犯罪，至于邓某以危险方法危害公共安全行为属于实行过限，刘某最多只能定危险驾驶罪。

【案件焦点】

1. 安检员顶替司机酒精检测，放任公交车司机酒驾该如何定性；2. 酒后驾驶公交车的行为该如何定性、共同犯罪中如何认定是否实行过限。

【法院裁判要旨】

广东省深圳市福田区人民法院经审理认为：案发现场的事实能否查明，是回应被告人不认罪意见的基础。针对被告人刘某提出的质疑，法庭庭审时着重查明，监控录像显示刘某拿着测试仪在吹气，邓某拿着吹气管在镜头前摆拍，其两人距离非常近；刘某应该知道邓某在镜头前摆拍。

针对被告人刘某及其辩护人的无罪意见，法庭在庭审时重点审查关键问题，并根据法庭调查巩固关键证据，作了小结向控辩双方公示，并交由被告人刘某确认了以下几点：（1）邓某吹气没有通过；（2）邓某将仪器交给了刘某；（3）刘某自己吹了一下气，但其称自身是为了检测设备；邓某在旁边对着监控摆拍；（4）刘某吹气后将设备放回桌子；（5）邓某没有再吹气就正式发车了。被告人刘某对此辩称：其把设备放回桌子后就没有管了，不知道邓某去开车了；不确定邓某吹气没有通过，其是说有可能没有通过，还有可能是没吹到。通过关键事实的审查，可以逐步巩固基本证据，并尽最大可能还原事实真相，同时回应控辩双方的焦点，从而为案件的定性打好基础。

法院认为，被告人邓某、刘某无视国家法律，结伙以醉酒驾车的方式危害公共安全，尚未造成严重后果，其行为触犯了《中华人民共和国刑法》第二十五条、第一百一十四条，应当以危险方法危害公共安全罪追究其刑事责任。被告人邓某如实供述自己的罪行，认罪认罚，依法可以从轻处罚。被告人刘某在共同犯罪中起次要作用，系从犯，依法应当从轻、减轻处罚。司机酒后驾驶公交车，在闹市区发生交通事故后，继续开车引发事故，给车上乘客以及路面车辆、行人造成严重危害，构成以危险方法危害公共安全罪。安检员明知司机饮酒却顶替检测，让司机酒驾上路，构成以危险方法危害公共安全罪的共犯。

广东省深圳市福田区人民法院依照《中华人民共和国刑法》第一百一十四条、第二十五条、第二十六条、第二十七条、第六十七条第三款之规定，判决如下：

一、被告人邓某犯以危险方法危害公共安全罪，判处有期徒刑三年；

二、被告人刘某犯以危险方法危害公共安全罪，判处有期徒刑九个月。

一审判决后，被告人提起上诉。广东省深圳市中级人民法院同意一审裁判意见，裁定：

驳回上诉，维持原判。

【法官后语】

本案是一起公共安全案件，引起社会关注，而案件本身存在的事实与定性等争议问题更值得司法机关认真研究。

一、通过客观行为认定主观故意

探寻被告人的主观故意，是认识案件事实的重要过程。事实上，犯罪主观故意总归要通过犯罪行为得以客观化和外化，即通过客观活动来表现。审判人员需要全面、客观地收集案件证据，分析被告人的客观表现，准确认定被告人的主观故意。

被告人刘某否认有犯罪的主观故意及客观行为，因此在审理过程中应当查实刘某顶替邓某吹气、帮助邓某通过检测等客观行为，论证刘某的主观故意：

(1)二被告人的供述相互印证，证实案发时刘某问邓某“喝酒了?”刘某当时意识到邓某喝酒的可能性。(2)按照程序邓某登录后才可以吹气，监控仪器显示刘某接过设备吹气是在邓某已登录的情况下。(3)刘某称只是帮邓某检测设备的说法不合理。刘某说一吹就发现是正常的，能够吹到气，作为监督员就应当意识到邓某刚才为何通不过；即便邓某可能没吹到，其应当监督邓某再次吹气，但其没有这样做。(4)刘某意识到仪器是在邓某登录系统的情况下，其接过仪器所谓的检测、尝试吹气的结果是会录入邓某的测试结果中的。(5)公交站场工作人员黄某证实，刘某对其说邓某测试通过可以发车，于是黄某看了下检测结果也发现可以发车。(6)监控显示邓某拿着吹气管在镜头前摆拍，刘某拿着测试仪在吹气，其二人距离非常近，刘某应知邓某在摆拍。

通过上述客观行为的总结归纳，足以证实刘某帮助邓某吹气通过测试等客观行为，足以认定刘某的犯罪主观故意。

二、顶替酒精测试的行为定性

辩护人提出二被告人构成危险驾驶罪；即便邓某构成以危险方法危害公共安全罪，刘某只在醉酒驾驶的层面成立共同犯罪，邓某以危险方法危害公共安全属于实行过限。法院需要对全案定性及实行过限的问题分别论证：

关于全案的定性。邓某酒后驾驶的是公交车而非小汽车，在造成与其他车辆发生交通事故的危害后果同时也危害了车上乘客的人身安全，以及在道路上等待上车乘客的人身危害，其社会危险性远超危险驾驶罪，已构成以危险方法危害公共安全罪。邓某对此表示认罪认罚。而刘某虽是从犯，但因为其犯罪行为才使邓某能够酒后上岗、驾驶公交车危害公共安全，其犯罪行为应当要依照共同犯罪的主犯来定性。

关于实行过限。实行过限是指共同犯罪人超过共同犯罪故意又犯其他罪的，对其他犯罪行为只能由实行该种犯罪行为的人负责，对其余的人不能按共同犯罪论处。本案查明的事实是：(1)刘某明知邓某酒后上岗，仍协助其通过测试而开车上路，二人已经构成共同犯罪。(2)刘某明知邓某驾驶的是大型公共交通工具，让邓某酒后驾驶公交车危害的是公共安全与秩序。因此，邓某危害公共安全的犯罪并未超过二人犯罪行为的共同故意或界限。即便刘某在案发时持放任心态，亦应当对邓某的犯罪后果承共犯的刑事责任。辩护人提出的行为过限的意见不能成立。

编写人：广东省深圳市福田区人民法院　李磊

7

具体的危险需以行为时一般人的认知水平分析判断

——向某文破坏交通工具案

【案件基本信息】

1. 裁判书字号

湖北省咸丰县人民法院（2019）鄂2826刑初217号刑事判决书

2. 案由：破坏交通工具罪

【基本案情】

向某文为某客运公司某线路鄂Q35×××等客运车辆跟车司机，吴某学系某客运公司同一线路鄂Q38×××号大型普通客车驾驶员。双方因跑车事宜素有矛盾。

2018年12月29日19时许，向某文为了对吴某学进行报复，来到某长途汽车站内，将吴某学停放在站内的鄂Q38×××号大型普通客车发动机的主机皮带用随身携带的钥匙割坏（未完全断裂），并将塑料袋撕碎后塞入发动机的齿轮室和气门室。2018年12月30日，因恶劣的冰雪天气，某高速公路封闭，所有客运车辆全部停运。2018年12月31日，经高速管理部门对路面积雪进行清理后，某高速公路放行，客运车辆开始正常发班。10时10分，吴某学驾驶鄂Q38×××号大型普通客车搭载18名乘客及跟车司机屈某华从某长途汽车站出发，沿某路上高速行驶。当车辆驶上高速公路以后，吴某学即发现机油压力有异样，车辆仪表盘无任何提示，但因冰雪天气不具备停车条件，吴某学未贸然停车检查。继续行驶一段距离后，车辆仪表盘报警，显示机油压力过低，吴某学将车辆驾驶过某隧道后靠边停车检查，发现主机皮带大部分断裂。吴某学遂联系修理工人崔某波前来更换主机皮带，并联系客运公司派车将车上乘客转移。随后，杨某权驾驶鄂Q38×××号大型普通客车将18名乘客及跟车司机屈某华转运至某地。崔某波将主机皮带更换后，吴某学搭载崔某波驾驶车辆继续行驶，在行驶过程中，车辆继续报警，显示机油压力过低。但由于道路及天气原因，不具备立即停车检修的条件，吴某学驾车行驶至某大桥紧急停车后，联系拖车将车辆拖至某高速服务区进行检修。

2019年3月18日，经某司法鉴定中心鉴定，鄂Q38×××号大型普通客车主机皮带被损坏和气门室、齿轮室被塞入塑料袋可能导致发动机损坏熄火，影响车辆转向及制动系统正常工作，但不足以导致车辆在行驶中发生倾覆、毁坏的危险。2019年4月30日，某司法鉴定中心又作出司法鉴定意见书的说明，该说明第三项载明，鄂Q38×××号大型普通客车主机皮带被损坏和气门室、齿轮室被塞入塑料袋会造成该车驾驶室仪表在行驶过程中报警，如果驾驶员不顾仪表的警报继续行驶，才会导致发动机损坏熄火，进而影响车辆转向及制动系统正常工作，可能导致车辆在行驶中发生倾覆、毁坏的危险。第四项，鉴定意见书中的“足以”是基于车辆受损痕迹及车辆工作原理进行的技术类客观分析判断，时间、地点、气候等环境因素的考量超出痕迹鉴定范畴。因此，鉴定意见书中的“足以”与法条规定的破坏交通工具罪的“足以”非同一概念，法律意义的“足以”属于检察机关和审判机关裁量范畴。

【案件焦点】

向某文的行为，是否具有足以造成车辆发生倾覆、毁坏的危险。

【法院裁判要旨】

湖北省咸丰县人民法院经审理认为：破坏交通工具罪侵犯的客体是交通运

输安全。本案中，鄂 Q38×××号大型普通客车系现代化交通工具，且正在使用期间，一旦遭受破坏，使之发生倾覆、毁坏的危险，就可能造成不特定多人重伤、死亡，或者公私财产的重大损失。

向某文使用具有锋利刃口的锐器切割鄂 Q38×××号大型普通客车主机皮带和往气门室、齿轮室塞入塑料袋，损坏的部位系鄂 Q38×××号大型普通客车的主要装置部件。某司法鉴定中心根据车辆受损痕迹及车辆工作原理进行技术类客观分析判断，认定鄂 Q38×××号大型普通客车主机皮带被损坏和气门室、齿轮室被塞入塑料袋可能导致发动机损坏熄火，影响车辆转向及制动系统正常工作，但不足以导致车辆在行驶中发生倾覆、毁坏危险的鉴定结论，是基于考量车辆报警装置正常和驾驶员的规范化操作来防范化解这种危险，一旦车辆报警装置存在故障或者驾驶员疏忽大意，仍然可能因此导致发生车辆倾覆、毁坏危险。且向某文实施该行为时，因冰雪天气，高速公路通行条件恶劣，被破坏车辆在高速上载客行驶，进一步加大了发生危险的程度。故，应当认定向某文的行为足以造成鄂 Q38×××号大型普通客车发生车辆倾覆、毁坏的危险。

向某文作为一名多年从事客运工作的司机，具备车辆性能和技术安全的基本知识，但其出于报复泄愤，在明知因冰雪天气，高速公路通行条件恶劣，鄂 Q38×××号大型普通客车随时可能运输旅客的情况下，对车辆重要装置部件进行破坏，足以造成车辆具有倾覆、毁坏的危险，并放任这种危险的发生，主观上具有故意。

综上，被告人向某文为报复泄愤，采用切割鄂 Q38×××号大型普通客车发动机主机皮带和往气门室、齿轮室塞入塑料袋的手段，破坏交通工具，致使车辆无法安全行驶，足以发生倾覆、毁坏的危险，尚未造成严重后果，其行为已构成破坏交通工具罪，依法应予惩处。结合向某文的其他量刑情节，依照《中华人民共和国刑法》第一百一十六条、第六十七条第一款、第六十一条、第四十七条的规定，判决如下：

被告人向某文犯破坏交通工具罪，判处有期徒刑一年六个月。

【法官后语】

破坏交通工具罪是指行为人故意破坏交通工具，足以使交通工具发生倾覆、毁坏的危险，危害交通运输安全的行为。该犯罪侵犯的客体是社会公共安全，即不特定多数人的生命、健康和重大公私财产的安全，其危害性在于犯罪行为对法益足以造成严重后果的可能性和危险性。为保证交通运输安全，根据刑法第一百一十六条的规定，对行为人故意破坏交通工具，足以造成其倾覆、毁坏的危险，危害交通运输安全的行为，均以破坏交通工具罪论处。

破坏交通工具犯罪属具体的危险犯，行为人是否足以造成交通工具发生倾覆、毁坏的危险，需具体分析判断。应以调查的一切事实为基础，以社会一般人的认知水平为标准，站在行为时的立场，判断危险发生侵害结果的可能性。其行为能否造成危险，不仅取决于行为本身，还必须结合行为的时间、地点和方式等外部因素综合进行考量。

本案中，向某文的行为是否足以造成车辆发生倾覆、毁坏的危险，虽然某司法鉴定中心根据车辆受损痕迹及车辆工作原理进行技术类客观分析判断，认定向某文的行为不足以导致车辆在行驶中发生倾覆、毁坏的危险，但该鉴定意见仅从车辆工作的原理进行分析，而未考虑车辆发生危险的其他可能性。向某文作为一名多年从事客运工作的司机，具备车辆性能和技术安全的基本知识，但其出于报复泄愤，对随时可能运输旅客的车辆重要装置部件进行破坏，明知其破坏行为可能造成车辆发生危险而放任这种危险的发生，主观上具有故意。同时，结合当时车辆行驶时的恶劣冰雪天气等客观外部环境，应当认定向某文的行为足以造成车辆发生倾覆、毁坏的危险。其行为符合破坏交通工具罪的构成要件，应以破坏交通工具罪论处。

编写人：湖北省咸丰县人民法院　谭锋

8

关于破坏电力设备罪与盗窃罪的认定问题

——李某、元某某破坏电力设备案

【案件基本信息】

1. 裁判书字号

湖南省南县人民法院（2020）湘0921刑初158号刑事判决书

2. 案由：破坏电力设备罪

【基本案情】

2020年3月20日1时许，被告人李某驾驶车辆从华容县操军镇至南县某镇某路，下车并拿出预先放置在其车上的电缆钳、铁锹、撬棍等工具来到路灯下，利用铁锹将相邻两处路灯旁的泥土刨开，用撬棍把井盖撬开，再用电缆钳将两端电缆线剪断，然后将剪断的电缆线扯出。以此方法，李某窃取了2段电缆线并装入汽车后备箱驾车离开。事后，李某将盗得的电缆线去皮，并以废旧铜线的价格卖给流动回收废品店，非法获利人民币1100余元，所得赃款已挥霍。

2020年3月20日23时许，被告人李某驾驶车辆至南县某镇某路，以同样的方式将路灯电缆线进行破坏，窃取了2段电缆线。事后，李某将盗得的电缆线去皮，并以废旧铜线的价格卖给华容县城郊区的流动回收废品店，非法获利人民币1100余元，所得赃款已挥霍。

2020年3月某天22时许，被告人李某驾驶车辆至南县某镇某路，以同样的方式将路灯电缆线进行破坏，窃取了2根电缆线。事后，李某于2020年4月1日将盗得的电缆线去皮，并以废旧铜线的价格卖给废品店，非法获利人民币1130余元，所得赃款已挥霍。

2020年4月4日1时许，被告人李某伙同被告人元某某，由元某某搭载李某驾驶的车辆至南县某镇某路，两人以同样的方式将路灯电缆线进行破坏，窃取了3根电缆线。

2020年4月5日零时许，被告人李某伙同被告人元某某，由元某某搭载李某驾驶的车辆至南县某镇某路，两人以同样的方式将路灯电缆线进行破坏，窃取了1根电缆线。事后，李某伙同元某某驾车至华容县某镇附近将盗得的电缆线去皮，然后又将上次与本次盗得的电缆线以废旧铜线的价格卖给废品收购站，非法获利人民币2835元，其中元某某分得赃款人民币1300元，李某分得赃款人民币1535元，所得赃款均已挥霍。

2020年4月6日1时许，被告人李某伙同被告人元某某，由元某某搭载李某驾驶的车辆至南县某镇某路，两人以同样的方式将路灯电缆线进行破坏，窃取了3根电缆线。事后，被告人李某将盗得的电缆线去皮后卖给华容县城区一流动回收废品店，非法获利人民币2100元，所得赃款已挥霍。

2020年4月7日零时许，被告人李某、元某某被公安机关抓获到案，两被告人到案后均如实供述了上述犯罪事实。案发后，公安机关追回被盗电缆线189斤和赃款人民币1200元，并已发还被害单位。

【案件焦点】

盗窃电力设备，同时构成盗窃罪和破坏电力设备罪，应当以何种罪名定罪处罚。

【法院裁判要旨】

湖南省南县人民法院经审理认为：关于被告人李某提出自己主观上没有破坏电力设备的目的，而且盗窃该路段电缆线之前该路段已经停电，自己只构成盗窃罪的辩解意见。根据《最高人民法院关于审理破坏电力设备刑事案件具体应用法律若干问题的解释》第四条的规定，电力设备是指处于运行、应急等使用中的电力设备；已经通电使用，只是由于枯水季节或电力不足等原因暂停使用的电力设备；已经交付使用但尚未通电的电力设备。本案中，被盗路段路灯已于2016年交付使用，属于第四条关于“电力设备”的规定。故被告人李某盗窃电缆线的行为同时构成盗窃罪和破坏电力设备罪。根据《最高人民法院关于审理破坏电力设备刑事案件具体应用法律若干问题的解释》第三条第一款的规定，同时构成盗窃罪和破坏电力设备罪的，依照刑法处罚较重的规定定罪处罚，该案中被告人李某、元某某应当按照破坏电力设备罪定罪处罚，故被告人李某提出自己只构成盗窃罪的辩解意见理由不能成立，不予采纳。

湖南省南县人民法院依照《中华人民共和国刑法》第一百一十八条、第二十五条第一款、第二十六条第一款、第四款、第六十七条第三款、第六十五条、第六十四条之规定，判决如下：

一、被告人李某犯破坏电力设备罪，判处有期徒刑四年六个月；

二、被告人元某某犯破坏电力设备罪，判处有期徒刑四年；

三、责令被告人李某退赔湖南省南县路灯管理所经济损失人民币11967元，被告人李某、元某某共同退赔湖南省南县路灯管理所人民币12792.5元；

四、随案移送的作案工具钳子两把、撬棍一根、铁锹一把、鞋子一双、裤子一条、外套两件、手套一包，依法予以没收，上缴国库。

李某、元某某以一审判决量刑过重为由提起上诉，湖南省益阳市中级人民法院审理过程中，李某、元某某申请撤回上诉。湖南省益阳市中级人民法院认为，该案事实清楚，证据确实充分，李某、元某某的撤回上诉的请求符合法律规定，准许撤回上诉。

【法官后语】

本案的处理重点在于被告人主观上是以非法占有的目的盗窃了电力设备，客观上危害了公共安全，应当以盗窃罪还是破坏电力设备罪定罪处罚的问题。

首先，根据《最高人民法院关于审理破坏电力设备刑事案件具体应用法律若干问题的解释》的规定，对电力设备具体所指有具体规定，电力设备是指处于运行、应急等使用中的电力设备；已经通电使用，只是由于枯水季节或电力不足等原因暂停使用的电力设备；已经交付使用但尚未通电的电力设备。本案中，被盗路段的路灯已于2016年交付使用，属于破坏电力设备罪中的电力设备。

其次，要区分破坏电力设备罪与盗窃罪的界限：破坏电力设备罪的主观方面可以是直接故意，也可以是间接故意，客观方面表现为破坏电力设备危害公共安全的行为，侵犯的客体是公共安全，犯罪对象只能是正在使用中的电力设备；盗窃罪主观方面只能是直接故意，且要有非法占有的目的，客观方面只能是积极的作为，侵犯的客体是公私财产的所有权，犯罪对象是他人占有的公私财物。本案中，李某、元某某以非法占有的目的直接故意盗窃正在使用中的电缆线，同时也明知自己盗割电缆线的行为会发生危害公共安全的结果，仍放任这种结果发生，是一种间接故意，其行为已同时构成盗窃罪和破坏电力设备罪。

最后，当被告人的行为属于破坏电力设备罪与盗窃罪的竞合时，应当适用何种罪名定罪处罚。对此，根据《最高人民法院关于审理破坏电力设 备刑事案件具体应用法律若干问题的解释》第三条的规定，盗窃电力设备，危害公共安全，但不构成盗窃罪的，以破坏电力设备罪定罪处罚；同时构成盗窃罪和破坏电力设备罪的，依照刑法处罚较重的规定定罪处罚。根据《最高人民法院、最高人民检察院关于办理盗窃刑事案件适用法律若干问题的解释》第十一条的规定，采用破坏性手段盗窃公私财物，造成其他财物损毁的，以盗窃罪从重处罚；同时构成盗窃罪和其他犯罪的，择一重罪从重处罚。可见，盗剪电缆线的行为危害公共安全，且盗剪电线价值较大，同时具备盗窃罪和破坏电力设备罪的构成要件，也就构成想象竞合，依照刑法处罚较重的规定定罪处罚。本案中，李某、元某某盗剪电缆线的行为，同时构成盗窃罪和破坏电力设备罪，应当依照刑法处罚较重的规定定罪处罚，故该案中被告人李某、元某某应当按照破坏电力设备罪定罪处罚。

编写人：湖南省南县人民法院　龚纹

9

无专业资质从事燃气管道改造施工造成危险可能性的性质认定

——王某等破坏易燃易爆设备案

【案件基本信息】

1. 裁判书字号

北京市西城区人民法院（2020）京 0102 刑初 345 号刑事判决书

2. 案由：破坏易燃易爆设备罪

【基本案情】

被告人王某雇佣被告人孙某、王某 1、付某以及刘某、张某等人从事燃气工程改造业务。被告人王某对外招揽业务，被告人孙某负责安排人员施工，被告人王某 1、付某具体施工。被告人王某 1、付某上门施工时身着被告人王某提供的某燃气公司员工服装、携带某燃气公司的工作证件等，冒充某燃气公司员工。2019 年以来，被告人王某、孙某、王某 1、付某擅自改造了某小区某户等多处燃气设备。2019 年 8 月 30 日，被告人王某 1 在业主家被抓获。被告人王某在其住处被抓获。同日，被告人孙某、付某接警察电话后自行到案。

公安机关委托某技术咨询公司对被告人王某等人擅自改造燃气设备的 4 户进行安全评估，结论为 3 户私改后燃气管道导致天然气泄漏的安全风险等级为高，1 户因私改燃气设备造成天然气泄漏。天然气泄漏引发事故不仅危及住户的生命财产安全，更对公共安全造成威胁。

【案件焦点】

被告人王某等实施煤气管道改造施工的主观方面是不是故意，以及其行为的客观方面是否符合破坏易燃易爆设备罪的构成要件。

【法院裁判要旨】

北京市西城区人民法院经审理认为：被告人王某等明知为保障安全，燃气管道的改造施工需要专业的人员来从事，也明知自己不具备专业的资质，缺乏专业的能力，但仍擅自对被害人家中的易燃易爆设备进行改装，改装过程中存在诸多问题，导致被害人家中的天然气泄漏的安全风险等级为高，且其中 1 户已实际发生了明显的天然气泄漏。综上，被告人王某等人主观上具有犯罪故意，客观上给公共安全造成的危险业已具有现实可能性，故被告人王某等人的行为均已构成破坏易燃易爆设备罪。被告人王某等人实施该行为的动机为何并不影响本罪的构成。被告人王某的辩护人提出被告人王某属自首。经查，被告人王某系民警在其住处将其查获归案，不属自动到案，辩护人的上述辩护意见与事实不符，本院不予采纳。被告人王某 1 的辩护人提出被告人王某 1 系从犯。经查，被告人王某 1 系直接对被害人家中的易燃易爆设备进行擅自改装的人，故不宜认定为从犯。

北京市西城区人民法院依照《中华人民共和国刑法》第一百一十八条、第二十五条第一款、第六十七条第一款、第三款、第七十二条第一款、第七十三条第二款、第三款，第六十四条之规定，作出如下判决：

一、王某犯破坏易燃易爆设备罪，判处有期徒刑三年，缓刑五年；

二、孙某犯破坏易燃易爆设备罪，判处有期徒刑三年，缓刑三年；

三、王某 1 犯破坏易燃易爆设备罪，判处有期徒刑三年，缓刑三年；

四、付某犯破坏易燃易爆设备罪，判处有期徒刑三年，缓刑三年；

五、未移送的扣押的物品由扣押决定机关北京市公安局西城分局依法处理。

【法官后语】

燃气是居民日常生活中不可或缺的生活资源，因燃气使用不当造成的安全事故近年来多有发生。据不完全统计，城市燃气安全事故已经成为我国继交通事故、工伤事故之后人身伤害的第三大“杀手”。因此，居民住所燃气使用安全应引起高度关注。

破坏易燃易爆设备罪是以燃气等易燃易爆设备为特定破坏对象的危害公共安全犯罪。本案中被告人王某等人施工的对象确是正在使用的燃气管道，属于易燃易爆设备，犯罪主体和犯罪对象没有疑义，本案的争议主要在于被告人王某等人的主观方面是不是故意，以及行为的客观方面是不是足以危害公共安全。

一、主观方面的认定

实施破坏易燃易爆设备罪的主观方面系故意，动机则多种多样，包括谋取经济利益、报复泄愤等，但是实施该行为的个人动机为何并不影响本罪的构成。本案中，被告人王某等明知为保障安全，燃气管道的改造施工需要专业的人员来从事，也明知自己不具备相应的燃气管道施工资质，为谋取经济利益，依然对外承揽施工，擅自对被害人家中的易燃易爆设备进行改装，放任自己的行为威胁公共安全，其行为的主观方面符合破坏易燃易爆设备罪的构成要素。

二、危害公共安全的认定

根据现行刑事立法，破坏易燃易爆设备罪规定在“危害公共安全罪”一章，破坏易燃易爆设备，必须达到危害公共安全的程度，才能达到本罪的入罪标准。如果上述破坏行为仅局限在一些特定的范围，没有危及公共安全，则不应按照本罪进行处罚。该案中，被告人王某的辩护人辩称，被告人王某具有实际的保证安全的施工能力，并为避免安全隐患采取了多种积极的防范措施。但是燃气管道施工关乎群众生命和生产安全，国家对行业的从业有严格的资质要求，综合全案证据来看，被告人王某等人不具备专业资质，擅自从事燃气管道的改造施工营利，虽未直接造成具体危险，但是客观上给公共安全造成的危险业已具有现实可能性。一方面，被告人实施燃气管道改造施工覆盖了西城区、海淀区等多户，并不是局限在某个小的、可控的范围，一旦发生事故破坏面大。另一方面，就行为结果来看，被告人在燃气管道改造施工中存在使用零件不合规等诸多问题，施工中存在安全隐患，导致被害人家中的天然气泄漏的安全风险等级为高，且其中1户已实际发生了明显的天然气泄漏。故应当认定被告人王某等人的行为符合危害公共安全的构成要素。

综上，被告人王某等人主观上具有犯罪故意，客观上给公共安全造成的危险业已具有现实可能性，故被告人王某等人的行为均已构成破坏易燃易爆设备罪。

编写人：北京市西城区人民法院　冀敏

10

将非法持有的制式枪支切割销毁的，如何定性

——仝某辉非法持有枪支、弹药案

【案件基本信息】

1. 裁判书字号

新疆维吾尔自治区哈密市中级人民法院（2020）新22刑终4号刑事判决书

2. 案由：非法持有枪支、弹药罪

【基本案情】

2018年年底，被告人仝某辉将其持有的一支单管猎枪、一支双管猎枪、一支气枪切割后丢入其担任法定代表人的某钢结构公司渗水坑。2019年5月21日，公安机关立案后，侦查人员对被告人仝某辉开展侦查工作，被告人仝某辉带领侦查人员在某钢结构公司渗水坑中打捞出疑似气枪一支、疑似猎枪二支（切割散件）。随后侦查人员在某小区被告人仝某辉的家中及某钢结构公司的办公室查获疑似步枪弹9发、疑似手枪弹25发、疑似小口径弹84发、疑似猎枪弹药11发等物品。公安机关依法对查获的疑似枪支、弹药等物品进行了扣押。经鉴定，疑似气枪为以气体为动力的制式枪支（气枪）零部件；疑似制式枪支

为以火药为动力的制式枪支（单管猎枪）零部件；疑似制式枪支为以火药为动力的制式枪支（双管猎枪）零部件；9发疑似步枪弹为56式7.62mm步枪制式弹；25发疑似手枪弹为54式手枪制式弹；84发疑似小口径弹为制式小口径弹药；11发疑似猎枪弹药为制式猎枪弹。

【案件焦点】

查扣在案的疑似枪支经鉴定系枪支零部件，能否认定为枪支。

【法院裁判要旨】

新疆维吾尔自治区哈密市伊州区人民法院经审理认为：辩护人关于查扣的（涉案）枪支系枪支零部件，并非以火药动力为发射枪弹的非军用枪支的辩护意见，与原审查明的事实相符，故认为原审公诉机关指控仝某辉非法持有枪支罪错误。法院依照《中华人民共和国刑法》第一百二十八条第一款、第六十七条第三款、第七十二条、第七十三条第二款、第三款、第六十四条，《最高人民法院关于审理非法制造、买卖、运输枪支、弹药、爆炸物等刑事案件具体应用法律若干问题的解释》第五条第一款第三项的规定，作出如下判决：

一、被告人仝某辉犯非法持有弹药罪，判处有期徒刑一年六个月，宣告缓刑二年；

二、扣押的物品由哈密市伊州区公安局依法予以处理。

宣判后，原审公诉机关向法院抗诉提出：原审被告人仝某辉非法持有两支以火药为动力发射枪弹的枪支和一支以压缩气体为动力发射枪弹的枪支，该行为延续至2019年。原审法院仅以查扣的枪支系枪支零部件为由，未认定原审被告人在切割枪支前非法持有枪支的行为，属于认定事实错误，导致认定罪名不正确。仝某辉主张，2018年其将枪支切割丢弃，其行为不会对社会构成危害。辩护人李某提出，仝某辉曾经持有完整枪支的指控事实只有被告人的供述证实，缺乏其他证据佐证。查扣在案的疑似枪支经鉴定系枪支零部件，不是枪支，也不能击发，公诉机关指控仝某辉非法持有枪支的事实不能成立。

新疆维吾尔自治区哈密市中级人民法院经审理认为：原审被告人仝某辉违

反枪支管理规定，非法持有枪支、弹药，其行为已构成非法持有枪支、弹药罪。原审法院认为侦查机关查扣的涉案枪支系枪支零部件，并非枪支，故认定原审被告人的行为不构成非法持有枪支罪。对此，二审审理查明，原审被告人仝某辉非法持有以火药为动力发射枪弹的非军用枪支 2 支和以气体为动力的非军用枪支 1 支，于 2018 年年底予以切割丢弃。上述事实有物证、鉴定意见、鉴定人崔某、郭某的证言，证人吴某军的证言，原审被告人仝某辉的供述予以证实，应当依法对其非法持有枪支的行为予以认定并追究刑事责任。原审判决认定事实错误，致使适用法律错误、量刑不当，依法予以纠正。原审被告人仝某辉非法持有以火药为动力发射枪弹的非军用枪支 2 支和以气体为动力的非军用枪支 1 支，非法持有军用子弹 34 发和其他非军用子弹 95 发，属情节严重，依法应在三年以上七年以下有期徒刑幅度内量刑。鉴于其有坦白情节，当庭自愿认罪，有悔罪表现，主观恶性较小，依法对其从轻处罚。依照《中华人民共和国刑事诉讼法》第二百三十六条第一款第三项，《中华人民共和国刑法》第一百二十八条第一款、第六十七条第三款、第六十四条，《最高人民法院关于审理非法制造、买卖、运输枪支、弹药、爆炸物等刑事案件具体应用法律若干问题的解释》第五条第一款第三项、第二款第二项的规定，作出如下判决：

一、维持哈密市伊州区人民法院（2019）新 2201 刑初 762 号刑事判决第二项，即扣押的物品由哈密市伊州区公安局依法予以处理；

二、撤销哈密市伊州区人民法院（2019）新 2201 刑初 762 号刑事判决第一项，即被告人仝某辉犯非法持有弹药罪，判处有期徒刑一年六个月，宣告缓刑二年；

三、原审被告人仝某辉犯非法持有枪支、弹药罪，判处有期徒刑三年。

【法官后语】

本案鉴定人证实三支检材疑似枪支均被切割成段，与原审被告人仝某辉供述将其持有的三支枪支进行切割的内容相互印证，且侦查人员在仝某辉的指证下已找到切割后的三只枪支作为本案物证查扣在案。鉴定人员对扣押的疑似枪支检材进行拼接，能够拼成完整枪支，这一事实有鉴定人的证言和物证照片证实。经当庭质证，原审被告人仝某辉对此亦没有异议。上述证据相互连接，彼此印证，已形成完整、封闭的证据链条，可以证实原审被告人仝某辉非法持有以火药为动力发射枪弹的非军用枪支二支和以气体为动力的非军用枪支一支，因担心受到法律处分而将所持三支枪支切割后丢弃的事实。至于枪支来源问题，除原审被告人仝某辉的供述外，证人吴某军证实曾给仝某辉两支气枪，2013年给了一支，故可以证实一支气枪的来源。对于两支猎枪的来源，证人仝世龙、仝中朝因去世已不能证实，证人赵建平的证言与原审被告人仝某辉的供述不相印证，故两支猎枪的来源无法查清，但不影响对仝某辉非法持有枪支事实的认定。对辩护人所提疑似枪支检材不能击发的问题，根据《公安机关涉案枪支弹药性能鉴定工作规定》鉴定标准（一）的规定，凡是制式枪支、弹药，无论是否能够完成击发动作，一律认定为枪支、弹药。由于涉案三只枪支经鉴定均为制式枪支，根据该规定，涉案的制式枪支是否能够完成击发动作并不影响认定为枪支。因此，原审未认定非法持有枪支罪属于定性不当。应当以非法持有枪支罪对其定罪量刑。鉴于原审被告人仝某辉在侦查人员讯问时能如实供述犯罪事实并带领侦查人员发现物证，有坦白情节。当庭自愿认罪，有悔罪表现。案发前其已将非法持有的三支枪支切割毁损，主观恶性较小。综上，依法对其在三年至七年有期徒刑量刑幅度内从轻处罚。

编写人：新疆维吾尔自治区哈密市中级人民法院　马睿

11

刑事案件中达成的民事执行和解不能认定为刑事和解

——汤某某交通肇事案

【案件基本信息】

1. 裁判书字号

江苏省南通市中级人民法院（2020）苏06刑终223号刑事裁定书

2. 案由：交通肇事罪

【基本案情】

2019年3月5日，被告人汤某某驾驶电动三轮车沿某路由南向北行驶至某小学门前路段，由于夜雨天行驶，观察疏忽，遇行人横过道路未采取有效措施避让、确保行车安全，碰撞了由西向东横过道路的纪某某，后驾车逃逸。同日，张某某驾驶电动四轮车沿正通路由南向北行至事故地点，再次碰撞倒地的纪某某。纪某某经抢救无效死亡。经某物证鉴定室鉴定：被害人纪某某符合交通事故致头面部及躯干部严重复合性损伤死亡。经某交巡警大队认定，被告人汤某某承担本起事故的主要责任，张某某承担本起事故的次要责任，被害人纪某某无此事故责任。

案发后，被告人汤某某能如实供述自己的罪行且认罪认罚；就民事赔偿经法院作出民事判决后与被害人近亲属达成执行和解，并在本案审理中履行全部给付义务，取得了被害人近亲属的谅解。

【案件焦点】

在刑事案件审理阶段，被告人汤某某与被害方就生效民事判决执行达成和解协议并全部履行给付义务，能否认定为刑事和解，继而对其减轻处罚。

【法院裁判要旨】

江苏省如皋市人民法院经审理认为：被告人汤某某违反道路交通运输管理法规驾车，因而发生重大事故，致一人死亡，负事故主要责任，且肇事后逃逸，其行为已触犯刑律，构成交通肇事罪。案发后，被告人汤某某能如实供述自己的罪行，可以从轻处罚。被告人汤某某承认指控的犯罪事实，愿意接受处罚，可以从宽处理。被告人汤某某赔偿了被害人近亲属的全部经济损失并取得谅解，可酌情从轻处罚。根据被告人汤某某的犯罪情节，不宜对其适用缓刑。被告人汤某某在法院就民事赔偿问题作出民事判决生效后，未能及时履行赔偿义务，在进入执行程序后与被害人近亲属达成执行和解，在本案审理阶段才全部履行了赔偿义务，不符合刑事和解的要件。

江苏省如皋市人民法院依照《中华人民共和国刑法》第一百三十三条、第六十七条第三款，《最高人民法院关于审理交通肇事刑事案件具体应用法律若干问题的解释》第一条、第二条第一款第一项、第三条，《中华人民共和国刑事诉讼法》第十五条，作出如下判决：

被告人汤某某犯交通肇事罪，判处有期徒刑三年。

汤某某持原审辩解提起上诉。江苏省南通市中级人民法院经审理认为：汤某某驾驶电动三轮车发生交通事故，致一人死亡，负事故的主要责任，且肇事后逃逸，其行为已构成交通肇事罪，依法应处三年以上七年以下有期徒刑。经查，汤某某在人民法院就民事赔偿问题作出的民事判决生效后，未按民事判决指定的期间履行赔偿义务，直至该判决进入强制执行阶段才与被害人近亲属达成执行和解，此时其不履行执行和解协议，被害人近亲属既可以申请恢复执行原生效民事判决，也可以就履行执行和解协议向法院提起诉讼，故汤某某履行执行和解协议确定的赔偿义务不应认定为刑事和解。原审未对其减轻处罚，判处其法定刑档起点刑有期徒刑三年，量刑恰当。故汤某某的上诉理由，不能成立，应予驳回。江苏省南通市中级人民法院依照《中华人民共和国刑事诉讼法》第二百三十六条第一款第一项的规定，作出如下裁定：

驳回上诉，维持原判。

【法官后语】

本案中，被告人汤某某在人民法院就其与被害方之间的赔偿纠纷作出生效民事判决后，未按民事判决指定的期间履行赔偿义务，直至民事执行阶段亦即本案刑事审理阶段才与被害方达成和解协议。公诉机关、辩方均提出汤某某已履行民事执行和解协议确定的给付义务，成立刑事和解，建议对交通肇事逃逸的汤某某减轻处罚判处有期徒刑二年。人民法院经审理后没有采纳控辩双方关于汤某某成立刑事和解的意见，最终以交通肇事罪对行为人判处有期徒刑三年。具体分析意见如下：

虽然刑事和解与民事执行和解在功能上有一定的趋同性，都有助于促使双方当事人化解矛盾纠纷，确保被害方获得相应的损害赔偿，但二者存在着重大差异，不能相互替代。首先，程序阶段不同。刑事和解可以在公安侦查、公诉机关审查起诉、法院审理刑事诉讼的任一阶段达成，而民事执行和解是在民事执行程序中达成的，发生于民事诉讼终结之后的执行程序。其次，内容不同。刑事和解中，被告人和被害方和解的是整个刑事案件，被告人首先是真诚悔罪，之后是赔偿损失并获得被害方就其犯罪行为的谅解；民事执行和解受民事诉讼标的的限制，针对的主要是双方经生效判决依法确认的民事法律关系。再次，履行方式不同。刑事和解的被告人必须即时履行和解协议的全部内容，而民事执行和解可以延期履行、分期履行和解协议约定的内容。最后，制度功能不同。刑事和解的核心功能在于弥补消除犯罪行为给被害方和社会造成的各方面的负面影响，民事执行和解则是一种以私力救济方式修正或者变通生效判决内容的特殊的执行方式。

本案中，在人民法院就被告人汤某某与被害方的民事赔偿纠纷作出生效判决后，被告人汤某某未按照民事判决指定的期间履行赔偿义务，直至执行阶段才与被害方达成和解协议并全部履行赔偿义务，虽然其所涉刑事案件尚处于审理期间，和解协议不具有强制执行力，但由于双方在此时达成的和解协议并非单纯的民事合同，而是一种以公力救济强制力为选择后盾的特殊执行方式。若汤某某不履行执行和解协议，被害方具有程序选择权，既可以申请恢复执行原生效民事判决，也可以就履行执行和解协议向法院提起诉讼。故汤某某在刑事案件审理阶段就民事案件生效判决与被害方达成和解协议并全部履行赔偿义务，因此应当认定为民事执行和解，而非刑事和解。

编写人：江苏省南通市中级人民法院　丁净玉

12

肇事逃逸的认定及格式合同免责条款的效力评价

——秦某交通肇事案

【案件基本信息】

1. 裁判书字号

云南省文山壮族苗族自治州中级人民法院（2020）云 26 刑终 95 号刑事附带民事裁定书

2. 案由：交通肇事罪、包庇罪

【基本案情】

2019 年 7 月 23 日晚，被告人秦某醉酒后驾驶云 HV××××号小型轿车，沿某路自北向南行驶，20 时 44 分以约 66km/h 的速度行驶至某高级中学门前路段处时，秦某所驾车前部碰撞正沿人行横道自西向东横过道路的行人陆某平、马某伶，造成马某伶当场死亡、陆某平受重伤（二级）、车辆受损的道路交通事故。上述道路交通事故发生后，在秦某的指使下，被告人李某波从某酒店前往事故现场，21 时 3 分到达事故现场与秦某互换所穿上衣，并向现场勘查民警提供虚假证言，谎称李某波为事故发生时云 HV××××号小型轿车驾车人、秦某为乘车人，包庇并帮助秦某逃避法律责任。后经文山市公安局交通警察大队认定、文山州公安局交通警察大队复核，实际驾驶人秦某承担此次事故的全部责任。经鉴定，秦某血液中的定量乙醇含量为126.45mg/100ml。

另查明，肇事车辆云HV××××号小型轿车所有人朱某梅于2019年1月18日向某保险公司文山州分公司投保机动车商业保险及机动车交通事故责任强制保险，投保过程中保险单、投保申明等相关事项均由第三人夏某蔓代为办理并签字。

【案件焦点】

1. 刑事部分被告人秦某是否属于肇事后逃逸；2. 民事部分保险公司的免责条款是否有效。

【法院裁判要旨】

云南省文山市人民法院经审理认为：被告人秦某违反交通运输管理法规，因而发生重大事故，致一人重伤、一人死亡，承担事故全部责任，且在交通肇事后逃逸的行为，已构成交通肇事罪。根据在案证据，被告人秦某在公安机关供述称“因为自己是公务员身份，在领导岗位上，又喝了酒，工作会不保，就想打电话叫人来顶包”，与被告人李某波的供述、证人李某甲（出租车司机）的证言能相互印证，均证实被告人秦某当时心存逃脱追责之侥幸，并在此侥幸心理的支配下实施了电话指使被告人李某波赶至事故现场互换上衣为其顶包的掩饰行为，且在交警询问时进行了虚假陈述，干扰侦查机关的侦查活动，即案发时被告人秦某虽未逃离现场，但在安排下其在场身份已由肇事者变成了旁观者，故本案中被告人秦某在事故发生后主观上为逃避追责，客观上实施了逃避追责的行为，应当认定为肇事逃逸成立。

关于本案中作为保险合同的免责条款的酒后驾车肇事逃逸是否具有法律效力的争议焦点，酒后驾车肇事逃逸作为本案中保险合同的免责条款，是否具有法律效力应当以保险公司是否对其格式合同中的免责条款尽到提示义务为认定依据，而合同签订属已发生事实，仅能依靠在案证据对过去事实加以证明，本案中关于此方面的证据仅能证实在投保过程中保险单、投保申明等相关事项均由第三人夏某蔓代为办理并签字，而保险公司又未提供其他证据证实其已尽到对于保险合同中的免责条款向车辆所有人朱某梅的提示义务，故本院对此主张未予支持。

综上，经本院审判委员会讨论决定，作出判决如下：

一、被告人秦某犯交通肇事罪，判处有期徒刑三年零六个月；

二、被告人李某波犯包庇罪，判处有期徒刑一年，缓刑一年；

三、由附带民事诉讼被告人某保险公司文山州分公司在交强险范围内赔偿附带民事诉讼原告人马某福、白某荣的经济损失人民币五万五千元，在商业险范围内赔偿附带民事诉讼原告人马某福、白某荣的经济损失人民币五十万元。此款限本判决书生效之日起二十日内付清；

四、由被告人秦某于本判决书生效之日起二十日内赔偿附带民事诉讼原告人马某福、白某荣的经济损失人民币二十三万五千七百四十一元五角；

五、驳回附带民事诉讼原告人马某福、白某荣的其他诉讼请求。

后该案上诉至云南省文山壮族苗族自治州中级人民法院，二审裁定：驳回上诉，维持原判。

【法官后语】

对被告人追究刑事责任，必须同时具备主客观两个方面的条件。本案中，根据在案证据，被告人秦某在公安机关供述称“因为自己是公务员身份，在领导岗位上，又喝了酒，工作会不保，就想打电话叫人来顶包”，与被告人李某波的供述、证人李某甲（出租车司机）的证言能相互印证，均证实被告人秦某当时心存逃脱追责之侥幸，并在此侥幸心理的支配下实施了电话指使被告人李某波赶至事故现场互换上衣为其顶包的掩饰行为，且在交警询问时进行了虚假陈述，干扰侦查机关的侦查活动，即案发时被告人秦某虽未逃离现场，但在安排下其在场身份已由肇事者变成了旁观者，故本案中被告人秦某在事故发生后主观上为逃避追责，客观上实施了逃避追责的行为，应当认定为肇事逃逸成立。

民事案件的当事人，对自己提出的主张具有收集或提供证据的义务，若未提供相应证据则需承担不利裁判的风险。在本案的民事部分，附带民事诉讼被告人某保险公司文山州分公司提出的答辩意见：（1）本案被告人秦某肇事后找人顶包，违背公序良俗，存在保险欺诈行为，不满足《最高人民法院关于审理道路交通事故损害赔偿案件适用法律若干问题的解释》第十八条中关于交强险赔付的条件；（2）被告人秦某醉酒驾驶机动车发生交通事故属于保险合同中规定的免赔事由，而投保人已缴纳的保险费视为对保险合同代签字行为的追认，证明保险人已履行了相应的明示义务，合同免责条款有效，本案不属于商业三者险的赔付范畴。针对上述答辩意见，逐一分析认定如下：关于第一点，首先，投保人朱某梅并不存在不遵守诚信、故意隐瞒有关保险标的真实情况等其他谋取保险赔付金的诈骗行为；其次，被告人秦某醉酒驾驶保险标的车辆云HV××××号小型轿车发生交通事故，满足《最高人民法院关于审理道路交通事故损害赔偿案件适用法律若干问题的解释》第十八条中关于交强险赔付的条件，保险公司应当在交强险范围内承担赔偿责任。关于第二点，虽然投保人缴纳保险费视为对保险合同代签字行为的追认，但仅能认定投保人对车辆投保险种的追认，保险费已缴纳不足以证明在签订格式合同时保险公司已尽到对免责条款的明示义务，且保险公司不能证明已向投保人明示不利条款，故该条款不产生效力，亦不能对抗不知情的投保人和第三人。故本院对附带民事诉讼被告人某保险公司文山州分公司的答辩意见不予采纳。

编写人：云南省文山市人民法院　王婼

13

如何认定爆胎导致的交通事故中行为人的主观过失

——杜某某交通肇事案

【案件基本信息】

1. 裁判书字号

北京市顺义区人民法院（2019）京0113刑初1411号刑事判决书

2. 案由：交通肇事罪

【基本案情】

2015年12月，被告人杜某某更换江淮牌小型汽车左右两后轮轮胎（两轮轮胎系同一型号同一时间生产，且同时使用）。2019年7月，杜某某驾驶该车时右后轮轮胎自然爆胎，杜某某更换新轮胎，其明知应一同更换左后轮轮胎，但因工作时间及经济问题并未更换。2019年8月24日5时50分，在某高速出城方向27公里+500米处，被告人杜某某驾驶该车（内乘被害人程某某、卫某某、朱某某、刘某某、黄某某、王某某）由南向北行驶时，该车左后车轮爆胎，车辆失去平衡后与高速公路东侧防护栏相撞，后又与邹某某所驾驶由南向北行驶的重型半挂牵引车/重型仓栅式半挂车右侧前部相撞，造成程某某死亡，卫某某、朱某某、刘某某、黄某某、王某某受伤。

经鉴定，杜某某所驾驶的小型普通客车左后车轮轮胎的破损特征符合自然爆破所致；左前车轮轮胎的破损特征符合异物撞击、切割所致。经交通部门认定，杜某某全责，邹某某、程某某、卫某某、朱某某、刘某某、黄某某、王某某无责任。经鉴定，程某某符合颅脑损伤合并创伤性休克死亡，卫某某、刘某某、黄某某、王某某身体所受损伤构成轻伤一级，朱某某身体所受损伤构成轻伤二级。被告人杜某某后经电话传唤到案。另外，被告人杜某某已赔偿黄某某、王某某、朱某某经济损失并取得谅解。

【案件焦点】

在汽车轮胎爆胎导致的交通事故中，如何准确认定行为人具有构成交通肇事罪中的主观过失而非系意外事件。

【法院裁判要旨】

北京市顺义区人民法院经审理认为：被告人杜某某对所驾驶车辆未尽安全管理义务，导致车辆存在安全隐患，驾驶中发生重大交通事故致一人死亡，五人轻伤，且负事故全部责任，其行为已构成交通肇事罪，依法应予惩处。由被告人杜某某的犯罪行为给被害人及被害人近亲属造成的经济损失应合理赔偿（另行解决）。被告人杜某某犯罪后主动投案，到案后如实供述犯罪事实，系自首，已经赔偿部分伤者经济损失并取得谅解，且认罪认罚，故依法对其从轻处罚。北京市顺义区人民法院依照《中华人民共和国刑法》第一百三十三条、第四十五条、第四十七条、第六十一条、第六十七条第一款及《最高人民法院关于审理交通肇事刑事案件具体应用法律若干问题的解释》第二条之规定，判决如下：

被告人杜某某犯交通肇事罪，判处有期徒刑一年二个月。

宣判后，被告人杜某某未上诉，公诉机关未抗诉，该判决现已生效。

【法官后语】

本案处理重点集中在如何评价行为人具有交通肇事罪中的主观过失。日常驾驶中汽车轮胎爆胎是诱发交通事故的主要原因之一，造成严重后果且驾驶员存在过错的，不仅需承担必要的民事责任，还会面临刑事处罚。根据交通运输管理法规的相关规定，司机驾驶车辆上路行驶应尽到两个层面的安全保障义务，一是“静态”层面，即确保车辆符合安全驾驶条件，如制动、转向、轮胎等符合车辆行驶条件；二是“动态”层面，即行车中对周围道路环境的安全保障，如遵守交通指示标志、不超速、不抢占车道超车等。司机如未尽到上述安全义务而发生交通事故，在排除主观存在故意的前提下，一般可认定行为人主观上具有过失，具体包括对事故的发生应当预见而没有预见和虽已预见但认为可以避免。之所以将司机的注意义务提至如此之高，是因为我国发生交通事故造成的人员死伤和财产损失情况较为严重的大环境，通过刑罚预防和震慑驾驶员提高注意义务已成为减少交通事故发生的必要手段。

汽车轮胎在日常驾驶中与路面摩擦后会出现不同程度的磨损，轮胎系橡胶制品，存在老化现象，为保障车辆的安全性，综合考虑磨损程度和轮胎老化现象，一般应在3年至5年或不超过6万公里时更换轮胎；若车辆局部更换轮胎，应将对侧轮胎同时更换，保障驾驶中的车辆平衡以提高安全性。本案中，杜某某作为车辆所有人长期驾驶该车辆，对车况最为了解，且已取得驾驶资格，故其负有保障车辆安全行驶的责任。杜某某在明知该车于2015年更换左右两后轮轮胎的情况下，2019年7月，该车的右后车轮发生自然爆胎，其理应注意到对侧轮胎可能存在磨损、老化等问题，但出于用车成本考虑，心存侥幸而未同时更换对侧轮胎，只更换了爆胎一侧的单只轮胎，后于2019年8月，在高速公路驾驶中因左后车轮爆胎导致车辆失去平衡后发生碰撞，其虽在驾驶中未违反交通规则，但在保障车辆"静态"安全方面存在重大过失，与本案一死五伤的严重后果具有直接的因果关系。

值得一提的是，本案在审理中有观点认为，杜某某在驾驶中未违反交通规则，车辆轮胎发生自然爆胎系意外，即使杜某某更换轮胎，驾驶中也存在自然爆胎导致交通事故发生的概率，故杜某某是否及时更换轮胎与该起交通事故的发生缺乏必然性，故其对损害的发生不存在过错，不构成交通肇事罪。审理中该观点未被采纳。虽杜某某是否及时更换对侧轮胎与自然爆胎导致交通事故之间存在一定程度的概率问题，但从整体上考量驾驶员所承担的道路安全注意义务，其主观上是否存在过错应从预防和及时止损的角度进行归责，而非以结果的发生与其事前是否采取措施之间关系的必然性上反向倒推，如此才符合刑法对行为人的归责逻辑，同时也有利于从社会效果上强化驾驶员积极履行安全注意义务。

编写人：北京市顺义区人民法院　王海龙

14

交通肇事罪中对保险公司是否尽到提示义务并免除其民事赔偿责任的认定

——苗某交通肇事案

【案件基本信息】

1. 裁判书字号

黑龙江省农垦中级法院（2020）黑81刑终78号刑事裁定书

2. 案由：交通肇事罪

【基本案情】

2018年7月7日，苗某向某汽车运输公司（以下简称A公司）以分期的付款方式购买了一辆解放牌大货车，双方约定合同期内，在苗某付清全部购车款之前，A公司保留该车所有权。同年7月8日，A公司为该货车在附带民事诉讼被告人某保险公司某市分公司（以下简称某分公司）处投保机动车商业险和交强险，投保人签名处由某分公司业务员王某某签名，由A公司盖章。自此，苗某以A公司名义从事车辆运营业务，其间，苗某雇用文某某为该车司机，并支付劳动报酬。2019年6月24日3时许，因文某某驾车倦怠，苗某向文某某提出由其驾驶，文某某在明知苗某准驾车型为B2，不具有相应驾驶资格的情况下将该车交由苗某驾驶。苗某驾驶该车沿黑龙江省某农场公路由西向东行驶至公路22公里+180米处时，越过道路中心线，与对向被害人姜某某驾驶的小型普通客车相撞，造成姜某某头部受伤，经抢救无效死亡，并致车内张某某共8名乘车人不同程度受伤。交通警察大队认定苗某在此次事故中承担全部责任，姜某某无责任。

【案件焦点】

如何认定保险公司对于保险合同中的免责条款已对投保人尽到提示或解释义务，该义务是否为法定义务，法院在审理此类案件时应当遵循何种方法来判定保险公司是否可以免责。

【法院裁判要旨】

黑龙江省宝泉岭人民法院经审理认为：被告人苗某违反交通运输管理法规，因而发生重大事故，致一人死亡、三人多处轻伤、五人多处轻微伤，其行为已构成交通肇事罪。机动车发生交通事故造成人身伤亡的，同时投保交强险和第三者商业保险的机动车发生交通事故造成损害，当事人同时起诉侵权人和保险公司的，应当先由承保交强险的保险公司在责任限额范围内予以赔偿；不足部分，由承保第三者商业保险的保险公司根据保险合同予以赔偿；仍然不足的，依照道路交通安全法和侵权责任法的相关规定由侵权人予以赔偿。附带民事诉讼被告人某分公司应当在交强险、商业险限额内赔偿附带民事诉讼原告人经济损失。因附带民事诉讼被告人某分公司在交强险和商业险限额内能够赔偿各附带民事诉讼原告人的各项经济损失，不存在赔偿数额不足部分，故被告人苗某和附带民事诉讼被告人文某某、A公司不再承担赔偿责任。

黑龙江省宝泉岭人民法院依照《中华人民共和国刑法》第一百三十三条、第六十七条第三款、第三十六条第一款，《中华人民共和国刑事诉讼法》第二百零一条，《最高人民法院关于审理人身损害赔偿案件适用法律若干问题的解释》第十七条、第十九条、第二十条、第二十一条、第二十二条、第二十三条、第二十四条、第二十五条、第二十七条、第二十九条，《最高人民法院关于审理道路交通事故损害赔偿案件适用法律若干问题的解释》第一条第二项、第三条、第十六条的规定，作出如下判决：

一、被告人苗某犯交通肇事罪，判处有期徒刑一年六个月；

二、附带民事诉讼被告人某分公司在机动车第三者责任强制保险责任、机动车商业保险责任限额内赔偿附带民事诉讼原告人损失共计人民币五十三万八千零四十八元六角七分；

三、被告人苗某、附带民事诉讼被告人文某某、A 公司不承担赔偿责任；

四、驳回附带民事诉讼原告人的其他诉讼请求。

某分公司以对合同中免责条款向投保人尽到提示义务，不应当承担民事赔偿责任为由提出上诉。黑龙江省农垦中级法院经审理认为：对于保险合同所约定的免责条款，保险人除在保险单上需要提示投保人注意外，还应当对有关免责条款的概念、内容及其法律后果以书面或口头形式向投保人作出解释，让投保人明确知晓该条款的真实含义和法律后果，仅有保险单中的提示并不能说明保险人在订立合同时已对免责条款履行了明确说明义务。另外，根据法律规定保险人对其履行了明确说明义务负有举证责任。本案中，某分公司提供的《机动车商业保险保险单（正本）》证实，该保单中投保人处签名、查验人员处签名及保险业务经办人处的签名均是该保险公司业务员王某某，因此无法证实保险人在订立合同时已对免责条款向投保人履行了明确说明义务。通常情况下投保人与保险人对保险合同条款的理解存在专业性的差异。因此，法律规定保险人有向投保人对合同免责条款予以解释说明的义务，旨在保障保险合同因双方意思表示一致而成立，这是立法本意的内在要求。

黑龙江省农垦中级法院依照《中华人民共和国刑事诉讼法》第二百三十六条第一项之规定，作出如下裁定：

驳回上诉，维持原判。

【法官后语】

实践中，审理交通肇事罪的法官会经常遇到刑事附带民事被告人的保险公司提出免除其民事责任的抗辩，理由主要是其已在合同中对免责条款向被投保人尽到了合理的提示义务，因此不承担相应的民事赔偿责任。对于判定该抗辩理由是否成立，法官可以借鉴民法典基本原则之一的诚实信用原则来予以审查。诚实信用原则是指民事主体在从事民事活动、刑事民事权利和履行民事义务时，应本着善意、诚实的态度，即讲究信誉、恪守信用、意思表示真实、行为合法、不规避法律和曲解合同条款等。具体来说，首先，保险公司应对免责条款向投保人尽到提示、说明义务，否则免责条款无效。根据《中华人民共和国保险法》的规定，订立保险合同，采用保险人提供的格式条款的，保险人向投保人提供的投保单应当附格式条款，保险人应当向投保人说明合同的内容。对保险合同中免除保险人责任的条款，保险人在订立合同时应当在投保单、保险单或者其他保险凭证上作出足以引起投保人注意的提示，并对该条款的内容以书面或者口头形式向投保人作出明确说明；未作提示或者明确说明的，该条款不产生效力。保险合同通常都是保险公司提前制定的格式合同，条款的内容中引用大量专业术语，而且保险公司为最大化规避风险会在合同中设置很多免责条款，投保人在保险法律关系中处于明显的劣势地位。为保护不特定多数人的利益，法律规定保险人必须向投保人以明确、明示的方式说明免责条款的确切含义，这是诚实信用原则在保险法中的体现。其次，保险公司应对履行提示、说明义务负有举证责任。保险合同是双务、有偿、诺成、非要式合同，双方当事人的权利和义务是通过保险合同来实现的，如前所述可知诚实信用原则要求在合同订立阶段，保险人有向投保人对合同免责条款进行明确解释的义务，这种义务是法定义务，不因当事人的约定而产生，也不以投保人要求为前提。因此，当保险公司不能举证其已如实履行该义务时，必将承担败诉的风险。

具体到本案中，某分公司向法院提供其与A公司签订的保险合同，合同中对于免责条款的字体有采取加粗、倾斜等明显标识性提示，欲证实保险公司已对投保人履行了提示和说明义务，因此不应当承担民事赔偿责任。二审法院通过审查该证据发现，保险合同中虽有A公司的印章，但投保人处的签名、查验人员处的签名及保险业务经办人处的签名均由某分公司的业务员王某某签署，因此法院有理由认为保险公司业务员王某某在为A公司办理批量业务时未对免责条款内容向投保人尽到明确解释的责任，因此某分公司的上诉理由不能成立。

编写人：黑龙江省农垦中级法院　魏冬灵　郭晋

15

水上交通肇事案件船舶碰撞事故责任认定中的国际海上避碰规则适用

——崔某雄交通肇事案

【案件基本信息】

1. 裁判书字号

上海市第二中级人民法院（2019）沪02刑终1151号刑事裁定书

2. 案由：交通肇事罪

【基本案情】

某1轮系巴拿马籍集装箱船，总吨17225吨，于2017年4月5日，从上海港外高桥四期码头3号泊位开航，装载集装箱1236TEU，合计15407.1吨，计划驶往我国香港特别行政区，船长是被告人崔某雄，负责指挥航行操纵。

某2轮系基里巴斯籍杂货船，总吨2971吨，于2017年4月5日从南通开航，装载热轧合金卷钢208件，合计4877.74吨，计划驶往韩国釜山。

事故发生水域位于我国领海水域内，距领海基线约2.5海里，距长江口灯船约13海里，海图水深约29米。该水域是南北航线和进出长江船舶的交汇区域，通航密度大，船舶交汇频繁。事故发生前，某1轮经长江口深水航道（北槽）出长江口，并沿长江口船舶定制线A通航分道驶离东报告线，航向东南偏东；某2轮经南槽航道出长江口，并沿长江口船舶定制线B通航分道驶离东报告线，航向东北。事故当时气象海况：多云，能见距离约5海里，南到西南风、风力5~6级。

后两船发生碰撞，船上毛某强等12名船员溺水死亡；船上所载4877.74吨热轧合金卷钢随船入海。某2轮沉没后，估算溢油量约为42.92立方米。

碰撞发生后，被告人崔某雄立即至驾驶室左翼船桥查看碰撞情况后，未按规定报告主管机关，未留在事故现场积极施救，随即返回驾驶室下令不要停船，恢复原速继续航行，指挥驾驶船舶逃离现场。大副、二副以及水手长等船员感觉到船体震动在听到三副广播后来到驾驶台，大副带领水手长和两名水手检查船舶受损情况后向崔某雄报告本船左舷船壳水线以上有擦痕。4月6日，崔某雄下令当班二副关闭可用于记录和查询船舶位置和轨迹的AIS系统。约0200时，崔某雄接到来自上海港代理的电话，要求其返回上海接受调查，崔未予理睬，指挥船舶继续驶往我国香港特别行政区，后其接到船舶管理公司邮件要求返回上海接受事故调查，并停止VDR运行、备份数据后，才下令返航，但未按照要求备份VDR数据致使事故期间的音频记录数据被覆盖清除。崔某雄在接受调查期间未如实供述。

海事局认定，在本起事故中，某1轮未正确判断碰撞危险，该行为违反了《1972年国际海上避碰规则》（以下简称“避碰规则”）的有关规定；未履行让路船义务，避让措施不当，该行为违反了避碰规则的有关规定；未采取符合当时环境和情况的安全航速，该行为违反了避碰规则的有关规定。综上，应承担主要责任。某2轮未采取最有助于避免碰撞的行动，当两船相距约0.72海里，形成紧迫危险后，采取向左转向的避让行动，该行为违反了避碰规则的有关规定，应承担次要责任。某1轮明知发生碰撞，未向主管机关报告，未履行法定救助义务，并擅自驶离事故现场，事后故意关闭AIS设备，不备份VDR数据，企图毁灭证据，根据《水上交通肇事逃逸案件调查处理规定》的规定，上述行为已经涉嫌构成肇事逃逸。

事故发生后，某1轮船舶所有人某投资公司通过和解、法院调解等方式，向12名遇难船员的家属赔偿共计2000余万元。

【案件焦点】

在涉外水上交通肇事刑事案件中如何适用《1972年国际海上避碰规则》判定事故责任。

【法院裁判要旨】

上海市杨浦区人民法院经审理认为：被告人崔某雄违反交通运输管理法规，因而发生重大事故，致对方船舶沉没和12名船员溺水死亡，为逃避法律追究又指挥肇事船舶逃跑，其行为已构成交通肇事罪，依法应予处罚。公诉机关指控的罪名成立。崔某雄的犯罪事实、情节、对社会的危害程度、到案情况以及船舶所有人已赔偿、对方船舶的责任等具体情况均在量刑中综合考虑。依照《中华人民共和国刑法》第六条第一款、第一百三十三条、第三十五条和《最高人民法院关于审理交通肇事刑事案件具体应用法律若干问题的解释》第二条第一款、第三条之规定，判决：被告人崔某雄犯交通肇事罪，判处有期徒刑五年，驱逐出境。

一审判决后，被告人崔某雄提出上诉。上海市第二中级人民法院经审理认为：原判认定崔某雄犯交通肇事罪的事实清楚，证据确实、充分。原判根据崔某某的犯罪事实、社会危害程度、到案情况以及船舶所有人已赔偿、对方船舶承担次要责任等综合考虑，所作量刑适当，且诉讼程序合法。依法裁定：

驳回上诉，维持原判。

【法官后语】

本案是一起发生在我国领海水域内的船舶交通肇事案件。在水上交通肇事刑事案件中，交通工具、驾驶人资质、船舶适航、船舶安全配员、不同船员职责、驾驶方式、发生事故前碰撞船舶在不同时段的航向及操作指令、事故定责以及损失理赔等均适用专门规定，在特定水域还要适用该水域的特别规定。例如，一起发生在吴淞口警戒区水域的船舶碰撞案件，船舶交会就须适用《长江上海段船舶定线制规定》规定的避让规则。水上交通肇事刑事案件是专属管辖，在司法实践中案件数量很少，本案又是一起适用《1972年国际海上避碰规则》（以下简称避碰规则）判定事故责任的刑事案件，对避碰规则在水上交通肇事刑事案件特别是在涉外刑事案件中的运用尤其具有指导意义。具体分析如下：

一、对于本案船舶碰撞事故责任的认定

避碰规则的根本目的是避免碰撞，总的原则是安全驾驶，早发现，早避让，不同阶段采取不同的避让措施。具体是当互见中的两船以不变的罗经方位相互驶近致有构成碰撞危险时，让路船和直航船所允许的或规定的行动可以分为四个阶段：(1) 在远距离，碰撞危险存在之前，两船可以自由采取行动。(2) 在碰撞危险最初开始存在时，规定让路船应及早采取大幅度行动，以取得一个安全的通过距离，直航船则必须保向保速。(3) 当让路船显然没有遵照本规则各条采取适当行动时，允许直航船可以独自采取操纵行动以避免碰撞，但机动船不应用向左转向来避让从其本船的左舷穿越的另一机动船。让路船则并不解除给他船让路的义务。(4) 当两船逼近到单凭让路船的行动不能避免碰撞时，规定直航船也应采取最有助于避碰的行动。

本案属于交叉相遇局面，事故发生水域是南北航线和进出长江船舶的交汇区域，通航密度大，船舶交汇频繁。根据避碰规则的相关规定，当两机动船交叉相遇致有构成碰撞危险时，有他船在本船右舷的船舶应给他船让路，如当时环境许可，还应避免横越他船的前方。本案中，某 2 轮与某 1 轮航向交叉，致有构成碰撞危险时，某 2 轮在某 1 轮右前方，是直航船，某 1 轮是让路船。被告人答应会主动让清意味其对构成碰撞危险的确认以及对本船作为让路船须采取避让行动的确认，然而其非但未按照避碰规则的规定，“采用安全航速行驶”“尽可能及早采取大幅度的行动，宽裕地让清他船”，反而将航速从约 18.8 节加速至约 19.1 节定速航行，以致形成紧迫局面进而形成紧迫危险。崔某雄在紧迫危险已经形成并答应会右转向避让后，又过了约 50 秒才连续采取“右舵 10”“右舵 20”这一违反避碰规则规定的“为避免碰撞而作的航向和（或）航速的任何变动应避免作一连串的小变动”的小角度右转向避让措施。由上可见，某 1 轮显然没有遵照避碰规则采取适当避碰行动。此时，某 2 轮作为保向保速的直航船，按照避碰规则的规定，可以独自采取操纵行动，以避免碰撞。虽然“如当时环境许可，不应对在本船左舷的船采取向左转向”。但为避免紧迫危险，根据避碰规则第二条第二款的规定，某 2 轮允许采取“背离本规则条款”

的向左转向的行动，但根据避碰规则第十七条第二款的规定，应采取最有助于避碰的行动。虽然此时向右转向也可能无法避免碰撞，但避免碰撞还应包含在碰撞不可避免时尽可能减少碰撞损失，以达到两船擦碰而过，而绝不能使两船直接对着碰撞。现向左转向是与对方明示的右转避让相向的行动，最后也发生了两船几乎是直接对着的碰撞，故向左转向被证明确实不是最有助于避碰的行动。

综上，根据《水上交通肇事逃逸案件调查处理规定》第十四条第一款的规定，如无法判明责任，对已查实的肇事逃逸船舶应认定其承担全部责任或主要责任。现主管机关根据航行轨迹和录音资料分析，对某1轮逃逸前的碰撞事实进行了查明，并根据查明事实依照避碰规则及《中华人民共和国海上交通安全法》判明相应的主次碰撞责任，具有法律依据和事实依据，本院予以认可。

二、对于本案被告人肇事逃逸的认定

根据《水上交通肇事逃逸案件调查处理规定》第十三条的规定，肇事船舶船员证明船长或当班驾驶人员明知发生碰撞事故而仍然驶离事故现场；肇事船舶当事人承认肇事逃逸事实；肇事船舶在肇事后突然关闭AIS、VDR等设备，而无法作出合理解释；其他证据表明肇事船舶船长或当班驾驶人员明知发生碰撞事故而仍然驶离事故现场等均是认定肇事逃逸行为的重要证据。由此，在水上交通肇事案件中对逃逸的认定，不仅要看船舶的航行轨迹特别是发生碰撞后的航行轨迹，还要结合VHF、AIS、VDR等船载设备系统的使用在碰撞前后有无发生改变，特别是要注意碰撞发生后有无足以认定逃逸的操作改变。

本案中，被告人从某1轮自由航行阶段、与某2轮有构成碰撞危险时答应让路、形成紧迫危险后下达转向指令至发生碰撞始终在负责指挥航行操纵，碰撞发生后立即去驾驶室左翼船桥查看碰撞情况，故其对与某2轮发生碰撞应当明知。

被告人明知发生碰撞后，既未按规定留在现场积极施救，也未向主管机关报告，反而返回驾驶室下令恢复原速继续航行，途中下令关闭AIS设备逃避追踪，不按照船舶管理公司要求备份VDR数据致事故期间音频记录数据被覆盖清除，在接受海事部门调查时又有意否认，足见其是明知发生碰撞为逃避法律追究而决意逃跑。

综上，本案被告人明知发生船舶碰撞事故而逃逸的事实应予认定。

三、对于本案被告人自动投案行为的评价

船舶航行不同于陆地驾驶，有专门的出发港和目的港，有专门的航行线路，而船长只是负责指挥船舶驾驶，具体操作是由船员各司其职，共同完成。在正常情况下，船长无权也无能力擅自改变既定航行目的地。本案中，被告人指挥某1轮逃离事故现场后驶往的下一港口是本次航行的目的港我国香港特别行政区，辩护人所谓的“如果被告人指挥某1轮驶往下一港口，中国海事部门只能求助他国”的情形并不成立。被告人在返航之前曾接到来自上海港代理的电话，要求其返回上海接受调查，其并未理睬，而是指挥船舶继续驶往我国香港特别行政区，直至约2小时后船舶管理公司要求其返回上海接受事故调查才下令返航。即便返航，亦未按照公司的要求备份VDR数据，致使事故期间的音频记录数据被覆盖清除，且在接受调查时未如实供述。故被告人虽有自动投案，但其是经再三要求并有毁灭证据等情形亦应在投案主动性上一并予以考量。

编写人：上海市杨浦区人民法院　孙颖

16

逃逸行为并非引起事故发生的原因，是否能作为交通肇事犯罪的入罪要件予以评价

——刘某立交通肇事案

【案件基本信息】

1. 裁判书字号

广东省潮州市中级人民法院（2020）粤51刑终169号刑事判决书

2. 案由：交通肇事罪

【基本案情】

2019年6月7日23时许，被害人陈某鑫醉酒后无证驾驶无号牌二轮摩托车沿某国道由东往西行驶至某国道492千米+400米处某路段时，碰撞到被告人刘某立临时停放在公路右侧的闽E2××××重型仓栅式货车左后角，被害人陈某鑫连人带车往左侧路面倒地时，被跟在后面由黄某群驾驶的粤UG××××号小型客车再次碰撞、推行，造成被害人陈某鑫当场死亡、车辆损坏的重大交通事故。随后，黄某群报警处理，被告人刘某立则驾车逃离现场。

2019年6月8日凌晨2时许，被告人刘某立经交警传唤后到案接受调查。

另查明，案发时被害人陈某鑫的血液乙醇含量为458.38mg/100ml，其未取得机动车驾驶证，驾驶的二轮摩托车未经公安机关交通管理部门登记，在非机动车道行驶时无戴安全头盔，无保持安全车速，临危措施不当；刘某立驾车夜间在道路临时停车时无开启后位灯并妨碍其他车辆通行；黄某群驾车无保持安全车速行驶。

事故发生后，被告人刘某立一方在交警部门预付赔偿被害人家属人民币10

万元，黄某群在交警部门预付赔偿被害人家属5万元。

【案件焦点】

交警部门没有查清造成事故的原因而仅依据行政法规规定“当事人逃逸的，承担全部责任或者主要责任”作出的事故责任认定能否在刑事案件中适用。

【法院裁判要旨】

广东省饶平县人民法院经审理认为：被告人刘某立的行为已构成交通肇事罪，依法判处被告人刘某立有期徒刑十个月。

宣判后，被告人刘某立不服，以其不构成交通肇事罪为由提出上诉。

广东省潮州市中级人民法院经审理认为：根据《最高人民法院关于审理交通肇事刑事案件具体应用法律若干问题的解释》第二条第一款第一项的规定，交通肇事致一人死亡，负事故的全部或者主要责任的，应以交通肇事罪定罪处罚。上述规定不仅要求行为人的交通肇事行为与被害人死亡结果的发生存在直接的因果关系，而且要求该行为对死亡结果的发生起决定性的原因力作用，即行为人的交通肇事行为对死亡结果的发生负全部或者主要责任。本案交警部门提供《道路交通事故认定书》虽然认定上诉人刘某立负本事故的主要责任。但是，其一，根据在案证据分析，发生事故时路面完好，路面两侧路灯较亮，视线良好，刘某立的重型货车后车箱开了双闪灯进行警示。从陈某鑫驾车至发生碰撞时没有刹车痕迹分析，陈某鑫严重醉酒导致其驾车时注意力严重下降，导致没有发现路边停放车辆，且其无驾驶资质驾驶无经检测合格的无牌照车辆，无保持安全车速，是发生碰撞的最主要原因。刘某立夜间在道路临时停车时无开启后位灯及黄某群驾车无保持安全车速，只是一般违章行为，对事故的发生起次要作用。另外，陈某鑫在非机动车道行驶无戴安全头盔还会使事故后果进一步扩大。其二，《道路交通事故认定书》认定刘某立负本事故的主要责任，是根据刘某立发生事故后驾车逃逸的情节，适用《中华人民共和国道路交通安全法实施条例》第九十二条第一款的规定，其负主要责任的结果是一种行政推定责任形式，不适用于刑事案件。刑事责任的根据是行为与结果存在着刑法意义上的因果关系。当事人事后的逃逸行为，并不是引起事故发生的原因，与危害结果没有刑法意义上的因果关系，除法律或者司法解释明确规定可以作为构罪要件外，一般均不得作为犯罪构成要件予以评价。因而，本案《道路交通事故认定书》的责任认定以刘某立肇事逃逸为由，推定刘某立负该事故的主要责任与刑事法相悖，且与其他证据矛盾，不能予以采信。

综上，现有材料足以证明被害人陈某鑫的严重违章行为是本次交通事故发生的主要原因力，上诉人刘某立违章停车只是引发本次事故的次要原因力，也即依法应认定上诉人刘某立在本次事故中负次要责任。而交通肇事造成一人死亡的，行为人只有负事故的全部或者主要责任的才构成交通肇事罪，否则不负刑事责任。因此，上诉人刘某立的行为依法不构成交通肇事罪。本案经广东省潮州市中级人民法院审判委员会讨论决定，改判：被告人刘某立无罪。

【法官后语】

本案的争议焦点在于被告人事后逃逸行为的法律责任问题。

事后逃逸行为并不是引起事故发生的原因，与危害结果没有刑法意义上的因果关系，除法律或者司法解释规定作为入罪要件外，其他均不是犯罪构成要件，对定罪本身没有影响。在刑事案件中，对事后逃逸能否推定其负全责或主要责任，最高法院对此也持否定态度，主要体现在上述解释第二条第二款第六项的规定上。依照这个规定，如果行为人交通肇事致一人以上重伤后逃逸的，也必须查清其须负事故全部或者主要责任，才能以交通肇事罪对其定罪处罚。具体到本案，对于交警部门没有查清造成事故的原因力而仅依据行政法规规定的“当事人逃逸的，承担全部责任或者主要责任”作出的事故责任认定能否在刑事案件上适用，笔者认为不宜适用。

虽然本案《道路交通事故认定书》因被告人在事故发生后逃逸而认定其承担本事故的主要责任，但这并不等于认定被告人在交通肇事时具有重大过错而对本次事故负刑法意义上的主要责任或者全部责任。本案中，现有材料足以证明被害人的严重违章行为是本次交通事故的主要原因力，被告人违章停车只是引发本次事故的次要原因力，也即依法应认定被告人在本次事故负次要责任。而交通肇事罪的构成要件要求被告人应负事故的全部或者主要责任（特殊情况下，如事故造成死亡三人以上负同等责任的也可以构成犯罪），否则不负刑事责任。因此，被告人的行为依法不构成交通肇事罪。

法院在办理本案的过程中，紧紧围绕“努力让人民群众在每一个司法案件中感受到公平正义”目标，坚持司法为民、公正司法，以事实为依据，以法律为准绳，严格贯彻罪刑法定原则，依法宣告被告人刘某立无罪。这一判决结果，既是法官对刑法谦抑性原则的坚守，又是对公众基本情理认同的兼顾，充分体现了法律的价值取向，取得了良好的法律效果和社会效果。同时，也彰显了二审法院切实把保障合法权益贯穿于刑事审判的全过程，确保无罪的人不受刑事追究，有罪的人受到公正惩罚，努力实现惩治犯罪和保障权利相统一。

编写人：广东省潮州市中级人民法院　林钟彪

17

酒驾挪车构成危险驾驶罪

——哈某危险驾驶案

【案件基本信息】

1. 裁判书字号

新疆维吾尔自治区新源县人民法院（2020）新4025刑初267号刑事判决书

2. 案由：危险驾驶罪

【基本案情】

2019年11月9日，被告人哈某去某镇参加婚礼并在那里喝了酒，回来时让同事阿某代为驾驶新F××号小型轿车，车开到自己所居住的小区后，同事阿某将车停在小区门口后离开，2019年11月10日01时58分，被告人哈某喝酒驾驶新F××号小型轿车，在小区门口由北向后倒车时，与停靠在东侧路边的田某驾驶F××号小型轿车发生碰撞，造成两车损坏的道路交通事故，案发后，车主田某报案，被告人哈某被交警大队民警当场查获。物证鉴定所作出血液酒精检测司法鉴定意见。鉴定意见为：被告人哈某血液中检出酒精成份，其酒精含量为176.20mg/100ml。交警大队交通事故认定书为：哈某负事故全部责任，田某无事故责任。2019年11月27日，被告人哈某与田某达成协议并支付了田某的经济损失。

【案件焦点】

被告人酒后挪车是否构成危险驾驶罪，危险驾驶罪是否属故意犯罪。

【法院裁判要旨】

新疆维吾尔自治区新源县人民法院经审理认为：被告人哈某违反道路交通安全法的规定，在道路上醉酒驾驶机动车辆，其行为已构成危险驾驶罪，公诉机关指控罪名成立，予以支持。被告人哈某庭审中提出，为了挪车驾驶车辆，从轻处罚适用缓刑的辩论意见，本院不予采纳。鉴于被告人归案后能如实供述自己的犯罪事实，认罪态度尚好，有悔罪表现，认罪认罚，积极赔偿车主经济损失，可予酌情从轻处罚。据此，依照《中华人民共和国刑法》第一百三十三条之一第一款、第四十二条、第四十四条、第五十二条、第五十三条、第六十七条第三款之规定，判决：被告人哈某犯危险驾驶罪，判处拘役2个月，并处罚金人民币4000元。

【法官后语】

根据《中华人民共和国刑法》第一百三十三条之一的规定，在道路上驾驶机动车，有下列情形之一的，处拘役，并处罚金：（1）追逐竞驶，情节恶劣的；（2）醉酒驾驶机动车的；（3）从事校车业务或者旅客运输，严重超过额定乘员载客，或者严重超过规定时速行驶的；（4）违反危险化学品安全管理规定运输危险化学品，危及公共安全的。机动车所有人、管理人对前款第三项、第四项行为负有直接责任的，依照前款的规定处罚。有前两款行为，同时构成其他犯罪的，依照处罚较重的规定定罪处罚。本罪侵害的是双重客体，主要是道路交通秩序，同时也威胁到不特定多数人的生命、财产安全。犯罪人在主观上应当为故意，尽管犯罪人在主观上并没有追求交通事故、人员伤亡等后果的发生，但是对于危险驾驶的行为是明知或者放任发生的。构成危险驾驶罪的前提是在道路上驾驶机动车。根据道路交通安全法第一百一十九条的规定，本款规定中的“道路”是指，公路、城市道路和虽在单位管辖范围但允许社会机动车通行的地方，包括广场、公共停车场等用于公众通行的场所。同样，根据该条规定，“机动车”是指以动力装置驱动或者牵引，上道路行驶的供人员乘用或者用于运送物品以及进行工程专项作业的轮式车辆。

社会生活不断发展，信息交通日益发达的同时也给道路交通安全带来了不少的问题。醉酒驾驶、超速驾驶、闯红灯、吸毒驾驶等各种危险驾驶行为日益增加。酒后不开车，指的是饮酒之后，在任何地方任何情况下都不能驾驶机动车，包括马路、小区里和停车场内，驾驶员饮酒后上车，那就是违法行为。犯罪故意指的是行为人明知自己的行为会发生危害社会的结果，对危害结果放任的态度，醉酒驾驶行为人明知自己的行为是危害的，仍然做危害行为，因此危险驾驶罪就是故意犯罪。要准确认识到“喝酒不开车”的含义，开车不仅指在公路上行驶，同时也是指“不要坐上驾驶位”，很多人喝酒存在错误的认识，认为喝酒是指不在公路上行驶，但可以在小区及停车场等内部道路驾驶车辆，醉酒挪车没问题。本案中，被告人饮酒后让同事代驾，到小区马路边停车后自己驾驶车辆，倒车过程跟后面的车辆发生碰撞，造成了车辆损坏的交通事故。被告人哈某自己饮酒让同事代驾，应该让同事继续驾驶车辆到小区内停车，让同事停在马路边后自己驾驶车辆时，可能被告人哈某认为距离近不会遇到交警让代驾走就是案件高发的罪魁祸首。司法实践中，审理危险驾驶案件中，至少一般的危险驾驶案件都发生了交通事故，并且造成驾驶员本人或者他人不同程度受伤或者财产损失。在危险驾驶案件中致人重伤、死亡的案例也不在少数。

人饮酒后，对光、声刺激的反应时间延长，从而无法准确判断距离和速度，饮酒后酒精麻木作用，人的手、脚触觉较平时降低，往往无法正常控制油门，刹车及方向盘。我们应当对醉酒驾驶的危害性有更加全面的认识和理解，千万不可饮酒后驾驶车辆，拒绝危险驾驶，安全文明出行。

编写人：新疆维吾尔自治区新源县人民法院　麦力亚·斯牙

18

行为人酒后驾驶机动车发生事故逃逸后在查获前再次饮酒的，仍可认定醉酒驾驶

——蒋某危险驾驶案

【案件基本信息】

1. 裁判书字号

广东省广州市中级人民法院（2020）粤 01 刑终 806 号刑事裁判书

2. 案由：危险驾驶罪

【基本案情】

2018 年 11 月 30 日 22 时 03 分，被告人蒋某饮酒后驾驶粤 A4××××号小型轿车途径某路段发生碰撞停在路旁的粤 AB××××号小型轿车，造成两车不同程度损坏的交通事故后驾车逃逸。同日，被告人蒋某在某房间被公安机关查获，执勤民警将带至某医院提取血液样本，经送南方医科大学司法鉴定中心检验，检验结果为：蒋某静脉血液中检出乙醇（酒精）成分，其含量为 247. 5mg/100mL。

广东省广州市越秀区人民检察院以被告人蒋某犯危险驾驶罪向广州市越秀区人民法院提起公诉。

被告人蒋某辩称：其驾驶汽车前喝了两杯洋酒，还没有达到醉酒程度，指控的血液酒精含量是其事后回家又喝酒后检测出来的结果，其不构成危险驾驶罪。

辩护人辩护称：被告人蒋某进行呼气测试和抽血检验都不是在驾驶状态或事故现场进行的，而是在被告人蒋某回家睡前喝酒之后进行的，其间已经间隔了一个多小时，公诉机关没有证据证明被告人蒋某在驾驶汽车或事故发生时处于醉酒状态，而有相关证据可以证明被告人蒋某回家后又喝了酒，因此公诉机关指控被告人蒋某醉酒驾驶的事实没有形成完整的证据链。请求判决被告人蒋某无罪。

【案件焦点】

被告人蒋某发生交通事故逃逸后在查获前再次饮酒，是否可以认定醉酒驾驶。

【法院裁判要旨】

广东省广州市越秀区人民法院经审理认为：首先，根据被害人宋某勇的陈述、证人袁景豪、张全营等人证言、被告人蒋某的供述互相印证证实被告人蒋某于案发当晚是酒后驾车。其次，从存疑有利于被告人原则，结合被告人蒋某的供述、证人张萍的证言，认定被告人蒋某回家后再次饮酒。最后，依据《最高人民法院、最高人民检察院、公安部关于办理醉酒驾驶机动车刑事案件适用法律若干问题的意见》第六条第二款的规定，犯罪嫌疑人在公安机关依法检查时，为逃避法律追究，在呼气酒精含量检验或者抽取血样前又饮酒，经检验其血液酒精含量达到本意见第一条规定的醉酒标准的，应当认定为醉酒。此款规定的意旨是：犯罪嫌疑人为逃避法律追究，在呼气酒精含量检验或者抽取血样前又饮酒，公安机关依法检查时检验其血液酒精含量达到醉酒标准的，应当认定为醉酒，而不局限于辩护人所称“检查时”的当场再次饮酒。因此，综上分析，被告人蒋某饮酒后驾驶机动车，在交通事故发生后，再次饮酒企图逃避法律追究，在公安机关检查时提取的血液样本中酒精含量达到 80 毫克/100 毫升以上，其行为构成危险驾驶罪。

广东省广州市越秀区人民法院综上所述，依照《中华人民共和国刑法》第一百三十三条之一、第五十二条、第五十三条之规定，判决如下：

被告人蒋某犯危险驾驶罪，判处拘役二个月，并处罚金人民币五千元。

一审宣判后，被告人蒋某表示不服判决，上诉至广东省广州市中级人民法院，法院于2020年6月3日裁定：

驳回上诉，维持原判。

【法官后语】

关于《最高人民法院、最高人民检察院、公安部关于办理醉酒驾驶机动车刑事案件适用法律若干问题的意见》第六条第二款规定的理解与适用。根据该条款的规定，犯罪嫌疑人在公安机关依法检查时，为逃避法律追究，在呼气酒精含量检验或者抽取血样前又饮酒，经检验其血液酒精含量达到本意见第一条规定的醉酒标准的，应当认定为醉酒。而适用该条款应从以下两个方面考虑：

1. 如何理解“依法检查时，呼气酒精含量检验或者抽取血样前”。从该条规定出台背景分析，《〈关于办理醉酒驾驶机动车刑事案件适用法律若干问题的意见〉的理解与适用》[①]中讲到，在上述意见的起草过程中，有部门提出上述情形下无法证明犯罪嫌疑人驾车时血液酒精含量已经达到80毫克/100毫升以上的醉酒状态，有推定犯罪之嫌，但最终仍出台上述规定，其主要理由是：第一、醉驾入刑的目的是加大对醉酒驾驶机动车行为的惩罚力度，有效防范风险，如果犯罪嫌疑人醉酒驾驶后可以此方法逃避法律追究，将会产生不良示范效应，不利于对社会安全和公众利益的保护；第二，犯罪嫌疑人停车接受公安机关执法检查时，属于被迫、非正常停驶，法律上可以拟制为仍处于驾驶状态，其在此期间饮酒的，仍可视为在驾驶时饮酒，其饮酒后血液酒精含量达到80毫克/100毫升以上的，可以认定为醉酒驾驶机动车。因此，即便犯罪嫌疑人在检查

---

① 陈国庆、韩耀元、吴峤滨：《〈关于办理醉酒驾驶机动车刑事案件适用法律若干问题的意见〉理解与适用》，载《人民检察》2014年第5期。

前的实际血液酒精含量未达到80毫克/100毫升，其也应当承担在检查时饮酒带来的不利后果。因此，只要是犯罪嫌疑人为逃避法律追究，在呼气酒精含量检验或者抽取血样前又饮酒，公安机关依法检查时检验其血液酒精含量达到醉酒标准的，应当认定为醉酒。而不是仅仅局限于公安机关依法检查时犯罪嫌疑人当场再次饮酒的情形，否则只要犯罪嫌疑人发生事故后逃逸，没有被当场查获，都可以辩解在查获前已经再次饮酒而不可能对其追究法律责任。

2. 如何判断行为人是否是“为了逃避法律追究”而再次饮酒的。笔者认为应从以下两个方面进行判断：(1) 行为人再次饮酒的时间。如行为人是在公安机关依法检查时的当场再次饮酒的或是在发生事故逃逸后，则可以直接推定其具有逃避法律追究的故意，其应承担饮酒所带来的不利后果。(2) 行为人再次饮酒的情境。如行为人再次饮酒是在聚餐时发生，则难以推断其是否具有逃避法律追究主观故意。如行为人再次饮酒并非是在合理的情境下发生，行为人亦未能作出合理解释的可以推定其具有逃避法律追究的故意的。

编写人：广东省广州市越秀区人民法院　黄涛　彭莉媛

19

妨害安全驾驶罪的认定

——罗某昌妨害安全驾驶案

【案件基本信息】

1. 裁判书字号

广东省广州市白云区人民法院（2021）粤0111刑初772号刑事判决书

2. 案由：妨害安全驾驶罪

【基本案情】

2020 年 12 月 14 日 23 时许，罗某昌在某公交车上，与驾驶员邓某某因停车问题发生纠纷后，当车行驶至本市某地铁站附近时，罗某昌翻过驾驶室的安全防护门用手中的购物袋击打邓某某。证人邓某某随即停车报警，罗某昌在现场等候，后被公安机关抓获。

【案件焦点】

刑法修正案（十一）实施后，对本案中被告人行为的认定。

【法院裁判要旨】

广东省广州市白云区人民法院经审理认为：被告人罗某昌无视国家法律，对行驶中的公共交通工具的驾驶人员使用暴力，干扰公共交通工具正常行驶，危及公共安全，其行为已构成妨害安全驾驶罪。公诉机关指控被告人罗某昌犯妨害安全驾驶罪的事实清楚，证据确实、充分，指控罪名成立，量刑建议适当，应予采纳。被告人罗某昌明知他人报案而在现场等待，抓捕时无拒捕行为，供认犯罪事实，是自首，可以从轻处罚。罗某昌犯罪后如实供述自己的罪行并认罪认罚，可以从宽处罚。

广东省广州市白云区人民法院依照《中华人民共和国刑事诉讼法》第一百三十三条之二第一款之规定，判决：被告人罗某昌犯妨害安全驾驶罪，判处有期徒刑六个月，并处罚金人民币一千元。

【法官后语】

近年来，在公共交通工具上抢夺方向盘、殴打驾驶人员等妨害安全驾驶的行为时有发生，严重威胁道路交通安全，更引起社会广泛关注和反思，加强公交司机安全防护、严惩妨害安全驾驶违法犯罪行为的呼声高涨。妨害安全驾驶罪在此环境下应运而生。

在刑法修正案（十一）发布之前，司法实践中，骚扰甚至殴打正在驾驶车辆的公交车司机，导致车辆有随时失控的风险，给不特定的多数人的生命及财产造成危险，符合以危险方法危害公共安全罪的犯罪构成，应当追究刑事责任。但由于“以危险方法危害公共安全罪”的量刑起点较高，为了更好的罚当其罪，刑法修正案（十一）新增妨害安全驾驶罪，明确规定，对行驶中的公共交通工具的驾驶人员使用暴力或者抢控驾驶操纵装置，干扰公共交通工具正常行驶，危及公共安全的，处一年以下有期徒刑、拘役或者管制，并处或者单处罚金。对于此类犯罪行为的定义更明确，量刑起点更低，只要有“妨害安全驾驶”的行为，就有可能入刑。

本案中，罗某昌的行为表现在“当公交车正在行驶中，翻过驾驶室的安全防护门用手中的购物袋击打驾驶员”，该行为足以干扰公共交通工具的正常行驶，危及公共安全。因此获罪。

“妨害安全驾驶罪”使得该类犯罪的处罚更符合罪责刑相适应的原则，提升了法律的威慑力，对当事人和群众产生警示作用，可以有效防止、遏制妨害安全驾驶行为的发生，也有利于群众公共安全意识的提升。

刑法修正案（十一）同时还规定“前款规定的驾驶人员在行驶的公共交通工具上擅离职守，与他人互殴或者殴打他人，危及公共安全的，依照前款的规定处罚。有前两款行为，同时构成其他犯罪的，依照处罚较重的规定定罪处罚。”对驾驶员的行为也进行了规范，坚决杜绝“妨害安全驾驶”的行为。

干扰或侵害正在驾驶状态的公共交通驾驶员，危害公共安全的行为，将受到法律严惩。在乘坐公共交通工具时，应当尊重公交车司机，提高安全意识、法律意识，共创安全、文明、和谐的乘车环境。妨害安全驾驶罪已入刑，切勿触碰法律的底线。同时，大家在日常生活中，除了不能实施和参与这样的行为，更要在遇到这些行为时及时出手制止，弘扬见义勇为的美德，共同维护安全有序的司乘环境。

编写人：广东省广州市白云区人民法院　罗桂萍　王苗苗

20

船舶海上重大责任事故罪主体的认定

——何某重大责任事故案

【案件基本信息】

1. 裁判书字号

宁波海事法院（2021）浙72刑初8号刑事判决书

2. 案由：重大责任事故罪

【基本案情】

“某工999”轮所有人系某工程公司。2018年12月4日，某工程公司与某船务公司签订船舶租赁合同，将“某工999”轮出租给某船务公司。次日，某船务公司与被告人何某签订光租船舶租赁协议书，约定将“某工999”轮出租给何某用于沿海运输，期限为2018年12月5日至2019年12月4日，双方于2018年12月14日办理船舶交接手续。后何某作为“某工999”轮实际经营管理人，雇佣船员并从事海上运输作业。

2019年2月21日，何某指示船长罗某兵驾驶“某工999”轮至某工地码头装载石料。当日22时10分，“某工999”轮离泊，船体呈左右平衡尾倾状态。23时30分，罗某兵发现该轮尾倾增大，吃水明显增大，机舱右侧顶板和外板间出现少量漏水，从机舱前舱壁中间位置距主甲板约30厘米的电缆孔有水流入机舱，遂采用移动水泵排水，但未见效，船舶持续进水，处于危险状态。次日1时20分，在罗某兵要求下，业务员林某生通过电话向何某报告船舶情况，何某要求确保人员安全，并联系某矿业公司码头请求帮助抢卸货物。2时50分，“某工999”轮驶抵某矿业公司码头前沿水域。3时15分，“某工999”轮船首搁浅，尾倾进一步增大，4 名船员撤离上岸。3 时 45 分，船尾快速下沉，船头上翘，船体向左侧翻倒扣海面，船上 8 人落水，其中 6 人获救，大副潘某死亡，水手王某苗失踪（后经法院判决宣告死亡）。事故造成船舶打捞费、修理费、车辆损失等直接经济损失 600 余万元。经某海事处调查认定，上述事故系单方责任事故，“某工 999”轮承担事故的全部责任，何某未落实安全管理责任，未根据相关规定建立安全管理体系对“某工 999”轮实施安全管理，未对船员实施岗前培训、职责熟悉，未督促船上开展救生、弃船等应急演练；在船舶遇险后，未能保持船岸之间的有效联系，未能为船方提供专业有效的岸基支持，违反了《中华人民共和国航运公司安全与防污染管理规定》的规定，对事故负有管理责任。事故发生后，相关民事赔偿此前已经调解，何某与潘某、王某苗家属达成和解协议，潘某、王某苗家属收到相应赔偿款，并出具对何某的谅解书。2019 年 11 月 27 日，何某主动到宁波海警局投案，并如实供述了犯罪事实。

【案件焦点】

对被告人何某如何准确定罪，其行为是否构成重大责任事故罪。

【法院裁判要旨】

宁波海事法院经审理认为：被告人何某作为“某工 999”轮的实际经营管理人，也是对“某工 999”轮负有组织、指挥、管理职责的实际控制人，在生产、作业中违反有关安全管理的规定，因而发生安全事故，造成一人死亡、一人失踪和直接经济损失 600 余万元的后果，并负事故主要责任，情节特别恶劣，其行为已构成重大责任事故罪。何某犯罪以后自动投案，并如实供述自己的罪行，系自首，依法可以从轻处罚。案发后，遇难者近亲属已获赔偿，何某已取得被害人近亲属谅解，可酌情从轻处罚。何某如实供述犯罪事实，认可指控的罪行，愿意接受处罚，可以从宽处罚。根据何某的犯罪事实、情节和悔罪表现，可对其适用缓刑。公诉机关的量刑建议适当，予以采纳。何某及其辩护人提出的相关合理辩护意见及请求，予以采纳。

宁波海事法院依照《中华人民共和国刑法》第一百三十四条第一款、第六十七条第一款、第七十二条第一款、第七十三条第二款、第三款，《最高人民法院、最高人民检察院关于办理危害生产安全刑事案件适用法律若干问题的解释》第一条、第七条第一款第二项、第十三条之规定，作出如下判决：

被告人何某犯重大责任事故罪，判处有期徒刑三年，缓刑四年。

宣判后，被告人何某未上诉，判决已发生法律效力。

【法官后语】

本案是宁波海事法院作为全国首家试点审理海事刑事案件的海事法院受理的第一起重大责任事故罪案件。针对海事领域发生的船舶事故，究竟是构成重大责任事故罪还是交通肇事罪，争议已久，这个案例对船舶海上重大责任事故罪犯罪主体的认定提供了一个重要的分析样本。

根据《最高人民法院、最高人民检察院关于办理危害生产安全刑事案件适用法律若干问题的解释》（以下简称《危害生产安全刑事案件解释》）第一条的规定，刑法第一百三十四条第一款规定的重大责任事故罪的行为主体为自然人，包括对生产、作业负有组织、指挥或者管理职责的负责人、管理人员、实际控制人、投资人等人员，以及直接从事生产、作业的人员。据此，船舶海上重大责任事故犯罪主体，主要有两类：第一类是对船舶运输生产作业负有组织、指挥、管理职责的人员，如船舶所有人、船舶经营人、船舶管理人、船舶承租人的负责人、管理人员、实际控制人、投资人等。习惯上往往将船舶所有人、经营人、光船承租人不加区分地统称为“船东”，但由于船舶经营模式多样，船舶所有与经营相分离现象十分普遍，在刑事个案中以“船东”直接冠称，显然不够明确与具体，也难以精确确定犯罪主体。而船舶租赁，航运中存在光船租赁、定期租船和航次租船的不同做法，只有在光船租赁的情形下，船员由承租人配备，承租人才对船舶运输生产作业具有组织、指挥、管理的权利，光船承租人的相关人员才负有依照有关安全管理规定管理船舶的职责，也才可能成为重大责任事故罪的行为主体，一般而言，不包括其他两种租船方式。第二类是直接从事船舶运输生产作业的人员，主要是船员，也可能包括为船舶提供修理、装卸作业等人员。至于船长，由于其身份的特殊性，既可能对事故发生负有管理责任，也可能对事故发生负有直接责任，因此船长成为第一类和第二类行为主体，均有可能。

重大责任事故犯罪是过失犯罪，我国刑法理论认为过失犯罪不构成共同犯，因此船舶在海上运输生产作业中发生事故是否构成犯罪、是否应处以刑罚、对哪些人或者哪个人处以刑罚，以及如何处罚，需视具体行为人的具体行为是否触犯了刑法第一百三十四条第一款的规定，即该行为人在船舶运输生产作业中违反了有关安全管理规定，因而发生重大伤亡事故或者造成其他严重后果。船舶发生海上事故后，无论是本案一样的船舶自沉，或者碰撞、触碰事故，通常而言，先由政府或海事、渔业等职能部门依法对事故进行调查，查明事故原因、判明事故责任，并形成事故调查报告、作出责任认定。《危害生产安全刑事案件解释》以死亡1人、重伤3人或者造成直接经济损失100万作为一般入罪标准，而对第二档法定刑的条件采用了“事故后果+责任大小”的规定方式，即事故后果达到一定程度，行为人又对事故承担主要责任的，方可处以第二档法定刑。船舶海上重大责任事故往往存在多个原因行为，确定行为人罪责时，应当在区分直接原因与间接原因的同时，根据原因行为在引发事故中所具作用的大小，分清主要原因与次要原因，确认主要责任和次要责任。对于前述第一类主体，如其对重大生产安全事故发生起决定性、关键性作用的，应当承担主要责任；对于其中负有安全生产管理、监督职责的工作人员，应根据其岗位职责、履职依据、履职时间等，综合考察工作职责、监管条件、履职能力、履职情况等，合理确定罪责。而对于第二类主体，即使事故调查认定其为直接责任人，也还应当综合考虑各种因素，不能简单地将直接责任等同于主要责任。由此可见，船舶海上重大责任事故案件中，事故调查报告及其责任认定不仅是事故调查机关决定是否将案件移送司法机关处理的依据，也是司法机关在刑事诉讼中对行为人进行定罪量刑的重要证据和认定依据。进而言之，鉴于船舶海上重大责任事故行为主体的特定性，事故调查机关以及司法机关，包括侦查、审查起诉和审判机关，必须审慎调查和审查，查明事故原因及其与危害结果之间的因果关系，分清事故主、次责任，准确确定责任主体及其范围，正确区分主体类型是第一类还是第二类，既不扩大范围，也避免出现遗漏。

本案中，何某是“某工999”轮的光船租船转租的承租人，船员由其配备，船舶由其实际经营管理，是对船舶运输生产、作业负有组织、管理职责的实际控制人，属于前文所指的第一类行为主体。从事故原因角度看，海事管理机构调查查明，何某未落实安全管理责任，未根据相关规定建立安全管理体系对“某工999”轮实施安全管理，未对船员实施岗前培训、职责熟悉，未督促船上开展救生、弃船等应急演练；在船舶遇险后，未能保持船岸之间的有效联系，未能为船方提供专业有效的岸基支持，违反了《中华人民共和国航运公司安全与防污染管理规定》。从事故责任角度看，事故调查认定涉案事故系单方责任事故，“某工999”轮承担事故的全部责任，何某作为船舶运输生产、作业负有组织、管理职责的实际控制人，其行为对事故发生起着决定性、关键性的作用，应确定为事故主要责任人，负事故主要责任。

编写人：宁波海事法院　吴胜顺　马娟

二、破坏社会主义市场经济秩序罪

（一）生产、销售伪劣商品罪

21

未查获鉴定伪劣产品不影响生产、销售伪劣产品犯罪行为的认定

——李某等生产、销售伪劣产品案

【案件基本信息】

1. 裁判书字号

湖北省高级人民法院（2020）鄂刑终 128 号刑事裁定书

2. 案由：生产、销售伪劣产品罪

【基本案情】

2017 年 2 月 1 日，被告人李某承包某生鲜工厂用于生猪屠宰加工。2017 年 9 月，被告人李某与魏某某、李某某（均另案处理）合作在某生鲜工厂进行生猪屠宰加工，为谋取非法利益李某与魏某某合谋对生猪打药注水，增加猪肉重量。李某安排被告人何某任某生鲜工厂办公室主任负责制作账单、支付打药注水费用及取药水、送药水等具体事务。2018 年 6 月，李某安排被告人徐某到饲

养车间负责收猪、安排人员将生猪赶到封闭空间打药注水、统计数据等具体事务。

2017年9月至2018年8月，魏某某雇佣郑某某、孙某某、薛某（均另案处理）等在某生鲜工厂对生猪打药注水。先期给生猪打药注水时，打药注水人员自带药水。2017年11月，魏某某开始在网上联系刘某某（另案处理）购买药水，至2018年8月，共购买药水13次，总重量342公斤，提供给某生鲜工厂使用，被告人李某按照每头猪15元的标准向魏某某支付费用。

2018年8月至12月6日，被告人李某以每头猪6元至7元的价格雇用闫某某（另案处理）、被告人卞某某等到某生鲜工厂给生猪打药注水，闫某某、卞某某组织、邀约被告人霍某、张某某及段某某（另案处理）等人到某生鲜工厂一起给生猪打药注水，并负责发放霍某、张某某、段某某等人的工资。2018年9月7日至10月8日，闫某某为宝迪公司生鲜工厂购买药水6次，购买药水的费用由李某安排何某用其农行卡转账给闫某某；2018年12月3日，被告人卞某某为宝迪公司生鲜工厂购买药水1次，价值为22000元，李某安排何某将购买药水的费用通过微信转账给卞某某。

经审计，2017年9月至2018年12月6日，被告人李某承包某生鲜工厂期间共给105343头生猪打药注水，批发肉类及附属品价格合计169737233.68元；2018年8月15日至12月6日，被告人卞某某、霍某共给36943头生猪打药注水，批发肉类及附属品价格合计60595125.94元；2018年10月30日至11月9日，被告人张某某共给3315头生猪打药注水，批发肉类及附属品价格合计2981371.93元。

【案件焦点】

生产、销售伪劣产品犯罪中，未查获生产、销售的伪劣产品，能否根据其他在案证据定罪。

【法院裁判要旨】

湖北省孝感市中级人民法院经审理认为：被告人李某等人违反国家规定，

屠宰生猪过程中给生猪打药注水，在产品中掺杂、掺假，构成生产、销售伪劣产品罪。被告人李某、何某参与犯罪的销售金额为169737233.68元；被告人徐某、卞某某、霍某参与犯罪的销售金额为60595125.94元；被告人张某某参与犯罪的销售金额为2981371.93元；犯罪数额特别巨大。被告人李某、何某、卞某某在共同犯罪中起主要作用，是主犯；被告人徐某、霍某、张某某起次要作用，是从犯，依法可从轻、减轻处罚。

湖北省孝感市中级人民法院依照《中华人民共和国刑法》第一百四十条、第二十五条、第二十六条、第二十七条、第五十三条、第五十七条、第五十九条、第六十三条、第六十七条第三款的规定，判决如下：

一、被告人李某犯生产、销售伪劣产品罪，判处无期徒刑，剥夺政治权利终身，并处没收个人全部财产；

二、被告人何某犯生产、销售伪劣产品罪，判处有期徒刑十五年，并处罚金人民币8500万元；

三、被告人徐某犯生产、销售伪劣产品罪，判处有期徒刑十年，并处罚金人民币800万元；

四、被告人卞某某犯生产、销售伪劣产品罪，判处有期徒刑十五年，并处罚金人民币3100万元；

五、被告人霍某犯生产、销售伪劣产品罪，判处有期徒刑十年，并处罚金人民币800万元；

六、被告人张某某犯生产、销售伪劣产品罪，判处有期徒刑七年，并处罚金人民币40万元；

七、对随案移送扣押各被告人用于作案联络的手机予以没收。

何某、徐某、卞某某、霍某、张某某提出上诉。湖北省高级人民法院经审理认为：李某、何某、徐某、卞某某、霍某、张某某为增加生猪屠宰后肉制品产出重量，违反国家规定，在生猪屠宰前对生猪打药注水，并将注水猪肉予以销售，其行为构成生产、销售伪劣产品罪。原判全面考量各被告人犯罪的事实、性质、情节和对于社会的危害程度等具体情节，量刑并无不当。故各上诉人的上诉理由均不能成立。依照《中华人民共和国刑事诉讼法》第二百三十六条第一款第一项之规定，裁定：

驳回上诉，维持原判。

【法官后语】

本案审理的关键在于对在产品中掺杂、掺假行为的认定。根据刑法第一百四十条之规定，生产、销售伪劣产品是指生产者、销售者在产品中掺杂、掺假，以假充真，以次充好或者以不合格产品冒充合格产品的行为。《最高人民法院、最高人民检察院关于办理生产、销售伪劣商品刑事案件具体应用法律若干问题的解释》对刑法第一百四十条规定的“在产品中掺杂、掺假，以假充真，以次充好或者以不合格产品冒充合格产品”进行了明确界定，规定“在产品中掺杂掺假”是指在产品中掺入杂质或者异物，致使产品质量不符合国家法律、法规或者产品明示质量标准规定的质量要求，降低、失去应有使用性能的行为。依照该规定，“在产品中掺杂掺假”对产品中掺入的杂质或者异物有数量要求，需要达到造成“产品质量不符合国家法律、法规或者产品明示质量标准规定的质量要求，降低或失去应有使用性能”的程度。

《最高人民法院、最高人民检察院关于办理生产、销售伪劣商品刑事案件具体应用法律若干问题的解释》的规定对刑法第一百四十条规定的行为难以确定的，应当委托质量检验机构进行鉴定。在刑法第一百四十条规定的四种行为中，“以假充真”以产品使用性能判定真伪，“以次充好”强调产品等次的不同而无关产品是否合格，“以不合格产品冒充合格产品”以产品是否符合产品质量法第二十六条第二款规定的质量要求为判断标准，“在产品中掺杂、掺假”以掺杂掺假在数量导致产品质量不符合质量要求为要件。该四种行为的认定，依据涉案产品使用性能的有无、产品等次的差别、产品质量是否符合要求进行具体判断即可确定，并不必然依赖于产品质量检验机构的鉴定报告进行判断。

具体到本案，被告人对生猪注水并屠宰、销售的行为事实清楚，但因公安机关介入侦查时被告人已将注水生猪全部屠宰售出，未能查获涉案注水猪肉和注射用药水，无法对被告人生产、销售的注水猪肉水分含量进行检测。依照

《生猪屠宰管理条例》第十五条之规定，生猪定点屠宰厂（场）以及其他任何单位和个人不得对生猪或者生猪产品注水或者注入其他物质，生猪定点屠宰厂（场）不得屠宰注水或者注入其他物质的生猪。前述规定表明，不论注水造成猪肉中水分含量是否符合国家规定的猪肉水分限量标准，任何生猪注水、屠宰注水生猪都属于国家法规明令禁止的违法生产行为，都会降低猪肉应有的使用性能。屠宰注水生猪这种违法行为生产的猪肉产品则属于法定的违反国家法律规定质量标准在产品中掺杂行为，无须质量检验机构的鉴定报告可直接将其认定为生产、销售伪劣产品罪中“在产品中掺杂掺假”的情形。

编写人：湖北省孝感市中级人民法院　张立新　胡乙海

22

生产完成后才得知受托生产的食品中含有有毒、有害的非食品原料，但仍交付委托方销售的构成销售有毒、有害食品罪

——郑某冰等生产、销售有毒、有害食品案

【案件基本信息】

1. 裁判书字号

江苏省无锡市中级人民法院（2020）苏02刑终178号刑事判决书

2. 案由：生产、销售有毒、有害食品罪

【基本案情】

2015年4月，被告人郑某冰、王某艳共同出资成立并实际经营管理被告单位某龙公司。被告单位某花公司，被告人谢某具体负责公司经营管理。

2017 年 12 月至 2018 年 1 月，郑某冰联系他人购入粉末状原料，后与王某艳合谋，明知该原料中含有有毒、有害的非食品原料，仍欲将其加工成片状并进行销售。2018 年 1 月 14 日，郑某冰经与谢某联络，某龙公司与某花公司签订产品加工合同，由某龙公司提供原料，某花公司将上述原料压片包装，制作成“健大鸟”能量糖后交付给某龙公司，某龙公司支付 1 元/粒的加工费。之后，某龙公司提供样品 500 克给某花公司用于第三方检测，并支付了检测费用，某花公司因无法确认来料与样品是否一致而暂未送检。2018 年 4 月，某花公司收到某龙公司交付的原料后按照合同约定进行了生产，制成“健大鸟”能量糖共计 94264 粒。与此同时，某花公司于同年 4 月 16 日从原料中抽样送检，同月 26 日送检的压片糖果中检测出他达拉非成分。谢某获知检测结果后即告知郑某冰，并在明知产品中含有有毒、有害的非食品原料的情况下，继续将尚未交付的“健大鸟”能量糖 2. 8 万余粒交付给郑某冰进行销售。

2018 年 5 月 3 日，某龙公司亦将收到的“健大鸟”能量糖抽样送交检测，同月 9 日送检的“健大鸟”能量糖中检出他达拉非成分。

2018 年 4 月至 7 月，经王某艳等人具体操作，某龙公司通过微信等途径对“健大鸟”能量糖进行宣传，并采用快递方式邮寄销售给唐某、张某某等人，销售价格人民币 15-100 元/粒不等。

公安机关于 2018 年 7 月 13 日抓获郑某冰、王某艳，后从郑某冰处查获尚未销售的“健大鸟”能量糖 6 万余粒。郑某冰、王某艳归案后，如实供述了购买原料后加工销售“健大鸟”能量糖的事实，但否认其明知原料中可能掺有有毒、有害的非食品原料。经公安机关通知，谢某至公安机关投案并如实供述了自己的罪行。

【案件焦点】

1. 某花公司和谢某在生产完成后才获知受托生产的食品中含有有毒、有害的非食品原料，但仍然继续交付给郑某冰进行销售的行为如何定性；2. 某花公司和谢某的犯罪金额如何认定。

【法院裁判要旨】

江苏省无锡市新吴区人民法院经审理认为：被告单位某龙公司伙同被告单位某花公司在生产的食品中掺入有毒、有害的非食品原料，并由某龙公司进行销售，被告人郑某冰、王某艳系某龙公司直接负责的主管人员，被告人谢某系某花公司直接负责的主管人员。某龙公司、郑某冰、王某艳的行为构成生产、销售有毒、有害食品罪，且系单位犯罪、部分系共同犯罪；某花公司、谢某的行为构成生产有毒、有害食品罪，且系单位犯罪、共同犯罪。据此，以生产、销售有毒、有害食品罪，分别判处被告单位某龙公司罚金人民币一百五十万元；判处被告人郑某冰有期徒刑十一年，并处罚金人民币五十万元；判处被告人王某艳有期徒刑十年，并处罚金人民币五十万元。以生产有毒、有害食品罪，分别判处被告单位某花公司罚金人民币三十万元；判处被告人谢某有期徒刑二年，并处罚金人民币十万元。

江苏省无锡市新吴区人民检察院提出抗诉，郑某冰、王某艳和谢某提出上诉。江苏省无锡市中级人民法院经审理认为：对上诉人郑某冰、王某艳及原审被告单位某龙公司适用法律正确，量刑适当，依法应予维持。原审被告单位某花公司明知其销售的食品中掺入有毒、有害的非食品原料，仍销售给某龙公司，其行为已构成销售有毒、有害食品罪，谢某系某花公司直接负责的主管人员，其行为构成销售有毒、有害食品罪，且系单位犯罪、共同犯罪。根据谢某的犯罪数额以及情节，可对其予以进一步从轻处罚。据此，判决如下：

一、维持无锡市新吴区人民法院（2019）苏 0214 刑初 28 号刑事判决第一项、第三项、第四项对原审被告单位某龙公司、上诉人郑某冰、王某艳的定罪、量刑部分及第六项；

二、撤销无锡市新吴区人民法院（2019）苏 0214 刑初 28 号刑事判决第二项、第五项、第七项；

三、原审被告单位某花公司犯销售有毒、有害食品罪，判处罚金人民币三十万元；

四、上诉人谢某犯销售有毒、有害食品罪，判处有期徒刑七个月，并处罚金人民币十万元。

【法官后语】

本案的争议焦点在于某花公司和谢某在生产完成后才获知受托生产的食品中含有有毒、有害的非食品原料，但仍然继续交付给郑某冰进行销售的行为定性以及犯罪金额如何认定。

一、某花公司和谢某构成销售有毒、有害食品罪

根据《中华人民共和国刑法》第一百四十四条的规定，在生产、销售的食品中掺入有毒、有害的非食品原料或者销售明知掺有有毒、有害的非食品原料的食品的，方才构成本罪。行为人主观上是否明知，是认定本罪的关键。

具体到本案，某花公司、谢某受某龙公司和郑某冰委托生产加工能量糖，由于郑某冰未明确告知原材料中含有有毒、有害的非食品原料以及因客观原因未将原材料送检，导致某花公司和谢某在能量糖生产完成前并不明知其中含有有毒、有害的非食品原料。虽然客观上有在生产的食品中掺入有毒、有害的非食品原料的行为，但是主观上缺乏生产有毒、有害食品的犯罪故意，故不能认定其构成生产有毒、有害食品罪。在生产完成后，某花公司和谢某将能量糖抽样送检并检测出他达拉非成分，在明知受托生产的食品为有毒、有害食品的情况下仍然发货给某龙公司用于销售，属于销售明知掺有有毒、有害的非食品原料的食品的情形，构成销售有毒、有害食品罪。

二、某花公司和谢某的犯罪金额认定

从全案证据来看，原材料都是某龙公司提供，某花公司及谢某是加工承揽方，仅负责生产环节，并收取1元/粒的加工费，虽然对后续销售行为存在概括故意，但是并未参与后续成品销售，无法控制产品流入市场和销售价格，也未参与销售分成，如按照15元/粒的销售价格认定其犯罪金额将导致罪责刑不相适应。同时，某花公司在生产完成后即交付了部分能量糖，在得知检测结果后交付了剩余的2.8万余粒能量糖，前期交付的能量糖因其尚不明知含有有毒、有害非食品原料不能认定。故应按照2.8万元（1元/粒×2.8万粒）的加工费认定某花公司和谢某犯罪金额。

综上，在认定生产、销售有毒、有害食品罪时，要求行为人主观上必须“明知”，包括知道和应当知道，否则就是客观归罪。对行为人主观明知的考察，关键在于明知食品中含有有毒、有害的非食品原料的时间，明知的时间不仅影响罪与非罪、此罪与彼罪的认定，还影响犯罪数量和犯罪金额的认定，对于并非明知的部分则不能计入犯罪部分，唯此方能充分体现主客观相统一的原则。对于行为人推定明知的则应综合行为人的认知能力、产品的来源、质量、包装、价格等主客观因素进行盖然性判断。

编写人：江苏省无锡市中级人民法院　范凯　程文斌

23

销售有毒、有害食品罪的定罪及主观明知的认定

——童某销售有毒、有害食品案

【案件基本信息】

1. 裁判书字号

湖北省汉江中级人民法院（2020）鄂96刑终90号刑事判决书

2. 案由：销售有毒、有害食品罪

【基本案情】

2016年12月至2018年11月，原审被告人童某通过网络在“四川商家”“河北商家”处低价购买抑制食欲类胶囊后自行将减肥胶囊分装贴标，通过其经营的淘宝网店向社会公众高价出售，销售金额20万元。童某所购减肥胶囊均无生产厂家、无质量合格证、无生产日期、无成分含量说明等标识。2018年5月24日，童某出售给王某梅减肥胶囊1瓶，酵素梅10袋，获款458元。王某梅服用胶囊后，出现头昏、恶心症状，随即报警。同年11月8日，民警将童某

抓获，并在其租住屋内查获各类胶囊1131颗。经检测，从童某出售给王某梅的减肥胶囊和查获的胶囊中均检验出有毒、有害的非食品原料西布曲明、酚酞成分。

童某于2018年6月12日以自己作为经营者办理名称为“某食品商行”的营业执照，同年6月25日办理了食品经营许可证。11月8日，童某被抓获后，如实供述了其销售减肥胶囊的犯罪事实。公安机关依法扣押了童某的手机、电脑、有毒胶囊、胶囊包装袋等犯罪物品。

【案件焦点】

1. 销售有毒、有害食品犯罪中，被告人童某拒不供认其主观明知是有毒、有害食品的，如何根据在案证据定罪；2. 销售有毒、有害食品罪与销售不符合安全标准的食品罪如何区别。

【法院裁判要旨】

湖北省潜江市人民法院经审理认为：本案被告人童某销售减肥胶囊时未实施掺入有毒、有害的非食品原料的行为，主观上不明知含有有毒、有害的非食品原料西布曲明、酚酞成分，亦不应当知道，其主、客观方面与销售有毒、有害食品罪的构成要件不符，公诉机关指控其犯销售有毒、有害食品罪不成立。童某购买“三无”减肥胶囊而予以销售，其具有主观故意；客观上，其所销售的减肥胶囊含有有毒、有害成分，且该有毒、有害成分被人食用后，经医学评价，足以造成严重食物中毒事故或其他严重食源性疾患。童某主、客观行为一致，符合销售不符合安全标准的食品罪的构成要件，其行为已构成销售不符合安全标准的食品罪，应依法予以惩处。

湖北省潜江市人民法院作出如下判决：

一、被告人童某犯销售不符合安全标准的食品罪，判处有期徒刑三年，并处罚金人民币四十万元；

二、追缴被告人童某违法所得人民币二十万元，上缴国库；

三、没收被告人童某犯罪物品，由公安机关依法处理；

四、被告人童某终身不得从事食品生产经营管理工作，也不得担任食品生产经营企业食品安全管理人员。

湖北省潜江市人民检察院抗诉提出，生产、销售不符合安全标准的食品罪，要求“足以造成严重食物中毒事故或者其他严重食源性疾病”。本案中，无证据证实童某的行为所造成的结果属于《最高人民法院、最高人民检察院关于办理危害食品安全刑事案件适用法律若干问题的解释》第一条规定的五种情形，亦无检验报告及专家意见予以认定，一审认定“该有毒、有害成分被人食用后，经医学评价，足以造成严重食物中毒事故或其他严重食源性疾患”无法律依据，适用法律错误。

支持抗诉的检察机关认为，原审判决适用法律错误，认定事实错误，量刑畸轻。

湖北省汉江中级人民法院经审理认为：关于原审被告人童某是否主观明知所售胶囊中含有有毒、有害成分的问题。经查，童某从事保健食品销售，但所购涉案减肥胶囊来源不明，未索取食品质量合格证明、检验检疫证明，均系无生产厂家、无质量合格证、无生产日期的“三无”产品，简单分装后即售价倍增，童某对此亦无法作出合理解释，可以认定童某对所售减肥胶囊含有有毒、有害成分是放任的间接故意。

原审被告人童某销售明知掺有有毒、有害的非食品原料的食品，情节严重，其行为已构成销售有毒、有害食品罪。湖北省潜江市人民检察院指控罪名成立。原判适用法律错误，依法予以改判。童某归案后如实供述其罪行，依法予以从轻处罚；公安机关查获的减肥胶囊尚未出售，在量刑时酌情考虑。

湖北省汉江中级人民法院依照《中华人民共和国刑法》第一百四十四条、第五十二条、第五十三条第一款、第六十四条、第六十七条第三款，《中华人民共和国食品安全法》第一百三十五条第二款，《中华人民共和国刑事诉讼法》第二百三十六条第一款第二项，《最高人民法院、最高人民检察院关于办理危害食品安全刑事案件适用法律若干问题的解释》第六条第一款第一项、第十七条、第二十条第一款第二项的规定，作出如下判决：

一、维持湖北省潜江市人民法院（2020）鄂9005刑初318号刑事判决中的第二项、第三项、第四项；

二、撤销湖北省潜江市人民法院（2020）鄂9005刑初318号刑事判决中的第一项；

三、原审被告人童某犯销售有毒、有害食品罪，判处有期徒刑五年，并处罚金人民币40万元。

【法官后语】

本案处理重点之一在于对被告人主观明知的认定，而明知包括直接明知和间接明知。危害食品安全犯罪主观明知的问题，司法解释没有明确规定，实践中需要根据案件情况进行认定。一般来说，食品安全法律对食品生产经营从业人员规定了保障食品安全的义务，且该义务高于一般人，对危害食品安全的被告人主观“明知”的认定，一般从是否履行法律法规规定的义务，有无索取食品质量合格证明、检验检疫证明、来历证明，进价是否明显低于市场进价，是否存在销毁账册、为躲避查处销毁物证，有无食品违法犯罪前科等综合认定。具体到本案中，被告人童某从事保健食品销售，且办理了食品经营许可证，但其所购涉案减肥胶囊来源不明，侦查机关亦无法查实上家身份，且涉案减肥胶囊系“三无”产品，简单分装后即售价倍增，童某对此亦无法作出合理解释，可以认定童某对所售减肥胶囊含有有毒、有害成分是放任的间接故意，亦属于主观明知。

本案处理的另一重点是罪名问题，被告人童某构成销售不符合安全标准的食品罪还是销售有毒、有害食品罪。一审法院认为，销售的食品足以造成严重食物中毒事故或者其他严重食源性疾病，故构成销售不符合安全标准的食品罪。二审法院认为，童某销售的食品中掺有有毒、有害的非食品原料西布曲明、酚酞成分，且系明知，故构成销售有毒、有害食品罪。两罪的根本区别在于销售的食品是掺有有毒、有害非食品原料的食品，还是销售不符合食品安全标准，足以造成严重食物中毒事故或者其他严重食源性疾病的食品。这里首先要区分童某是食品滥用添加行为还是食品非法添加行为。如果认定童某系食品滥用添加行为，且足以造成严重食物中毒事故或者其他严重食源性疾病，则构成销售不符合安全标准的食品罪；如果认定童某系食品非法添加行为，则构成销售有毒、有害食品罪。根据《最高人民法院、最高人民检察院关于办理危害食品安全刑事案件适用法律若干问题的解释》第一条对“足以造成严重食物中毒事故或者其他严重食源性疾病”这一法定危险要件的解释，本案并不符合该解释的任何一项，并且童某的行为亦非食品滥用添加行为。而本案中减肥胶囊中检出的非食品原料西布曲明、酚酞成分，确属该解释规定的“有毒、有害的非食品原料”，属于非法添加行为，故童某构成销售有毒、有害食品罪。此外，食品非法添加行为包括对利用“地沟油”加工食用油的“反向添加”行为、添加国家禁用物质行为、保健食品中添加副作用危险严重的“西布曲明”等药物成分等均属于生产、销售有毒、有害食品行为。本案中童某销售在保健食品中添加副作用危险严重的“西布曲明”等药物成分，就是销售有毒、有害食品罪的典型案例。

编写人：湖北省汉江中级人民法院　陈国梁

24

以宣称能治愈疑难杂症等药物功效的方式诱骗他人购买保健品的行为构成销售假药罪

——吴某等销售假药案

【案件基本信息】

1. 裁判书字号

江苏省无锡市中级人民法院（2019）苏 02 刑终 564 号刑事裁定书

2. 案由：销售假药罪

【基本案情】

被告人付某某、潘某某先后成为某药品公司的会员后，于2016年结识该公司吴某，2016年下半年，被告人付某某在网上聊天时又结识了被告人孙某某，后把孙某某介绍给吴某，孙某某也成为了某药品公司的会员。四被告人商议，由孙某某提供店面和装修资金，设立经营某健康养生馆，并由其负责填写销货清单，仓库管理，吴某负责进货、给病人看病、配药，付某某、潘某某作为吴某的助手，负责对外宣传，假装给病人检测身体，店内的收益归吴某，每年分红给孙某某不低于10万元，吴某支付付某某、潘某某每人每月2500元工资。有病人来吴某就假装把脉，了解病情，付某某、潘某某给病人检测身体并作宣传，称："吴总（指吴某）是某药品公司董事，全国市场督导，中医世家，精通各类疑难杂症，已经治愈全国3万多例病人。"后由吴某冒充包治百病的神医，宣称他的产品能医好癌症、帕金森等疑难杂症，骗取病人的信任，借机将不具有防病、治病功能的某药品公司的保健品销售给他人。2017年1月至2018年3月，四被告人向董某某、吴某某、马某某等14名被害人销售某药品公司保健品共计人民币474128.5元。

【案件焦点】

本案构成诈骗罪还是构成销售假药罪。

【法院裁判要旨】

江苏省宜兴市人民法院经审理认为：销售假药行为在主观方面和客观方面均符合诈骗犯罪的特征，但其与刑法关于诈骗犯罪的规定是特别法和普通法的关系，应当适用特别法定罪处罚。被告人吴某、孙某某、付某某、潘某某作为某药品公司的会员，明知保健品没有预防或治疗疾病的功效而宣称其能治疗各种疑难杂症，以非药品冒充药品向病患销售，情节严重，其行为构成销售假药罪，应予惩处。对被告人吴某的辩护人关于吴某的行为不构成诈骗罪的意见予以采纳。被告人吴某及其辩护人还辩称，被告人吴某没有欺骗被害人，没有宣称其销售的保健品能够治病，经查，被告人吴某为销售保健品自称神医，对病人谎称吃他的药能够药到病除，甚至向病人书面承诺能够治愈疾病，该事实有共同行为人及被害人的一致陈述证实，其辩解与法庭查明的事实不符，不予采信。被告人吴某的辩护人还提出，涉案产品没有经过专业机构鉴定，定性为销售假药缺乏依据。法院认为，对具有药品外观特征且以药品销售的，确认其为假药应当以专业机构的鉴定为准，对不具有药品外观特征的非药品冒充药品进行销售的，其非药品的性质无须经专业机构鉴定即可以认定，对该辩护意见不予采纳。

在共同犯罪中，被告人吴某假冒神医欺骗被害人，宣称其卖的保健品能治疗各种疑难杂症，负责进货销售，起主要作用，是主犯，应当按照其参与的全部犯罪处罚；被告人孙某某、付某某、潘某某在共同犯罪中起辅助作用，是从犯，应当从轻、减轻或者免除处罚。对被告人吴某的辩护人关于吴某是从犯的意见不予采纳，对被告人孙某某的辩护人关于孙某某是从犯的意见予以采纳。被告人孙某某犯罪后能投案自首，被告人付某某、潘某某归案后能如实供述罪行，可以从轻处罚，对相关辩护意见予以采纳。本院决定对被告人孙某某、付某某、潘某某予以从轻处罚。

综上，公诉机关指控四被告人以非药品冒充药品予以销售的事实清楚、证据确实充分，量刑建议适当，法院予以采纳。

江苏省宜兴市人民法院依照《中华人民共和国刑法》第一百四十一条，第二十五条第一款，第二十六条第一款、第四款，第二十七条、第六十七条第一款、第三款、第六十四条的规定，作出判决如下

一、被告人吴某犯销售假药罪，判处有期徒刑八年，并处罚金人民币五万元；

二、被告人孙某某犯销售假药罪，判处有期徒刑四年八个月，并处罚金人民币三万元；

三、被告人付某某犯销售假药罪，判处有期徒刑三年，并处罚金人民币二万元；

四、被告人潘某某犯销售假药罪，判处有期徒刑三年，并处罚金人民币二万元；

五、继续追缴犯罪所得人民币474128.5元，予以没收，上缴国库。

一审判决后，江苏省宜兴市人民检察院提起抗诉，被告人提起上诉。江苏省无锡市中级人民法院经审理认为，原审判决的审判程序合法，认定的事实清楚，证据确实、充分，适用法律正确，量刑适当，依法应予维持。据此，依照《中华人民共和国刑事诉讼法》第二百三十六条第一款第一项之规定，裁定如下：

驳回抗诉及上诉，维持原判。

【法官后语】

随着市场经济的发展，不法商家们为了营利不择手段，市场乱像日益凸显，本案中行为人吴某等人为了赚取更多的销售提成，冒充"神医"，开馆问诊，将不具有防病、治病功能的保健品吹嘘成能医好癌症、帕金森等疑难杂症的产品销售给他人。公诉机关认为吴某等人的行为构成诈骗罪，吴某的辩护人认为吴某的行为不构成犯罪，属于民事欺诈行为。法院在定罪时亦存在如下分歧：

第一种意见认为属于民事欺诈行为。理由是：经过查明的事实，吴某等人与客户之间是等价交换，销售的某药品公司保健品的价格是公司规定的市场价，吴某等人仅赚取销售提成，且该某药品公司具有合法经营的许可证，前期一系列吹嘘产品功效的行为，属于虚假宣传，符合民事欺诈行为，应由民法进行规制。

第二种意见认为构成诈骗罪。理由是：吴某通过冒充神医让人相信某药品公司的保健品具有预防和治愈疾病的功效，从而达到将大量保健品销售给被害人的目的，被害人基于对吴某上述的欺骗行为产生了错误认识，以为交付财物购买保健品能预防和治愈疾病，符合诈骗罪的构成要件，应当定性为诈骗罪。

第三种意见认为构成销售假药罪。理由是：吴某等人系以非药品冒充药品进行销售的行为，应构成销售假药罪。

笔者同意第三种意见：理由是：吴某等人为了赚取更多的利益，采用冒充"神医"，把脉问诊，甚至将不具有治疗功能的某药品公司保健品夸大其词为能医好疑难杂症等病症，手段上采用了虚构事实、隐瞒真相的方法，该行为确属诈骗的手段行为。但该行为同时也符合销售假药的特征，吴某等人真正的目的系为了达到更多的销售量，从而提高业绩，故进行不计后果式的吹嘘，将保健品吹嘘成药品的功效，从而销售给患者用于治疗疾病，属在保健品或其他食品中，未添加国家禁用药物，但宣称具有药物功效的行为，以销售假药罪定罪处罚更加适当。至于辩护人在庭审中所提本案并未就某药品公司保健品进行鉴定，是否影响定性为销售假药罪的问题，笔者亦同意原审判决的认定，认为未作鉴定并不影响本案的认定。本案吴某等人所售保健品的外包装未有药品的主治功能描述，且客户均知系保健品，待吴某等人宣传后，认为系具有神奇药用的保健品，故对具有药品外观特征且以药品销售的，确认其为假药应当以专业机构的鉴定为准，对不具有药品外观特征的非药品冒充药品进行销售的，其非药品的性质无需经专业机构鉴定即可以认定。

综上，笔者认为，本案以销售假药罪进行定罪处罚更为贴切。

编写人：江苏省宜兴市人民法院　徐英

（二）妨害对公司、企业的管理秩序罪

25

同类解释相当性原则在认定“掏空”上市公司行为中的审慎适用

——秦某背信损害上市公司利益案

【案件基本信息】

1. 裁判书字号

新疆维吾尔自治区克拉玛依区人民法院（2020）新 0203 刑初 98 号刑事判

决书

2. 案由：背信损害上市公司利益罪

【基本案情】

2015年11月20日，在被告人秦某任某股份公司法定代表人、董事长期间，某股份（乙方）与某商业保理公司（甲方）签订《借款及保证合同》，借款金额人民币4000万元，乙方收款人为某能源公司北京分公司，被告人秦某及某能源公司北京分公司（合称丙方）为共同保证人。同日，某股份公司向某商业保理公司出具《委托收付资金协议》一份，委托某能源公司北京分公司收取该笔借款。合同签订后，被告人秦某担任董事长并实际控制的某能源公司北京分公司银行账户收到某商业保理公司转入资金4000万元，均用于某能源公司日常经营及其关联公司资金周转。某股份公司章程（2014年8月修订）第一百一十三条第（七）项规定："在年度股东大会审议之前，董事会通过后的年度预算内投资事项可择机实施，由董事长批准后执行。在上述额度内，单项金额不超过500万元的，由公司经理办公会审批；高于500万元的，由公司董事长审批；达到本条（三）规定条件的，提交股东大会审批。"2015年11月20日签订《借款及保证合同》前未履行上述规定审批程序，与之相关的2015年11月20日某股份公司董事会纪要上该公司多名股东、监事的签名亦均非本人签字。2015年12月，某商业保理与某能源公司北京分公司曾就案涉的4000万元借款协商签订借款及保证合同，但双方最终未签订书面合同。

2014年1月至2016年12月，秦某利用担任某股份公司法定代表人、董事长的职务便利，以个人名义或通过该公司财务总监等高级管理人员安排的方式以员工个人名义借支公司备用金，其中秦某个人借支100万元，员工借支2685万元，共计2785万元均转入秦某指定账户，用于某能源公司及其关联企业的日常经营及资金周转。上述借支款项2015年12月28日前归还某股份公司21461218.73元，2016年12月29日前归还某股份公司6388781.72元，合计2785万元。

案发后，被告人秦某经电话传唤到案，未如实供述全部犯罪事实。

【案件焦点】

1. 案涉 4000 万元借款是否属于某股份借款；2. 被告人秦某是否具有挪用本单位资金的主观故意；3. 案涉 4000 万元和 2785 万元两笔款项是否归被告人秦某个人使用；4. 本案挪用资金罪与背信损害上市公司利益罪之间属于法条竞合还是想象竞合。

【法院裁判要旨】

新疆维吾尔自治区克拉玛依区人民法院经审理认为：被告人秦某作为上市公司某股份公司的法定代表人、董事长，违背对公司的忠实义务，利用职务便利，操纵上市公司从事虚假借贷高额资金或从上市公司借支高额备用金用于其实际控制公司及其关联公司，致使上市公司利益遭受重大损失，其行为构成背信损害上市公司利益罪，依据《中华人民共和国刑法》第一百六十九条之一之规定，应当判处三年以下有期徒刑或者拘役，并处或者单处罚金。公诉机关指控的犯罪事实清楚，证据确实充分，但适用法律及罪名有误，依法予以纠正。

新疆维吾尔自治区克拉玛依区人民法院依照《中华人民共和国刑法》第一百六十九条之一第一款第六项、第五十二条、第五十三条、第七十二条第一款之规定，判决如下：

被告人秦某犯背信损害上市公司利益罪，判处有期徒刑二年十个月，缓刑三年，并处罚金人民币 10 万元。

一审宣判后，被告人秦某未上诉，公诉机关亦未提出抗诉，判决生效。

【法官后语】

一、被告人秦某的行为不构成挪用资金罪

（一）案涉 4000 万元不属于某股份公司的公司财产，即挪用资金罪的犯罪对象不成立

1. 借方缺乏融资的主观意愿

案涉 4000 万元借款未经过某股份公司章程明确规定的对外融资的内部审批程序讨论、表决，违反上市公司章程规定，不能代表某股份公司真实意愿。该

笔借款系由某商业保理与某能源公司接触商谈、签订合同，某股份公司及其工作人员并未参与，由该笔借款所产生的服务费及利息也全部由某能源公司向某商业保理支付。案发后，某股份公司在该笔4000万元借款所涉民事、刑事诉讼程序中均明确否认该笔款项系该公司的借款。

2. 某商业保理公司超经营范围且违反国家法律禁止性规定

根据《商务部关于商业保理试点有关工作的通知》以及《银保监会办公厅关于加强商业保理企业监督管理的通知》第一条第四项的规定，商业保理公司不得为企业提供吸收存款、发放贷款等金融服务。某商业保理公司通过互联网借贷平台向不特定对象发放贷款，具备了经营性特征，亦非为解决资金困难或生产急需而偶然为之，违反了银行业监督管理法第十九条关于限制经营的强制性规定，其与某股份公司签订的《借款及保证合同》应认定为无效合同，案涉4000万元不能据此成为某股份公司的公司财产。

（二）被告人秦某不具有挪用某股份单位财产的主观故意

首先，基于前述，案涉4000万元借款由某商业保理公司最终与某能源公司达成借款意愿；其次，案涉4000万元借款在某商业保理公司转入某能源公司账户之前，客观上并未成为某股份公司的单位财产；最后，现有证据不能证实《委托收付资金协议》系在被告人秦某的提议、指使或安排下所形成，故不能认定被告人秦某具有挪用某股份公司单位财产的主观故意。

（三）案涉的两笔款项均系在公司账户之间流转，并未归被告人秦某个人使用

认定挪用资金罪除了要有挪用资金行为，还必须证明挪用的资金是归个人使用，如果不能证明归个人使用，则不构成挪用资金罪。4000万元资金通过某能源公司北京分公司的银行账户流向其的关联公司或其他公司，被告人秦某虽然对某能源公司具有实际控制权，但根据我国现行法律的规定，出资者的产权或股份与企业的法人财产不能直接对应，出资者在企业存续期间不能直接支配、处分企业的法人财产，况且某股份公司的部分高管在案发时仍为某能源公司的股东，与某能源公司及被告人秦某具有利益趋同性和一致性，因此不能简单的

将某能源公司的利益等同于秦某个人利益。2785万元备用金的转出与归还，最终收款人和使用人均为某股份公司和某能源公司，实质为两个公司间的关联交易，这在证监会的《行政处罚决定书》中亦予明确认定。

综上，因主观故意、犯罪对象和客观行为均不符合刑法之规定，被告人秦某的行为不构成挪用资金罪。

二、被告人秦某的行为构成背信损害上市公司利益罪

（一）被告人秦某符合本罪犯罪主体的规定

本罪的主体为特殊主体，根据刑法第一百六十九条之一的规定，上市公司的控股股东或者实际控制人也可成为该罪主体。被告人秦某时任某股份公司董事长、法定代表人，具备特殊主体要件。

（二）被告人秦某存在违反忠实义务的行为

"背信"即违背对公司的忠实义务，是本罪成立的前提。刑法及其司法解释未对"忠实义务"作出定义，溯源至公司法，是指董事、监事、高级管理人员对公司事务应忠诚尽力、忠实于公司，当其自身利益与公司利益相冲突时，应以公司的利益为重。本罪主观为故意，对忠实义务的判断应当采取形式与实质相统一的标准，形式上看上市公司高管行为是否符合法律及上市公司规定，实质上看是否为公司利益着想，从而综合判断是否尽到忠实义务。被告人秦某为运作融资、重组、收购等事宜，不惜利用职务便利，操纵上市公司从事虚假借贷高额资金或从上市公司借支高额备用金用于其实际控制公司及其关联公司，违规不予披露，不仅使某股份公司因大额资金被长期占用，因此受到证监会的调查和行政处罚，更使某股份涉及诸多民商事诉讼，账户被查封冻结，处理涉诉事务支出大额费用，主观上不仅未为公司利益着想，而且放任其行为对公司造成重大损失，应当认定为违反忠实义务。

（三）被告人秦某利用职务便利实施犯罪行为

所谓"利用职务便利"是指上市公司董监高人员利用自身所具有的职权或者与职权相关的便利条件。根据刑法第一百六十九条之一的规定，在"操纵上市公司"之后还有"从事"的表述，体现出非法行为是由构成犯罪者在幕后操

纵下实施，而构成犯罪者本人并不直接实施。挪用资金罪是行为人利用职务便利所实施的个人行为，这是两罪的重要区别之处。

（四）被告人秦某的行为符合“采用其他方式损害上市公司利益”的规定

刑法第一百六十九条之一列举了五项上市公司高管损害上市公司利益行为，司法实践中背信损害上市公司利益罪的行为非常广泛，出于立法简洁性等考虑，刑法第一百六十九条之一在规定行为类型时在第六项采用了兜底条款进行表述，适用该规定应根据前五项列举条款对兜底条款进行相当性解释。分析可知，前五项明确列举的行为方式均为公司高级管理人员通过与关联公司不正当交易“掏空”上市公司的行为，对第六项的解释也应当遵循与明确列举情形具有同类解释相当性的原则，既要符合“违背对公司的忠实义务，利用职务便利”的前提，又要对上市公司的管理秩序与财产所有权造成与前述五种行为同等的影响。

三、本案属于法条竞合应当适用特别法条优于普通法条的原则

本案中，虽然被告人秦某所采用的向本单位以外的由其实际控制的公司提供资金的行为在挪用资金罪和背信损害上市公司利益罪的客观方面均有规定，但二罪在犯罪对象和犯罪客体方面存在明显而较大的区别，尤其是背信损害上市公司利益罪在主观上强调对“掏空”上市公司行为的追求或放任进而损害上市公司利益，两个罪名在法律适用上相互排除的，故本案属于法条竞合。两个罪名所保护的财产性法益虽具有共同性，但背信损害上市公司利益罪更限缩侧重于对上市公司的利益保护，应优先考虑适用此罪名，故对公诉机关指控的挪用资金罪依法予以纠正。

编写人：新疆维吾尔自治区克拉玛依区人民法院　秦凌

26

对法规竞合及索贿财物如何处理

——王某非国家工作人员受贿案

【案件基本信息】

1. 裁判书字号

北京市第二中级人民法院（2020）京02刑终610号刑事判决书

2. 案由：非国家工作人员受贿罪

【基本案情】

王某于2017年担任某建材城经理，负责建材城内场地出租和商户用电等方面的管理。2018年1月至2019年12月，王某在担任某建材城经理期间，在该建材城内，以断电、不出租场地等手段相要挟，索要该建材城商户高某华人民币20.9万元，索要商户王某斌人民币31.4万元，索要商户陈某俊人民币3.05万元，索要商户张某中人民币10万元，以上共计人民币65.35万元。2019年12月13日，王某被抓获。案发后，公安机关从王某处扣押苹果牌手机1部、本田牌轿车1辆，并冻结其名下存款人民币200余万元；从时某松处扣押华为牌手机1部。

【案件焦点】

1. 对行为人应如何定罪；2. 索贿收取的财物是否应当发还被索贿人。

【法院裁判要旨】

北京市大兴区人民法院经审理认为：被告人王某以非法占有为目的，以要挟的方法，强行索要被害人钱财，数额特别巨大，其行为已构成敲诈勒索罪，依法应予惩处。北京市大兴区人民检察院指控被告人王某犯敲诈勒索罪的事实清楚，证据确实充分，指控罪名成立。一审法院依照《中华人民共和国刑法》第二百七十四条、第五十二条、第五十三条、第五十四条、第五十五条、第六十一条、第六十四条之规定，判决：

一、被告人王某犯敲诈勒索罪，判处有期徒刑十年，剥夺政治权利二年，并处罚金人民币五十万元；

二、责令被告人王某退赔违法所得人民币六十五万三千五百元，发还被害人高某华人民币二十万九千元，发还被害人王某斌人民币三十一万四千元，发还被害人陈某俊人民币三万零五百元，发还被害人张某中人民币十万元；

三、冻结被告人王某名下银行账号内的款项余额，并入责令退赔项及罚金项执行，其余部分及在案扣押其他物品，由扣押机关依法处理。

宣判后，王某提出上诉。北京市第二中级人民法院经审理认为：原公诉机关未指控上诉人（原审被告人）王某利用职务便利，但起诉书表述王某个人信息时写明王某是某建材城经理，原公诉机关提供的经当庭质证的证据证明，王某索取建材城内商户钱款60余万元利用了担任建材城经理，负责管理建材城租地、用电等职务便利。故上诉人王某利用职务便利的事实应当认定。上诉人王某利用其担任建材城经理，负责管理建材城租地、用电等职务便利，索取建材城内商户钱款60余万元，数额较大，其行为已构成非国家工作人员受贿罪。在索取商户钱款的过程中，王某采取了给商户断电、随意收取垃圾处理费和租地好处费等手段，但该手段的使用利用了王某对租赁土地、处理垃圾和断电等事务的管理职权。没有这些职务便利，王某就不能实施给商户断电、随意收取垃圾处理费和租地好处费等以具有职务便利为前提的行为，故王某的行为既符合非国家工作人员受贿罪的构成要件，也符合敲诈勒索罪的构成要件。但该两罪是法规竞合关系，对王某的行为应按特别法优于普通法的原则，以特别法规定的罪名即非国家工作人员受贿罪定罪。原判未认定王某利用职务便利的事实，对王某的行为以敲诈勒索罪定罪，系认定事实和定罪有误。原判认定事实和定罪有误，审判程序合法，依法应予改判。二审法院依照《中华人民共和国刑法》第一百六十三条第一款、第六十一条、第六十四条，《中华人民共和国刑事诉讼法》第二百三十六条第一款第二项、第三项，《最高人民法院、最高人民检察院关于办理贪污贿赂刑事案件适用法律若干问题的解释》第十一条第一款之规定，判决：

一、撤销北京市大兴区人民法院（2020）京0115刑初993号刑事判决；

二、上诉人王某犯非国家工作人员受贿罪，判处有期徒刑三年；

三、追缴上诉人王某违法所得人民币六十五万三千五百元予以没收，上缴国库；

四、冻结上诉人王某名下银行账号内的款项余额，并入本判决第三项执行，剩余部分及在案扣押其他物品，由扣押机关依法处理。

【法官后语】

本案审理中争议较大的问题是对行为人应如何定罪，以及索贿收取的财物是否应当发还被索贿人。

一、本案如何定罪

对此问题，本案审理过程出现三种意见：第一种认为，应当定敲诈勒索罪；第二种认为，应当定非国家工作人员受贿罪；第三种认为，应当定敲诈勒索罪和非国家工作人员受贿罪，数罪并罚。上述定罪问题的意见分歧，在理由上涉及事实认定和法律适用两方面的问题。在事实认定上，主张数罪并罚的人认为本案事实区分为王某利用职务便利和未利用职务便利两部分；主张定敲诈勒索罪的人认为本案没有利用职务便利，王某敲诈勒索行为与其职务便利无关；主张定非国家工作人员受贿的人则认为，本案王某的行为都具有利用职务便利的特征。在法律适用上，主张定敲诈勒索罪的人认为，王某的行为同时构成敲诈勒索罪和非国家工作人员受贿罪，应当择一重罪即敲诈勒索罪定罪；主张定非国家工作人员受贿罪的人则认为，王某的行为同时构成敲诈勒索罪和非国家工作人员受贿罪，应当适用特别法以非国家工作人员受贿罪定罪。

笔者认为，本案应当以非国家工作人员受贿罪一罪定罪。理由是：首先，本案王某索取财物的行为均利用了职务便利。在索取商户钱款的过程中，王某任某建材城经理，其给商户断电、随意收取垃圾处理费和租地好处费等行为，均利用了其对租赁土地、处理垃圾和断电等事务的管理职权。没有这些职务便利，王某就不能实施给商户断电、随意收取垃圾处理费和租地好处费等以具有职务便利为前提的行为。本案不存在只是断电要挟或进行其他敲诈而与王某职务便利无关的情况，故不能将王某的行为区分为非国家工作人员受贿和敲诈勒索两个行为，不能对王某以两罪定罪并罚。

其次，非国家工作人员受贿罪与敲诈勒索罪构成法规竞合关系，一行为同时符合该两罪的构成要件时，应按特别法优于普通法的原则，以特别法规定的罪名即非国家工作人员受贿罪定罪。在刑法学理论上，法规竞合是指一个犯罪行为同时触犯数个具有包容或交叉关系的具体犯罪条文，依法只适用其中一个条文定罪量刑的情况。法规竞合至少包括完全包容和部分交叉两种情况。对存在法规竞合情形的行为如何定罪，刑法规定了特别法优于普通法和重法优于轻法等不同处断原则，前者如现行刑法第二百三十三条、第三百九十七条规定，后者如现行刑法第一百四十九条规定。具有索贿情节的非国家工作人员受贿罪与敲诈勒索罪构成完全包容的法规竞合关系，而不是想象竞合关系，因为敲诈勒索的行为可以完全包含在具有索贿情节的非国家工作人员受贿罪中。对于想象竞合关系，采取从一重处断没有争议。对于法规竞合关系，由于刑法规定了不同的处断原则，且刑法对一些具体法规竞合如何处断未作规定，所以理论和实践中均存在一定争议。具体到非国家工作人员受贿罪与敲诈勒索罪这对法规竞合关系而言，刑法没有明确规定如何处断。理论上和实践中争议在所难免。但是实践中对于职务犯罪与普通犯罪的法规竞合，无论职务犯罪法定刑是否比普通犯罪重，原则上均按特别法即职务犯罪定罪。例如，盗窃罪与利用职务便利窃取财物的职务侵占罪，诈骗罪与利用职务便利骗取财物的贪污罪等，在存在竞合时，一般按职务犯罪定罪。这种做法有一定合理性，既做到了更加全面评价行为人的行为事实，也符合存疑利益归于被告的原则。非国家工作人员受贿罪属于职务犯罪，敲诈勒索罪属于普通犯罪，按职务犯罪即非国家工作人员受贿罪定罪，符合实践中通行做法，有一定的合理性。

二、索贿收取的财物应否发还被索贿人

对此问题，审理中有不同意见。笔者认为，应当区分不同情况分别处理。根据刑法第六十四条的规定，犯罪分子违法所得的一切财物，应当予以追缴或者责令退赔；对被害人的合法财产，应当及时返还；违禁品和供犯罪所用的本人财物，应当予以没收。没收的财物和罚金，一律上缴国库，不得挪用和自行处理。根据上述规定，索贿取得的财物作为违法所得，是否应当发还被索贿人，需要看是否属于被害人的合法财产，或者供犯罪所用的本人财物。根据刑法第三百八十九条的规定，为谋取不正当利益，给予国家工作人员以财物的，是行贿罪，因被勒索给予国家工作人员以财物，没有获得不正当利益的，不是行贿。根据刑法第一百六十四条的规定，为谋取不正当利益，给予公司、企业或者其他单位的工作人员以财物，数额较大的，构成对非国家工作人员行贿罪。根据举重以明轻的原理，给非国家工作人员以财物，没有谋取不正当利益，并且被索贿的，也不构成非国家工作人员行贿罪。因此，给国家工作人员、公司、企业或者其他单位的工作人员以财物，如果被索贿且未谋取不正当利益，则给钱一方不构成犯罪，也不违法，应当认定其为受害人，其被索贿的财物不属于供犯罪所用的本人财物，而属于被害人合法财产，应当判决予以发还。如果被索贿但谋取了不正当利益，则被索贿人构成行贿犯罪或者行贿违法，被索贿的财物属于供犯罪所用的本人财物，或者属于行贿违法财物，但不属于被害人合法财产，不应当判决发还，而应当判决予以没收，上缴国库。

根据《最高人民法院、最高人民检察院关于办理行贿刑事案件具体应用法律若干问题的解释》第十二条的规定，行贿犯罪中的“谋取不正当利益”是指行贿人谋取的利益违反法律、法规、规章、政策规定，或者要求国家工作人员违反法律、法规、规章、政策、行业规范的规定，为自己提供帮助或者方便条件。违背公平、公正原则，在经济、组织人事管理等活动中，谋取竞争优势的，应当认定为“谋取不正当利益”。本案中，高某华等四人是为了不被正常断电或少交租金、不被新租户租用空地等而给予王某钱款，应当认定为谋取不正当利益而给予市场管理人员财物。基于以上分析，应当认定四人给予王某的财物属于这些人的违法财产甚至供犯罪使用的本人财物，依法应当判决予以没收。二审法院认定上诉人王某的行为构成以敲诈的方式索贿，但判决对索贿收取的财物按违法所得予以追缴没收，上缴国库，是正确的。

编写人：北京市第二中级人民法院 杨子良

（三）破坏金融管理秩序罪

27

非法吸收公众存款罪中各被告人的犯罪地位、作用及犯罪金额的认定

——徐某某等非法吸收公众存款案

【案件基本信息】

1. 裁判书字号

湖北省襄阳市中级人民法院（2020）鄂06刑终242号刑事裁定书

2. 案由：非法吸收公众存款罪

【基本案情】

2009年3月17日至2015年4月，徐某某陆续投资成立某旅游公司、某养老公司、某年代公司及分公司，前述公司均未获准向社会公众吸收资金。

2012年4月、5月，徐某某在经营公司期间因出现资金短缺，与被告人吴某某（已殁）、鄢某某及吴某（均另案处理）商议后，确定以营销“养老产业”项目发行会员卡的方式向社会公众吸收资金，建立了营销团队，由被告人

罗某某担任财务总监、被告人吴某某担任营销总监、被告人叶某某1担任营销三部总监，并先后招聘被告人万某某、林某某、胡某某、王某某、刘某某、马某某、徐某某、叶某某2。通过媒体、推介会、传单等途径向社会公开宣传并进行售卡，在社会公众中开展非法集资活动。各被告人按照吸收资金总额领取不同比例提成款。

2012年6月至2016年10月，徐某某通过某旅游公司、某养老公司、某年代公司及分公司，非法吸收2337名办卡人资金共计人民币23354.58万元。

被告人叶某某1任职期间，参与非法向社会公众吸收资金共计约9097.3万元的指挥、管理工作，叶某某1共计领取提成约113.9334万元；被告人林某某任职期间，直接或参与非法向社会公众吸收资金共计约3305.05万元，林某某共计领取提成约68.9354万元；被告人王某某任职期间，直接或参与非法向社会公众吸收资金共计约3098.95万元的指挥、管理工作，王某某共计领取提成约59.1431万元；被告人刘某某任职期间，直接或参与非法向社会公众吸收资金共计约1962.29万元的指挥、管理工作，其中874.4万元系转存业绩。刘某某共计领取提成约33.8226万元；被告人马某某任职期间，直接或参与非法向社会公众吸收资金共计约788.5万元，马某某共计领取提成约24.7857万元；被告人胡某某任职期间，直接或参与非法向社会公众吸收资金共计约870.7万元的指挥、管理工作，其中246.2万元系转存业绩。胡某某共计领取提成约18.8803万元；被告人万某某任职期间，直接或参与非法向社会公众吸收资金共计约620.5万元，万某某共计领取提成约17.5554万元；被告人徐某某任职期间，直接或参与非法向社会公众吸收资金共计约581.2万元的指挥、管理工作，徐某某共计领取提成约14.9223万元；被告人叶某某2任职期间，直接或参与非法向社会公众吸收资金共计约367万元的指挥、管理工作，叶某某2共计领取提成约14.1339万元。

截至案发，尚有1539名集资参与人共计本金9561.992395万元未予退还。案发后，被告人王某某退缴全部提成款59.14316万元，林某某退缴提成款15万元，叶某某2退缴提成款20万元，徐某某退缴提成款3万元，马某某退缴全部提成款 24.7857 万元。

另查明，某年代公司其他参与吸收资金的业务员 23 人在公安机关共计退缴 151.9284 万元。

综上，扣除案发后各被告人退缴款、提成款及其他参与吸收资金的业务员退缴的款项后，实际造成 1539 名集资参与人本金损失人民币 9169.20524 万元。

又查明，本案指控涉案非法吸收资金 2.3 亿余元，经审计报告认定结合被告人供述，查证核实吸收的资金流向为：发放提成总金额为人民币 4301.474785 万元、已支付会员本金及办理会费本金转存、支付会员补贴、支付会员红包约 1.5 亿元、从某年代公司银行转账至某文化旅游公司 2016.4 万元等。

【案件焦点】

1. 非法吸收公众存款罪中被告人主从犯如何认定；2. 各被告人的犯罪金额如何确定。

【法院裁判要旨】

湖北省襄阳市襄城区人民法院经审理认为：被告人徐某某创设某旅游公司、某养老公司、某年代公司及分公司，聘请吴某某等被告人拟定养老项目营销方案并利用上述公司实施方案。徐某某对上述公司实际控制，听取并参与对营销方案提成比例的分配等。徐某某在本案中起决定、批准作用，系主犯。被告人罗某某与徐某某系夫妻关系，参与上述公司的经营管理，负责公司财务。作为公司的管理层级在公司对兑付集资参与人资金及利息、发放提成款等财务事项上进行审核签字。罗某某在单位犯罪中具有财务签字的审批权，是直接负责的主管人员。被告人叶某某 1、王某某、刘某某、徐某某、叶某某 2 均为某年代公司养老事业营销部或某年代分公司的总监、经理，属于公司管理层，对养老事业营销部、分公司相应的工作起到了指挥、管理作用。上述六名被告人在整个单位犯罪中起到了实施、执行营销方案，进行部门策划、协调、管理作用，而整个公司对非法资金的吸收、公司财务运转亦是通过财务负责人、各营销部总监、经理对部门的管理、协调下完成，六名被告人均是直接负责的主管人员，均系主犯。被告人胡某某、林某某、万某某、马某某系本案单位犯罪中其他责任人员。上述被告人均从业务员做起，在不同时期不同主管人员的指挥下或带领各自的营销团队，积极参与向社会公众宣传、推荐办卡并领取提成，在本案中起到了较大作用，系本案其他直接责任人员。

对于被告人所提审计报告中“涉案犯罪金额和提成金额有重复计算”及“应当扣减无证据证实的非吸金额”“领取的提成款中有部分直接投入了公司应当扣减”的意见。法院认为，本案虽然存在涉案资金到期转存的情形，但涉案指控的各被告人的非吸资金及提成金额是根据各被告人签字领取的原始票据、公司财务制作的发放提成款明细、工资表凭证审计而来，审计人员作为证人出庭说明了审计报告中金额认定的计算方式、方法。公诉机关已根据各被告人任职时间、领取的基本底薪工资予以扣减。到期资金的转存、将已经领取的提成款又作为投资金额投入某年代公司是吸收公众存款的后续行为，也属于吸收公众存款的方式之一，且对于转存的资金部分各被告人亦按照相应提成比例领取了提成款，上述情形不影响犯罪金额、提成金额的认定以及对各被告人的定罪量刑。对于被告人本人及其亲属投入的资金问题，法院认为本案虽存在被告人本人及向其亲朋好友吸收资金的情形，但本案系单位犯罪，对单位而言，相关被告人及其亲朋好友与社会不特定的公众并无区别，不应扣除相应款项，但可作为从轻处罚情节在量刑上酌情予以考量。关于被告人个人垫付资金为集资参与人退款问题，法院认为，上述各被告人个人垫付资金给集资参与人退款的金额，与指控的各被告人非法吸收的资金数额相比仅是退还的少部分应退还集资参与人被非法吸收的资金，该退款情况不能改变各被告人具体参与吸收公众存款的事实。而各被告人已经领取的提成款是各被告人依法应当退缴的非法所得款项，与非法吸收的资金款不属于同性质款项，但就此情节可酌情对相关被告人予以酌情从轻处罚。关于被告人徐某某在任南漳分公司经理期间业绩未予审计，不应再做酌情量刑情节的问题，因本案指控的犯罪金额中含有南漳分公司所吸收的资金，虽然本案未对徐某某的分公司的业绩进行审计认定并予以指控，但作为本案整个指控的犯罪事实考量，应当对徐某某在分公司任经理期间的作用予以评价并酌情量刑。依照《中华人民共和国刑法》第一百七十六条、第三十条、第三十一条、第二十五条第一款、第二十六条第一款、第四款、第二十七条、第六十七条第一款、第三款、第五十二条、第五十三条第一款、第六十四条及《最高人民法院关于处理自首和立功具体应用法律若干问题的解释》第五条、《最高人民法院关于处理自首和立功若干问题的意见》第五条，《最高人民法院关于审理非法集资刑事案件具体应用法律若干问题的解释》第一条、第三条第二款、第三款，《最高人民法院、最高人民检察院、公安部关于办理非法集资刑事案件适用法律若干问题的意见》第二条、第三条、第五条，《最高人民法院、最高人民检察院、公安部关于办理非法集资刑事案件若干问题的意见》第三条的规定，判决如下：

一、被告人徐某某犯非法吸收公众存款罪，判处有期徒刑六年十个月，并处罚金人民币三十五万元；（刑期从判决执行之日起计算。判决执行以前先行羁押的，羁押一日折抵刑期一日，即被告人徐某某的刑期自2018年11月28日起至2025年9月27日止。被告人的罚金应于判决生效之日起十日内向本院缴纳。）

二、被告人叶某某1犯非法吸收公众存款罪，判处有期徒刑 六年，并处罚金人民币三十三万元；（刑期从判决执行之日起计算。判决执行以前先行羁押的，羁押一日折抵刑期一日，即被告人叶某某1的刑期自2018年3月13日起至2024年3月12日止。被告人的罚金应于判决生效之日起十日内向本院缴纳。）

三、被告人罗某某犯非法吸收公众存款罪，判处有期徒刑 五年，并处罚金人民币三十万元；（刑期起止时间详见执行通知书。被告人的罚金应于判决生效之日起十日内向本院缴纳。）

四、被告人王某某犯非法吸收公众存款罪，判处有期徒刑五年，并处罚金人民币三十万元；（刑期起止时间详见执行通知书。被告人的罚金应于判决生效之日起十日内向本院缴纳。）

五、被告人林某某犯非法吸收公众存款罪，判处有期徒刑 四年九个月，并处罚金人民币二十五万元；（刑期起止时间详见执行通知书。被告人的罚金应于判决生效之日起十日内向本院缴纳。）

六、被告人刘某某犯非法吸收公众存款罪，判处有期徒刑 四年九个月，并处罚金人民币二十五万元；（刑期从判决执行之日起计算。判决执行以前先行羁押的，羁押一日折抵刑期一日，即被告人刘某某的刑期自 2018 年 8 月 28 日起至 2023 年 5 月 27 日止。被告人的罚金应于判决生效之日起十日内向本院缴纳。）

七、被告人徐某某犯非法吸收公众存款罪，判处有期徒刑 四年三个月，并处罚金人民币二十万元；（刑期起止时间详见执行通知书。被告人的罚金应于判决生效之日起十日内向本院缴纳。）

八、被告人胡某某犯非法吸收公众存款罪，判处有期徒刑四年，并处罚金人民币二十万元；（刑期从判决执行之日起计算。判决执行以前先行羁押的，羁押一日折抵刑期一日，即被告人胡某某的刑期自 2018 年 9 月 3 日起至 2022 年 9 月 2 日止。被告人的罚金应于判决生效之日起十日内向本院缴纳。）

九、被告人叶某某 2 犯非法吸收公众存款罪，判处有期徒刑三年，并处罚金人民币十五万元；（刑期起止时间详见执行通知书。被告人的罚金应于判决生效之日起十日内向本院缴纳。）

十、被告人马某某犯非法吸收公众存款罪，判处有期徒刑三年，并处罚金人民币十五万元；（刑期起止时间详见执行通知书。被告人的罚金应于判决生效之日起十日内向本院缴纳。）

十一、被告人万某某犯非法吸收公众存款罪，判处有期徒刑三年，并处罚金人民币十五万元；（刑期从判决执行之日起计算。判决执行以前先行羁押的，羁押一日折抵刑期一日，即被告人万某某的刑期自 2018 年 11 月 16 日起至 2021 年 11 月 15 日止。被告人的罚金应于判决生效之日起十日内向本院缴纳。）

十二、被告人徐某某、罗某某退缴违法所得合计人民币 700 万元的余额人民币 118. 929895 万元、被告人王某某退缴违法所得人民币 59. 14316 万元、林某某退缴违法所得人民币 15 万元、叶某某 2 退缴违法所得人民币 20 万元（提成款 14.1339 万元）、徐某某退缴违法所得人民币 3 万元、马某某退缴违法所得人民币 24.7857 万元合计人民币 240.858755 万元依法予以追缴，按照集资参与人的集资额比例返还给 1539 名集资参与人；

十三、暂存公安机关查扣的其他 23 名业务员违法所得款人民币 151.9284 万元依法予以追缴，按照集资参与人的集资额比例返还给 1539 名集资参与人；

十四、继续追缴违法所得人民币 9169.20524 万元，返还给 1539 名集资参与人；

十五、其他查扣在案的财物由办案机关依法处理。

被告人罗某某等被告人提起上诉后，二审认定原判认定事实清楚，证据确实、充分，定罪准确，判处适当，依照《中华人民共和国刑事诉讼法》第二百三十六条第一款第一项之规定，裁定：

驳回上诉，维持原判。

【法官后语】

本案中，被告人非法吸收的资金达 2.3 亿元，是“数额巨大”起点（100 万元）的数百倍，非法吸收公众存款罪没有规定“数额特别巨大”情形，但本案相对于一般案件而言应属于“数额特别巨大”。在此情况下，如何对各被告人的地位、作用，以及被告人和辩护人存在争议的犯罪数额进行认定，对量刑有着关键影响。

非法吸收公众存款罪的涉案人员，无论他的职务是业务负责人还是宣传负责人、财务负责人抑或行政负责人，一定要详细考量其实际工作性质，以其在整个非法吸收公众存款中的地位和作用来判断。单位或者团队负责人、实际控制人和业务负责人的行为直接关系非法吸收公众存款能否实现，因此毋庸置疑是需要承担责任的。无论是单位犯罪还是非单位的团伙犯罪，作为起到组织策划作用的单位负责人、实际控制人最应承担主要责任。非法吸收公众存款的钱款，具体实施行为，必须通过业务员直接跟客户接触来完成，即承诺在一定期限内以货币、实物、股权等方式还本付息或者给付回报，这一切必备条件是由业务员完成的。业务负责人则更是通过非法吸收公众存款行为来获得分红和提成。因此，对业务负责人或主要业务人员应当在案件中的地位和作用按照主犯认定量刑。对于底层的业务员，为获取底薪和业务提成，根据业务经理的安排进行宣传集资，其本人从一定程度上讲也是受害人，可根据宽严相济的政策，本着教育与挽救的原则，按照其所涉案的资金、人数认定为从犯，予以从宽。本案中，根据各被告人的地位、层级、作用，考虑其吸收资金数额、吸收的人数分别进行定罪量刑。

根据《最高人民法院关于审理非法集资刑事案件具体应用法律若干问题的解释》的规定，非法吸收或者变相吸收公众存款的数额，以行为人所吸收的资金全额计算。案发前后已归还的数额，可以作为量刑情节酌情考虑。因非法吸收公众存款不属于占有性犯罪，也不属于结果犯，将已归还数额计入犯罪数额可以更为全面客观地反映非法吸收公众存款的资金规模，更为准确地判断其社会危害性的轻重程度。该解释同时明确，未向社会公开宣传，在亲友或者本单位内部针对特定对象吸收资金的，不属于非法吸收或者变相吸收公众存款。如何认定对象是否是特定的，主要看两点：一是行为人是否面向社会公开宣传，本案中被告人利用媒体、宣传单、推介会形式面向社会公众宣传，其受众所接受到集资信息的方式是公开的；二是行为人向社会公众公开宣传的主观心态。"向社会公开宣传"包括以各种途径向社会公众传播吸收资金的信息，以及明知吸收资金的信息向社会公众扩散而予以放任。即行为人面向社会公众宣传存在两种故意，直接故意和间接故意。直接故意比较明显，但间接故意，往往表面上行为人并没有直接、积极宣传集资信息行为，那么便可以从集资行为是否可控的角度来认定。行为人主观心态上是否向不特定对象吸收资金，客观上行为人是否对集资行为的辐射面事先加以限制，事中进行控制，或者蔓延社会后设法予以阻止。若行为人早已面向社会公众公开宣传，亲友、单位员工看到集资信息后主动集资，或者即便行为人没有进行宣传，但向亲友等吸收存款时，发现亲友、单位员工向社会宣传而不加以限制、阻止。此时，亲友、单位员工属于不特定对象，应当认定行为人向社会不特定对象吸收资金。

编写人：湖北省襄阳市襄城区人民法院　张莉

28

对提起公诉前积极退赃退赔减少损害结果发生的可以从轻或者减轻处罚

——李某等非法吸收公众存款案

【案件基本信息】

1. 裁判书字号

陕西省商洛市中级人民法院（2019）陕10刑终38号刑事裁定书

2. 案由：非法吸收公众存款罪

【基本案情】

李某为了募集资金，于2014年3月14日在某工商行政管理局申请注册成立了某园公司，登记法人为王某，被告人李某为股东、监事，公司经营范围为：投资管理、资产管理；房产中介及信息咨询；企业项目投资咨询；装饰装潢；装饰材料零售（依法须经批准的项目，经相关部门批准后方可开展经营活动）。后王某不愿意开办该公司，要求李某注销该公司。李某又通过其弟介绍，认识了某商贸公司总经理陈某，经协商，陈某愿意接手某园公司，并委托李某负责经营管理。公司营业执照、法定代表人未作变更登记。

陈某接手某园公司后，并未按照原批准的经营范围进行营业，而是全权委托李某为公司负责人，以开办金店为由，招聘被告人杨某1、杨某2为业务人员，以存款一万元三个月利息1.2%、六个月利息1.3%、十二个月利息1.5%为诱惑，非法面向社会公众吸收存款。从2014年6月20日到2015年1月22日，非法吸收不特定公众存款69人114笔共601.1万元，兑付48人次59笔共357.2万元，未兑付38人次52笔共243.9万元。

被告人杨某 1 在某园公司工作期间，个人累计非法吸收公众存款 7 人 14 笔共 121.5 万元，未兑付 2 人 3 笔共 11 万元。

被告人杨某 2 在某园公司工作期间，个人非法吸收公众存款 18 人 24 笔共 102.2 万元，其中未兑付 9 人 10 笔共 32.5 万元。

【案件焦点】

本案被告人在提起公诉前积极“兑付”，取得被害人谅解的，是否可以从轻或者减轻处罚。

【法院裁判要旨】

陕西省洛南县人民法院经审理认为：被告人李某违反国家金融管理法规，未经金融管理部门批准许可，以某园公司名义与社会公众签订借款合同，面向社会不特定对象吸收公众存款，数额巨大，严重扰乱国家金融管理秩序，其行为已构成非法吸收公众存款罪。被告人杨某 1、杨某 2 为被告人李某非法吸收公众存款提供直接帮助，并从中收取报酬，其行为已构成非法吸收公众存款罪的共犯，应以非法吸收公众存款罪追究被告人杨某 1、杨某 2 的刑事责任，对被告人李某、杨某 1、杨某 2 应处三年以上十年以下有期徒刑，并处人民币五万元以上五十万元以下罚金。

被告人李某、杨某 1 在侦查阶段能够如实供述其主要犯罪事实，可对其从轻处罚；被告人杨某 1 与被告人杨某 2 均提出其已经兑付了自己直接吸收的部分存款，且取得了部分集资参与人的谅解，本院对其请求从轻处罚的观点和理由予以采纳，根据被告人的犯罪事实、情节及认罪悔罪程度、未兑付存款数额、追缴违法所得情况、返还集资参与人存款情况等，判决如下：

一、被告人李某犯非法吸收公众存款罪，判处有期徒刑三年，并处罚金人民币十万元；

二、被告人杨某 2 犯非法吸收公众存款罪，判处有期徒刑一年六个月，宣告缓刑二年，并处罚金人民币三万元；

三、被告人杨某 1 犯非法吸收公众存款罪，判处有期徒刑一年，宣告缓刑一年六个月。

二审法院同意一审法院裁判意见。

【法官后语】

根据刑法第一百七十六条规定的规定，非法吸收公众存款指的是违反国家金融管理法规非法吸收公众存款或变相吸收公众存款，扰乱金融秩序的行为。在市场经济条件下，如何保证社会资金的合理流向、保护广大人民群众的合法利益，维护由法律调整与规范的金融秩序尤为重要。而非法吸收公众存款罪恰恰是针对这一需求而设立的罪名。在审理非法吸收公众存款案件中，最难处理的不是对事实的认定、法律的适用，而是怎样挽回当事人的损失。如果非法吸收公众存款罪的被告人在案发前后，主动退还非法吸收的存款，积极向被害人“兑付”，最大限度挽回被害人的损失，并取得被害人谅解，对被告人来说，是否可以作为对其从轻的量刑情节呢？

本案中，被告人杨某1、杨某2在案发前后积极向被害人兑付了部分“存款”，取得了被害人的谅解，本院在查明事实后，对其减轻处罚，并处以缓刑的判决完全符合法律规定，具体分析如下：

在刑法修正法十一公布之前，对被告人杨某1、杨某2均提出的其已兑付自己直接吸收的部分存款，请求对其从轻处罚的辩护观点是否予以采纳评析。

从本案被检察院起诉开始至法院开庭审理前，被告人杨某1、杨某2均不同程度的向被害人主动“兑付”，是否符合量刑情节的范畴是本案的一个争议焦点。

根据《最高人民法院关于审理非法集资刑事案件具体应用法律若干问题的解释》（以下简称《解释》）第三条第三款的规定，非法吸收或者变相吸收公众存款的数额，以行为人所吸收的资金金额计算，案发前后已归还的数额，可以作为量刑情节酌情考虑。根据《最高人民法院、最高人民检察院、公安部关于办理非法集资刑事案件若干问题的意见》第六条第三款的规定，对于涉案人员积极配合调查、主动退赃退赔、真诚认罪悔罪的，可以依法从轻处罚。旨在强调对案发后积极向被害人兑付的被告人可以从轻处罚。

本案中，杨某1辩称在案发后及法院审理过程中，其已归还了部分集资参与人的集资款110.5万元，取得了部分集资参与人的谅解，请求对其从轻处罚。杨某2辩称在案发后法院审理过程中其已归还部分集资参与人的集资款69.7万元，取得了部分集资参与人的谅解，请求对其从轻处罚。

从被告人杨某1、杨某2的兑付情况来看，杨某1的兑付达到百分之九十，杨某2的兑付达到百分之七十。并且二人均得到了部分被害人的谅解，符合《解释》第三条的规定，属于案发后已归还的数额，可以作为量刑情节予以考虑。本案对杨某1、杨某2的辩护理由予以采纳、判决理由及判决结论均符合法律规定。

从中国裁判文书网检索到，2020年陕西省基层法院共计公布142篇关于非法吸收公众存款罪的一审刑事判决书，其中，被告人积极"兑付"从而影响量刑的情况具体见下图：

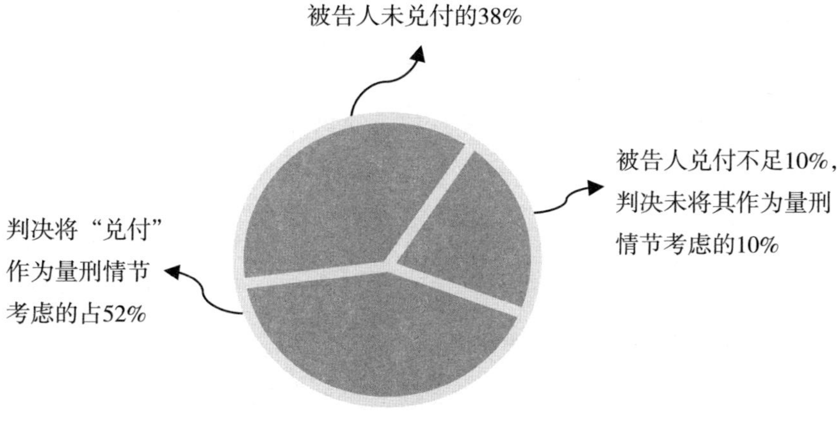

图：揭示将"兑付"作为量刑情节考虑情况结果统计

从图形分析可得出，法院在审理非法吸收公众存款类案件中，一方面是把被告人是否在案发后积极兑付作为一条影响量刑的重要情节来考虑的，另一方面体现出法官对此类案件中挽回被害人损失的重视，这也是在此类案件中，法官维护群众合法权益，化解社会矛盾的有力保障。但是，从这142件案例中也出现了一个问题，其中当事人在案发后积极向被害人兑付，法官采纳此情况作为对被告人从宽处罚的量刑情节予以考虑的有 74 件，但每个案件的“兑付”金额占吸收存款总金额的比例，参差不齐。由于相关法律及司法解释并未有一款对这一比例进行具体规定，导致法官对占比的理解“自由裁量”。个别案件中，被告人虽然也进行了兑付，但法官认为“占比”小，并未将其作为量刑情节考虑。也有一类案件中，兑付的占比范围相同，但不同法官作出的判决却不相同。由于法官对兑付占比的量刑幅度认识不一致，从而出现“同案不同判”现象，严重影响了司法公信力。笔者认为，法律既然规定了针对此类案件中的被告人在案发后积极退赔的可以作为量刑情节予以考虑，那么就应该对退赔的范围进行具体的量化，从而统一法律适用及裁判尺度。

本案是否符合刑法修正案十一第十二条中第三款“在提起公诉前积极退赃退赔，减少损害结果发生的，可以从轻或者减轻处罚”的立法要求及立法目的。

刑法修正案十一第十二条将刑法第一百七十六条修改为：“非法吸收公众存款或者变相吸收公众存款，扰乱金融秩序的，处三年以下有期徒刑或者拘役，并处或者单处罚金；数额巨大或者有其他严重情节的，处三年以上十年以下有期徒刑，并处罚金；数额特别巨大或者有其他特别严重情节的，处十年以上有期徒刑，并处罚金。单位犯前款罪的，对单位判处罚金，并对其直接负责的主管人员和其他直接责任人员，依照前款的规定处罚。有前两款行为，在提起公诉前积极退赃退赔，减少损害结果发生的，可以从轻或者减轻处罚。”可见，对于非法吸收公众存款案件，立法者明确可以从轻或者减轻处罚的前提有以下两点：

第一，“在提起公诉前退赃退赔”。即被告人退赃退赔要在检察院提起公诉之前，而不是在法院审判之前。可以理解为被告人在检察院提起公诉之后，法院审判之前退赃退赔的，是不计入上述法条规定的量刑情节内的。在案件被提起公诉之前，还处于“侦查”阶段，在这个阶段内被告人的罪名及犯罪事实、犯罪动机、目的、犯罪中的作用及地位等定罪要素还在侦查期中，处于一种“待定”状态，被告人如若通过一定的行为去减少被害人的损失，说明其已经认识到其行为的社会危害性，并对从宽处理具有一定的期待性，是一种积极降低其社会危害性的悔罪表现。而在案件被提起公诉后，被告人的构成犯罪的各个要素基本已经“定型”，此时进行退赔退赃，虽具有一定的悔过性，但已经浪费了司法资源，所作出的减少被害人损失的努力带有一定的被动性。

第二，“减少损害结果发生的”。法律对减少损害结果发生的具体情形并未明确规定，笔者认为，认定是否减少损害可从被告人退赃退赔后是否得到被害人谅解方面着手。我国刑法总则中虽然未对“被害人谅解”作为酌定量刑情节作出明确规定，但不影响在司法实践中的广泛应用。《最高人民法院关于常见犯罪的量刑指导意见》中明确规定，对于积极赔偿被害人经济损失并取得谅解的，综合考虑犯罪性质、赔偿数额、赔偿能力以及认罪、悔罪程度等情况，综合考虑犯罪性质、赔偿数额、赔偿能力以及认罪、悔罪程度等情况，可以减少基准刑的30%以下；尽管没有赔偿，但取得谅解的，可以减少基准刑的20%以下。此意见对与被害人谅解相关的不同程度的量刑幅度进行了具体规定。

具体到非法吸收公众存款案件中，首先，在此类案件里，被害人往往经济损失严重，同时精神上也遭受着沉重打击。被害人中大多数人都是下岗、退休职工等一些低收入人群，投入的可能是他们的养老金、退休金，甚至是全部家底。此类案件中，被害人之间、被害人与被告人之间，相当部分是朋友、亲人关系，严重影响了家庭和谐、社会稳定。如果被告人在事发前后能向被害人积极“兑付”，并得到“被害人谅解”，不仅解决了判决后需要向被告人继续追缴，以向被害人兑付的问题，同时也能够有效维护社会和谐稳定。当然，刑法意义上的谅解虽有原谅的意思，但并不等同于使被告人不受刑罚。笔者认为，被害人谅解就是在用其真实的意思表示，明确、具体的表达出的对被告人违法行为的原谅、宽恕，并同时希望司法关机对被告人从轻处罚。在我国司法实践中，被害人谅解是被刑事法官广泛运用的一种酌定从宽量刑情节。主要是通过被告人对被害人的赔礼道歉、真诚忏悔、在经济上与精神上弥补违法行为给被害人造成的损失与伤害，从而取得被害人对其的原谅和宽恕，并同时得到被害人提出的对其从宽处罚的建议。

其次，根据《最高人民法院关于贯彻宽严相济刑事政策的若干意见》第二十八条的规定，对于被告人同时具有法定、酌定从严和法定、酌定从宽处罚情节的案件，要在全面考察犯罪的事实、性质、情节和对社会危害程度的基础上，结合被告人的主观恶性、人身危险性、社会治安状况等因素，综合作出分析判断。在我国刑罚的裁量过程中，不仅要重视犯罪行为造成的社会危害后果，还要重视犯罪人的主观恶性及人身危险性。首先，被告人向被害人赔礼道歉，弥补损失与伤害的这一忏悔行为本身就体现出被告人的个人危险性已经降低，刑法的教育目的已经达到。这也符合《最高人民法院关于贯彻宽严相济刑事政策的若干意见》第五条规定的“必须充分考虑案件的处理是否有利于瓦解犯罪，化解矛盾，是否有利于罪犯的教育改造和回归社会，是否有利于减少社会对抗，促进社会和谐”的立法精神。其次，其通过一系列忏悔行为，挽回被害人的损失，得到被害人的谅解后，其再犯罪的危险性就会进一步降低。最后，弥补了被害人因其先前行为所造成的损失与伤害，被害人对被告人谅解后，被害人的心灵上、精神上、经济上都将会得以重建、恢复。被害人对被告人不再仇视、怨恨，降低了被害人因心生报复导致犯罪，从被害人变成被告人的风险。因此，“被害人谅解”在有助于实现刑法的预防、教育目的的同时，也表明被害人因违法犯罪行为造成的损失与伤害最大限度地减少。因此，根据《最高人民法院关于贯彻宽严相济刑事政策的若干意见》第二十三条的规定，被告人案发后对被害人积极进行赔偿，并认罪、悔罪的，依法可以作为酌定量刑情节予以考虑。此时，审判机关将“被害人谅解”作为对被告人的从宽处罚量刑情节，是完全符合法律规定特别是罪责刑相适应原则的。

本案中，被告人杨某1、杨某2，李某涉嫌非法吸收公众存款一案，由人民检察院于2018年1月31日向人民法院提起公诉。根据收条、谅解书、被害人陈述、被告人杨某1的供述及辩解、杨某2的供述及辩解等证据证明，被告人杨某1在2017年5月28日向被害人张某2兑付其所存的25.1万元并取得谅解，在2017年8月23日向被害人杨某兑付其所存的2万元并取得谅解；被告人杨某2在2014年12月份向被害人冀某兑付其所存的6万元、在2014年11月2日向被害人张某3兑付其所存的2万元、在2017年向被害人陈某兑付11万元并取得谅解，在2017年10月向被害人王某兑付其所存的2万元并取得谅解、在2018年上半年向郑某兑付4万元并取得谅解。可以看出，上述7笔兑付的时间点均在2018年1月31日即提起公诉之前，且二被告人均取得了部分被害人的谅解，减少了部分被害人的损失，也体现了二被告人的社会危害性及人身危险性的降低，在一定程度上缓解了家庭、社会矛盾，维护了社会的稳定。从而对二被告人提出的对其从轻处罚的辩护观点和理由予以采纳，是完全符合刑法修正案十一的立法目的及规定的。

虽然我国未将“被害人谅解”作为量刑情节立法化，但本案不论是在刑法修正案十一未公布之前还是在《刑法修正案十一》公布之后适用其规定，均体现了通过退赔退赃取得被害人谅解进而影响量刑具有明确、正当的法律理论基础。

编写人：陕西省洛南县人民法院　王熳煊

29

组织并收购他人办理信用卡构成妨害信用卡管理罪

——李某鹏等妨害信用卡管理案

【案件基本信息】

1. 裁判书字号

云南省大理白族自治州中级人民法院（2020）云29刑终381号刑事裁定书

2. 案由：妨害信用卡管理罪

【基本案情】

2018年至2019年10月，被告人李某鹏在网络上发现有人非法收购银行卡，为牟取非法利益，李某鹏邀约其余被告人相继参与到倒卖银行卡的犯罪活动中。被告人李某鹏让吴某某等人分别寻找愿意办理新的银行卡一套（指银行卡一张、U盾一个）并出卖的人。在办理银行卡过程中，被告人提供一张事先准备好的新开通的电话卡或要求办理一张新的电话卡，使用该新的电话卡绑定银行卡，并提供统一的密码进行设置，同时办理一个U盾交给被告人，由被告人贴上写有开卡人姓名的标签贴，统一汇总到李某鹏处，李某鹏验卡或安排高某某、金某某、吴某某验卡，验卡成功后再安排金某某、高某某将成套的银行卡通过快递邮寄到外地，后统一由李某鹏支付给吴某某、高某某等人100元至1000元不等的好处费，金某某、吴某某等人通过抽取差价再支付给办卡人好处费。

公诉机关认为上述被告人为牟取非法利益，非法持有他人信用卡，其行为已触犯《中华人民共和国刑法》第一百七十七条之一第一款第二项、第二十五条第一款之规定，应当单独或共同以妨害信用卡管理罪追究11名被告人的刑事责任。

【案件焦点】

1. 本案是否属于共同犯罪，被告人李某鹏是否属于主犯；2. 被告人谢某某的行为是否构成妨害信用卡管理罪；3. 被告人詹某组织他人办理银行卡的数量认定。

【法院裁判要旨】

云南省弥渡县人民法院经审理认为：李某鹏等人为牟取非法利益，非法持有他人信用卡，其中，被告人李某鹏属数量巨大，其余属于数量较大；其行为已构成妨害信用卡管理罪，依法应予惩处。本案中，各被告人组织并收购他人办理由商业银行发行的具有消费支付、转账结算、支取现金等功能的银行卡后高价转卖，致使该部分银行卡被用于其他犯罪活动，被告人从中牟取非法利益，其行为具有明显的社会危害性，各被告人在此过程中均有非法持有他人信用卡的行为，均已构成刑法所规定的妨害信用卡管理罪，故辩护人提出被告人谢某某的行为不构成妨害信用卡管理罪的意见不予采纳。

在共同犯罪中，本案的犯意系被告人李某鹏提出，并由其为主组织实施，而且在具体犯罪中，李某鹏负责与买家联系、由其收款和支付给办卡人现金、决定所设定银行卡密码、安排人验卡等，在整个犯罪中起主要作用，系主犯；其余被告人为从犯，应当从轻或者减轻处罚。辩护人提出本案不应认定李某鹏为主犯的意见，与审理查明的事实不相符，不予采纳。根据在案中赵某娜及其他证人证言，并结合公安机关查证的开卡记录，足以证实赵某娜所办理的银行卡数量为6张，而非3张，故辩护人提出詹某组织他人办理的银行卡数应认定为14张的意见，不予采纳。根据《中华人民共和国刑法》相关规定，判决：

一、被告人李某鹏犯妨害信用卡管理罪，判处有期徒刑五年，并处罚金四万元；

二、被告人吴某某犯妨害信用卡管理罪，判处有期徒刑二年三个月，并处罚金两万元；

三、被告人金某某犯妨害信用卡管理罪，判处有期徒刑二年，并处罚金两万元；

四、被告人谢某某犯妨害信用卡管理罪，判处有期徒刑一年十个月，并处罚金两万元；

五、被告人孟某某犯妨害信用卡管理罪，判处有期徒刑一年八个月，并处罚金两万元；

六、被告人彭某某犯妨害信用卡管理罪，判处有期徒刑一年八个月，并处罚金两万元；

七、被告人高某某犯妨害信用卡管理罪，判处有期徒刑一年六个月，并处罚金两万元；

八、被告人詹某犯妨害信用卡管理罪，判处有期徒刑一年六个月，并处罚金一万元；

九、被告人杨某犯妨害信用卡管理罪，判处有期徒刑一年六个月，并处罚金一万元；

十、被告人马某犯妨害信用卡管理罪，判处有期徒刑一年四个月，并处罚金一万元；

十一、被告人饶某某犯妨害信用卡管理罪，判处有期徒刑一年，并处罚金一万元；

十二、扣押在案涉案的赃款、赃物，由扣押机关依法没收。

一审宣判后，被告人詹某不服，提出上诉。云南省大理白族自治州中级人民法院在审理过程中，上诉人詹某申请撤回上诉。云南省大理白族自治州中级人民法院经审理认为：原审审判程序合法，认定事实清楚，定罪准确，原判根据各原审被告人犯罪的事实，犯罪的性质、情节和对于社会的危害程度，确定各人的罪责并作出相应的处罚适当。上诉人詹某申请撤回上诉，应当准许。据此裁定：

准许上诉人詹某撤回上诉。

【法官后语】

妨害信用卡管理罪，是指明知是伪造的信用卡、伪造的空白信用卡而持有、运输，数量较大的，或者非法持有他人信用卡，数量较大的，或者使用虚假的身份证明骗领信用卡，或者出售、购买、为他人提供伪造的信用卡或者以虚假的身份证明骗领的信用卡的行为。构成妨害信用卡管理的犯罪，必须符合以下构成要件：一是行为人主观上为故意，即明知自己的行为会发生妨害信用卡管理的后果，并希望这种结果发生。二是行为人客观上实施了妨害信用卡管理的行为。主要表现形式有：（1）明知是伪造的信用卡而持有、运输的，或者明知是伪造的空白信用卡而持有、运输，数量较大的。（2）非法持有他人信用卡，数量较大的。近年查获的多起持有大量他人信用卡的案件，是国际信用卡犯罪的一种新形式，在我国境内也有发生，如有的国际信用卡犯罪集团或者个人在他国与资信状况不良者串通，帮助其领取信用卡后予以收买，然后将大量信用卡携带至我国境内消费或取现。当然，构成本罪，必须是行为人持有他人信用卡的数量较大，否则不构成本罪。（3）使用虚假的身份证明骗领信用卡的。使用虚假的身份证明、资信证明等，骗领信用卡后大量透支诈骗银行贷款的犯罪，是当前多发的一种信用卡诈骗活动。(4)出售、购买、为他人提供伪造的信用卡或者以虚假的身份证明骗领的信用卡。这些行为往往是信用卡诈骗犯罪的重要环节，属于信用卡诈骗犯罪的上游犯罪，必须运用刑罚的手段予以惩治，以维护我国的金融安全。本案属于典型的妨害信用卡管理案件，本案中的被告人为牟取非法利益，组织收购他人信用卡，导致该部分信用卡用于其他犯罪活动，各被告人均有非法持有他人信用卡的行为且主观明知，均已经构成刑法所规定的妨害信用卡管理罪，各被告人为了蝇头小利，持有他人信用卡并转卖他人，用于其他犯罪活动，必须运用刑罚手段惩治，只有从源头治理才能真正杜绝利用信用卡进行的其他犯罪。

编写人：云南省弥渡县人民法院　简国铸

30

窃取型职务侵占罪与盗窃罪的界分

——张某军职务侵占案

【案件基本信息】

1. 裁判书字号

北京市第二中级人民法院（2020）京 02 刑终 502 号刑事裁定书

2. 案由：职务侵占罪

【基本案情】

2019 年 5 月至 7 月，被告人张某军利用担任某公司仓储部主管的职务便利，多次窃取公司库房内的瑞康牌马来西亚白虾共计 800 余箱向羊某卫、李某江出售牟利，销赃金额 40 余万元，涉案白虾共计价值人民币 50 余万元。被告人张某军于 2019 年 8 月 8 日到公安机关投案。现起获并扣押瑞康牌马来西亚白虾16/20规格150盒、21/25规格540盒、31/35规格750盒均已发还被害单位，其余赃物未起获。

【案件焦点】

1. 案件定性应为职务侵占罪还是盗窃罪，窃取型职务侵占罪与盗窃罪是否属法条竞合关系；2. 职务侵占罪中将本单位财物非法侵占的手段是否包括窃取手段。

【法院裁判要旨】

北京市丰台区人民法院经审理认为：张某军不具有占有、处分涉案白虾的权力，其擅自处置单位白虾的行为，系利用工作便利，以非法占有为目的，多次秘密窃取单位财物，数额特别巨大，其行为构成盗窃罪，判处有期徒刑八年，并处罚金人民币八万元，剥夺政治权利一年。

被告人张某军不服一审判决，提出上诉。北京市第二中级人民法院经审理认为：张某军作为公司工作人员，利用管理和经手涉案公司财物的职务便利，将本单位财物窃取并处置，所得赃款占为己有，数额较大，其行为构成职务侵占罪，原判定性错误，依法予以改判，判处有期徒刑三年六个月。

【法官后语】

关于本案的第一个焦点，被告人张某军担任某公司仓储部主管，具有以下职责：严格管理仓库出入库，保证货品安全；安排库房各岗位人员的日常工作，保证货物有序进出库；按照制度要求及时填报收、发、存月报表，定期抽查货物与登记是否物、账相符；定期进行对账、盘点工作。其工作责任系保证仓储货物的安全及仓库的有效利用，对因仓储管理不善造成的损失负责。张某军作为公司仓储部主管对于公司相关仓库及仓储货品具有管理和经手的职责。其利用上述职务便利，窃取并擅自处置上述货品，将货款占为已有，符合职务侵占罪的构成要件，构成职务侵占罪。

“利用职务上的便利”是指行为人利用自己在本单位所具有的一定职务，

并因这种职务所产生的管理、经手本单位财物的便利，是否具有对外销售及处置货物的权力，与其具有管理和经手货物的职权并不矛盾，且窃取型职务侵占行为即使不具有对外销售或处置货物的权力亦不影响利用职务便利要件的认定；“利用工作的便利”是指行为人与非法占有的财物之间并无职责上管理与支配的权限，仅仅是因为在工作中形成的机会或偶然情况接触到他人管理、经手的财物，或因工作关系对地形、环境或者办公场所格局等比较熟悉等，而对非法占有财物形成了便利条件，该种情形下，实施了盗窃行为，构成盗窃罪。窃取型职务侵占罪与盗窃罪系法条竞合关系，适用时应遵循特别法条优于一般法条的原则。

关于本案的第二个焦点，有观点认为，在刑法的评价上，职务侵占罪不法程度明显低于盗窃罪，刑法对职务侵占罪配置的法定刑低于盗窃罪，司法解释确立的定罪量刑的数额标准也轻于盗窃，而在刑法适用上却认为职务侵占罪包含“窃取”方式，以低度不法包含高度不法形成的“倒挂”司法尺度，违背法理情理，因此认为职务侵占罪不应包含“窃取”方式。笔者认为职务侵占罪的侵占手段不管是从文义理解还是从法益侵害角度都应包括窃取手段。虽然刑法分则中关于职务侵占罪的罪状表述并未像贪污罪一样直接将侵吞、窃取、骗取等手段列明，但将本单位财物非法侵占的手段，文义理解理应包括窃取手段，且贪污罪的定罪量刑数额标准同样也轻于盗窃罪，刑法评价上也轻于盗窃罪，但依然将窃取手段纳入了贪污手段中。不能仅因贪污罪系国家工作人员实施，职务侵占罪系非国家工作人员实施，而在文义理解时有所区别或认为是立法者在表述时有意为之。另外，从盗窃罪和职务侵占罪侵犯的法益来看，虽均为公私财产所有权，但职务侵占罪侵占的财物是在行为人经手和管理之下，取得更为便利，追索时线索更为明确，且行为人在入职之初都经过职位匹配度、忠诚度、廉洁度的审查，犯罪风险性明显较低；而盗窃罪窃取的财物并非在行为人的管理之下，追索时更为困难，且盗窃过程中易引发别的危害结果，明显不法性更大，故而刑法对职务侵占罪配置的法定刑低于盗窃罪，司法解释确立的定罪量刑数额标准轻于盗窃罪，也与二罪的不法性程度相匹配，不应因此就认为职务侵占罪的手段不能包含“窃取”方式。另外，刑法修正案（十一）已将职务侵占罪的刑档按照数额较大、数额巨大、数额特别巨大修改为三档，与盗窃罪保持了一致。关于数额的具体标准尚未明确，可在考虑与盗窃罪刑档平衡的基础上予以确定。

编写人：北京市第二中级人民法院　吴炎冰

31

洗钱案件罪名、犯罪形态、情节严重认定及财产处置

——刘甲、杨某某洗钱案

【案件基本信息】

1. 裁判书字号

广东省广州市中级人民法院（2020）粤01刑初65号刑事判决书

2. 案由：洗钱罪

【基本案情】

2017年以来，毒犯刘乙多次走私、运输毒品海洛因并贩卖牟利，积累了巨额毒赃。其兄刘甲、前妻杨某某明知其所持资金系毒品犯罪违法所得，为掩饰、隐瞒其性质与来源，在刘乙归案前，通过提供资金账户、借名登记购买豪车、商铺、别墅等方式实施洗钱行为，金额约800万元；在刘乙归案后，为避免追缴，两人又通过虚设债权债务、转存资金、投资实体等多种方式继续实施洗钱行为，金额约700万元。经统计，刘甲、杨某某洗钱金额分别为560.75万元、766.5479万元。

【案件焦点】

1. 刘甲、杨某某在多个阶段通过多种手段多次实施洗钱行为，应如何对其二人行为定性、犯罪形态；2. “情节严重”进行认定，以及如何对洗钱数额进行认定与处置。

【法院裁判要旨】

广东省广州市中级人民法院经审理认为：本案存在四个主要争议焦点。

焦点一，刘甲、杨某某行为的定性。刘乙归案前，其均是在完成毒品犯罪后，才将所获毒赃交由二被告人处理或与之共同处理，虽然登记在刘甲名下的凯迪拉克 SUV 还被刘乙用于走私、运输、贩卖毒品等上游犯罪，但现有证据无法证实刘乙在实施毒品犯罪前或进行时已与本案二被告人就实施毒品犯罪存在明确的犯意联络和共谋。其毒品犯罪行为与二被告人的毒赃处置行为具有相对独立性。因此，二被告人应单独构成下游犯罪而非毒品犯罪共犯。另基于特别法优于一般法、想象竞合择一重罪论处的原则，本案应以洗钱罪定罪处罚，而非窝藏、转移、隐瞒毒赃罪或掩饰、隐瞒犯罪所得、犯罪所得收益罪。

焦点二，犯罪形态的认定。刘乙归案后，二被告人企图变卖涉案别墅，后因公安机关及时查封，二人不得已终止交易并退还首付款。其一，洗钱罪系行为犯而非结果犯或数额犯，行为人基于掩饰、隐瞒毒资来源和性质目的实施了特定洗钱行为，即已构成本罪。其二，涉案别墅虽最终未能成功过户，但买卖双方已谈妥 435 万元交易价格、签订转让合同、支付 198 万元首付款并进入具体交易环节，买卖双方之间已发生资金占有的实际转移，涉案别墅也已发生了实际财产变现的事实上的部分转换。其三，二被告人收到首付款后，洗钱目的已经根据兑现金额而部分实现，巨额现金在市场主体之间的流转已对国家金融管理秩序造成破坏。其四，涉案别墅被查封导致交易双方无法过户而使得涉案别墅交易失败退款的结果，属于洗钱行为部分既遂后新发生的事实，不影响对既遂的洗钱行为及得手金额、钱款性质的认定。

焦点三，“情节严重”的认定。《中华人民共和国刑法》第一百九十一条对洗钱罪规定了两个量刑幅度，但刑法条文及司法解释均未明确“情节严重”的具体认定标准。[①] 对此，一方面应根据行为人的主观恶性、犯罪对象、上游犯罪的社会危害性、洗钱手段、持续时间、次数、金额等多方面因素进行综合考量。另一方面亦可参考《最高人民法院关于审理掩饰、隐瞒犯罪所得、犯罪所得收益刑事案件适用法律若干问题的解释》的规定，掩饰、隐瞒犯罪所得、犯罪所得收益罪关于“收益价值总额达到十万元以上的”情节严重认定标准。本案中，二被告人采取多种方式，多次对上游毒赃实施洗钱，总金额高达数百万元，严重破坏了我国金融管理秩序，影响了对上游毒品犯罪的刑事打击效果。此外，刘甲还拒不交代涉案资金去向、拒不配合追缴工作，致使160余万元赃款无法追缴。因此，二人的洗钱行为均属“情节严重”情形。

焦点四，洗钱数额的认定与处置。其一，洗钱数额认定标准应区分进账与出账，对于同一笔进账，无论后续是否多次转换“洗白”，均只计算一次洗钱金额。其二，行为人的合法财产与上游毒品犯罪违法所得发生难以分割的混同后，行为人对整体混同财产实施洗钱的，被混同个人财产部分的性质转变为供其洗钱犯罪所用的本人财物，依法应予没收。且因存在合法救济途径、不存在灭失紧急风险并基于法益均衡和主客观相一致考虑，该行为不得以出于“自救”等缺乏期待可能性的因素进行抗辩。其三，对于违法所得与案外人合法财产发生混同且难以分割的，如合伙股权，鉴于合伙股份具有难以实时分割的特殊属性，对其强制执行可能会损害第三人的合法权益，且该部分财产存在价值波动、发生灭失或是产生收益的可能，应将其作为财产线索在判决书尾部予以列明，确保对洗钱犯罪违法所及孳息做到应执尽执。

综上，刘甲、杨某某无视国家法律，明知是他人毒品犯罪所得及其产生的收益，以提供资金账户、转换财产形式等方法掩饰、隐瞒犯罪所得及其收益的来源和性质，情节严重，其行为均已构成洗钱罪，依法应予惩处。依照《中华人民共和国刑法》的相关规定，判决：

一、被告人刘甲犯洗钱罪，判处有期徒刑七年，并处罚金人民币一百一十

---

① 2021年3月1日起施行的《刑法修正案（十一）》亦未规定“情节严重”的认定标准。

二万元；

二、被告人杨某某犯洗钱罪，判处有期徒刑五年，并处罚金人民币三十九万元；

三、扣押的登记在刘甲名下的一辆凯迪拉克SUV，本田杰德小汽车变卖款八万五千元，杨某某的装修余款共计人民币二十八万五千零二十九元及孳息，冻结在杨某某名下八个银行账户中的余款及孳息，查封的登记在刘甲名下的某某商铺，均作为违法所得予以没收；

四、追缴刘甲现已查实转移的违法所得共计人民币一百六十九万两千五百元及其收益；

五、登记在杨某某名下的某某别墅中的四百五十九分之三百五十八的份额作为杨某某的违法所得予以没收，四百五十九分之一百零一的份额作为刘甲的供犯罪使用的个人财物予以没收；

六、冻结的登记在案外人陈某某名下某某房产中九十四分之三十的份额作为刘甲财产刑的执行对象予以执行（该涉案房产余下份额部分另案处理）。宣判后，被告人刘甲、杨某某不上诉，公诉机关不抗诉。判决已发生法律效力并移送执行。

【法官后语】

严格遏制和从严惩处洗钱犯罪是我国批准加入的《联合国禁止非法贩运麻醉药品和精神药物公约》《联合国反腐败公约》等公约的明确要求，同时也是新时代背景下保障我国社会稳定、金融安全和司法公正的重要手段。刑法修正案（十一）将“自洗钱”单独定罪、将洗钱罪的比例罚金刑修改为不定额罚金刑、新增单位犯罪直接负责人员的罚金刑等，都是我国反洗钱立法的重大突破，对于铲除犯罪经济基础、履行反洗钱国际义务具有重要意义。

本案从案发到审判均在刑法修正案（十一）公布和施行以前，但对于相关事实认定标准和法律适用规则的明确，仍然具有指导价值。例如，刑法修正案（十一）取消了洗钱罪罚金刑相对于洗钱数额的比例限制，但并不影响洗钱数额仍然是洗钱罪行社会危害性、违法获利性的重要客观评价因素，以及追缴违法所得和进行量刑考量的必要事实依据。此外，此次刑法修订仍未明确洗钱罪“情节严重”的认定标准，本案则结合洗钱行为人的主观恶性、犯罪对象、上游犯罪的社会危害性、洗钱手段、持续时间、洗钱次数、洗钱数额、退赃及协助追赃情况等多方面因素进行综合考量，从主客观相统一出发，对行为人犯罪情节予以综合评价认定，进而明确行为人的法定刑幅度进行具体量刑，以实现罪责刑相统一。

本案系广州法院十四年来审理的首宗毒品上游犯罪洗钱刑事案件，累计涉案金额高达1000余万元。本案契合了严打毒品犯罪和下游洗钱犯罪的刑事政策和社会形势，强化了对上游毒品犯罪的打击力度，为洗钱行为定性、犯罪形态、情节严重的认定以及涉案财物认定处置提供借鉴标准，司法机关依法追缴、没收上游毒赃等司法活动反映出人民法院对于国家金融管理秩序的有力保障，也符合新时代防控洗钱犯罪优化营商环境的时代要求。

编写人：广东省广州市中级人民法院　龚帆　李倩雯

（四）金融诈骗罪

32

拾得他人丢弃的信用卡进行取款的认定

——张某信用卡诈骗案

【案件基本信息】

1. 裁判书字号

湖南省华容县人民法院（2020）湘刑初19号刑事判决书

2. 案由：信用卡诈骗罪

【基本案情】

2018年9月12日，被告人张某在位于某镇某路的某店内，发现了许多张被丢弃的信用卡，张某将其中一张信用卡（户名为吴某）在某银行ATM取款机上取走5000元。被告人张某于2018年12月3日到案后自愿如实供述了自己的犯罪事实；并赔偿了被害人吴某的损失5600元，得到了被害人吴某谅解。

【案件焦点】

拾得他人丢弃的信用卡进行取款，是否构成诈骗罪。

【法院裁判要旨】

湖南省华容县人民法院经审理认为：被告人张某冒用他人信用卡进行诈骗，数额较大，其行为构成信用卡诈骗罪。公诉机关指控的罪名成立。被告人张某到案后如实供述了自己的犯罪事实，是坦白，可以从轻处罚；被告人张某案发后积极退赔了被害人的经济损失，并得到被害人的谅解，可酌情从轻处罚。被告人张某认罪认罚，可以对其从宽处罚。被告人张某犯罪情节较轻、有较好的悔罪表现，对其适用缓刑不致再危害社会，且对所居住的社区没有重大不良影响，可依法宣告缓刑。公诉机关的量刑建议适当。依照《中华人民共和国刑法》第一百九十六条第一款、第六十七条第三款、第七十二条第一款、第三款、第七十三条第一款、第三款，《中华人民共和国刑事诉讼法》第十五条、第二百零一条第一款、第二百八十八条第一款第二项、第二百九十条之规定，判决如下：

被告人张某犯信用卡诈骗罪，判处拘役三个月，缓刑四个月，并处罚金人民币二万元。

【法官后语】

刑法第一百九十六条规定的信用卡诈骗罪中对客观行为进行了列举，第三项即规定了“冒用他人信用卡”的行为，根据《最高人民法院、最高人民检察院关于办理妨害信用卡管理刑事案件具体应用法律若干问题的解释》的规定，拾得信用卡并使用的属于“冒用他人信用卡”。本案中，被告人张某拾得他人的信用卡并到 ATM 自动取款机操作取款，足以证实其主观上具有冒用吴某身份骗取财物的故意，而张某最终能够非法获得钱款，是其以持卡人的名义非法使用信用卡在 ATM 机上取款，使银行的 ATM 自动取款机电子识别系统对取款人的身份进行了错误识别，致使自动出款，其行为也符合诈骗“虚构事实或隐瞒真相”的行为方式，符合信用卡诈骗罪的构成，应以信用卡诈骗罪判处。

编写人：湖南省华容县人民法院　王敏

33

使用代为保管的他人信用卡刷卡取款的行为性质分析

——董某信用卡诈骗案

【案件基本信息】

1. 裁判书字号

江苏省无锡市锡山区人民法院（2020）苏 0205 刑初 393 号刑事判决书

2. 案由：信用卡诈骗罪

【基本案情】

董某系甲公司法定代表人。2019 年 7 月，被害人张某将位于某房产委托甲公司出售。经甲公司居间介绍，张某与蒋某签订房屋买卖合同，以 110 万元出售该房屋，双方约定首付款 35 万元，75 万元由蒋某办理银行贷款，并由银行直接打到张某指定的银行卡内。因该房产先前有抵押贷款，需要还清贷款、解除抵押才能正常交易过户，甲公司为张某垫资 23 万元归还贷款。2019 年 11 月 8 日，在张某与蒋某办好过户手续后，甲公司店长张某鸣提出为保证 23 万元垫资款的偿还，要求张某交付身份证、邮储银行卡及银行卡密码，从而在银行贷款75万元打到张某指定的邮储银行账户内，直接转走23万元垫资款，张某同意交付。后被告人董某因有债务需要资金周转，遂给付张某鸣5000元用于银行提前放贷。2019年11月19日，75万元贷款打到张某的邮储银行卡内，11月20日至21日，在张某鸣取走垫资款项等后，被告人董某使用张某鸣获得的张某银行卡及密码，在张某不知情的情况下，使用POS机刷卡的方式将张某银行卡内的439988元转走，归个人使用还债等。

2020年5月27日，被告人董某被公安机关抓获归案。案发后，被告人董某已归还被害人张某18万元。

【案件焦点】

行为人使用代为保管的他人信用卡，用POS机刷卡取款的行为性质分析。

【法院裁判要旨】

江苏省无锡市锡山区人民法院经审理认为：被告人董某以非法占有为目的，冒用他人信用卡进行诈骗，数额巨大，其行为已构成信用卡诈骗罪。江苏省无锡市锡山区人民检察院起诉指控被告人董某犯信用卡诈骗罪，事实清楚，证据确实、充分，指控的罪名成立，法院予以支持。被告人董某归案后如实供述自己的犯罪事实，自愿认罪认罚，可以从轻处罚。被告人董某能退赔部分赃款，可酌情从轻处罚。江苏省无锡市锡山区人民检察院提出的量刑建议适当，法院予以采纳。

据此，依照《中华人民共和国刑法》第一百九十六条第一款第三项、第六十七第三款、第六十四条，《最高人民法院、最高人民检察院关于办理妨害信用卡管理刑事案件具体应用法律若干问题的解释》第五条及《中华人民共和国刑事诉讼法》第十五条之规定，判决如下：

一、被告人董某犯信用卡诈骗罪，判处有期徒刑六年，并处罚金人民币十万元；

二、本案尚未追缴的赃款责令被告人董某退赔，并发还被害人张某。

【法官后语】

行为人使用代为保管的他人信用卡，用POS机刷卡取款的行为性质分析。本案审理中有两种意见：

第一种意见认为，董某将代为保管的他人信用卡中的资金占为己有，拒不退还，构成侵占罪。

第二种意见认为，董某冒用他人信用卡取款，构成信用卡诈骗罪。

笔者同意第二种观点。董某的行为构成信用卡诈骗罪。

1. 董某的行为不构成侵占罪。侵占罪是指将代为保管的他人财物、遗忘物或者埋藏物非法占为己有，数额较大，拒不退还的行为。代为保管包括基于委托关系对他人财物具有事实上或者法律上的占有。代为保管信用卡不等同于保管信用卡内的资金。信用卡本身的价值（工本费等）很小，不能成为侵占罪的对象，单纯侵占信用卡并不必然导致他人财产利益受损，侵占他人财产利益主要是使用信用卡的行为。本案中，被害人张某将银行卡交给董某的房产中介公司保管，其同意房产公司转出垫资款，对于剩余资金并不同意他人使用。董某在张某不知情的情况下处分资金，属于使用信用的行为，其不构成侵占罪。

2. 董某的行为构成信用卡诈骗罪。理由：（1）使用代为保管的他人信用卡符合冒用他人信用卡的情形。根据银行卡业务管理办法的规定，银行卡及其账户只限经发卡银行批准的持卡人本人使用，不得出租和转借。根据该规定，银行卡只限持卡人本人使用。冒用他人信用卡，一般表现为非持卡人以持卡人名义使用持卡人信用卡（含借记卡）的行为。根据《最高人民法院、最高人民检察院关于办理妨害信用卡管理刑事案件具体应用法律若干问题的解释》的规定，冒用他人信用卡的情形包括：拾得他人信用卡并使用的；骗取他人信用卡并使用的；窃取、收买、骗取或者以其他非法方式获取他人信用卡信息资料，并通过互联网、通讯终端等使用的；其他冒用他人信用卡的情形。本案中，董某使用代为保管的他人信用卡，违反了银行卡只限持卡人本人使用的基本要求，符合冒用他人信用卡的情形。（2）董某使用代为保管的他人信用卡违背合法持卡人的意志。被害人张某将银行卡及密码交付董某的房地产经纪公司保管，是因该房产中介公司垫付部分房款，张某同意在银行贷款打到其银行卡内，该公司直接转走23万元垫资款，对于剩余款项张某并不同意他人进行处分，董某取款的行为违背被害人的真实意思。(3) 董某具有非法占有的目的。为非法占有张某银行卡资金，董某想办法让银行提前放贷，并刻意向张某隐瞒银行提前放贷的事实，违背张某意志利用POS机刷卡取现，其非法占有的意图明确。

编写人：江苏省无锡市锡山区人民法院　王万钰

34

道路交通事故真实发生的情况下，交强险的赔偿金不计入保险诈骗数额

——周某德保险诈骗、包庇案

【案件基本信息】

1. 裁判书字号

广西壮族自治区来宾市中级人民法院（2021）桂13刑终23号刑事裁定书

2. 案由：保险诈骗罪、包庇罪

【基本案情】

2019年6月13日21时许，周某杰（已判刑）驾驶桂GT××××号小型轿车沿S210线行驶时，碰撞在前方步行的被害人李某便，造成李某便因严重的颅脑损伤经送医院抢救无效死亡及车辆损坏的道路交通事故。事故发生后，周某杰拨打电话报警、叫救护车，并电话联系被告人周某德（系周某杰父亲）告知其驾车发生交通事故的情况。后周某德赶到现场，在明知周某杰系肇事者且未取得出租车驾驶员从业资格的情况下，为了获取理赔保险金，并帮助周某杰逃避法律处罚，周某德顶替周某杰作为肇事司机接受公安机关处理，多次作出虚假

陈述，导致公安机关于2019年7月24日认定周某德承担事故全部责任，以周某德涉嫌犯交通肇事罪立案侦查并移送审查起诉，后广西壮族自治区来宾市兴宾区人民检察院同时对周某德作出不起诉决定。

2019年6月14日0时许，被告人周某德以肇事车辆桂GT××××驾驶人的身份向被害单位某保险公司来宾市分公司报案，并提供其出租车驾驶员从业资格证明、事故责任认定书等材料办理理赔，骗取该保险公司向死者李某便家属支付商业保险金221337.17元。

另查明，2020年5月21日8时许，被告人周某德经公安机关电话通知后到案接受调查，并如实供述其包庇及保险诈骗的事实。肇事车辆桂GT××××小型轿车登记及挂靠在某出租车公司名下，实际车主是被告人周某德，该车在某保险公司来宾市分公司投保了交通事故责任强制保险及机动车商业保险，保险费由周某德支付，事故发生在保险期间内。

【案件焦点】

在道路交通事故真实发生的情况下，机动车交通事故责任强制险赔偿金是否应计入保险诈骗数额的问题。

【法院裁判要旨】

广西壮族自治区来宾市兴宾区人民法院经审理认为：被告人周某德以非法获取保险金为目的，对发生的保险事故编造虚假的原因骗取保险金，数额巨大，其行为已触犯刑律，构成保险诈骗罪。被告人周某德明知是犯罪行为而为其作假证明包庇，其行为已触犯刑律，构成包庇罪。被告人周某德一人犯数罪，应数罪并罚。被告人周某德经电话通知后到公安机关接受调查，如实供述自己的罪行，系自首，依法可以从轻或减轻处罚，决定对被告人周某德减轻处罚。

广西壮族自治区来宾市兴宾区人民法院依照《中华人民共和国刑法》第一百九十八条第一款第二项及第三款、第三百一十条第一款、第五十二条、第五十三条第一款、第六十一条、第六十二条、第六十三条第一款、第六十四条、第六十七条第一款、第六十九条第一款，作出如下判决：

一、被告人周某德犯保险诈骗罪，判处有期徒刑四年，并处罚金人民币二万元；犯包庇罪，判处有期徒刑八个月；数罪并罚，决定执行有期徒刑四年五个月，并处罚金人民币二万元。

二、责令被告人周某德退赔被害单位某保险公司来宾市分公司人民币221337.17元。

一审宣判后，周某德提起上诉。广西壮族自治区来宾市中级人民法院经审理认为：上诉人周某德以非法占有为目的，对发生的交通保险事故编造虚假的原因，骗取保险金221337.17元，数额巨大，其行为已构成保险诈骗罪；周某德明知周某杰犯罪而作假证明包庇，其行为又构成包庇罪。周某德一人犯数罪，应数罪并罚。周某德系自首，可从轻或减轻处罚。原判根据其犯罪的事实、犯罪的性质、情节，对社会的危害程度及悔罪表现，给予减轻处罚，量刑并无不当。周某德上诉提出归案后如实供述自己的罪行，且初次犯罪，请求从轻处罚的理由，原判已作评判，不再赘述；其提出身患疾病，其妻无劳动能力，家庭负担过重不是法定减轻、从轻的理由，不予采纳。综上，原判认定事实清楚，证据确实、充分，适用法律准确，量刑适当，审判程序合法。

广西壮族自治区来宾市中级人民法院依照《中华人民共和国刑事诉讼法》第二百三十六条第一款第一项之规定，作出如下裁定：

驳回上诉，维持原判。

【法官后语】

本案是一起由“顶包”所引发的刑事案件。案件中，被告人周某德为获取交通事故的理赔保险金、帮助无出租车驾驶员从业资格的儿子周某杰逃避法律处罚，顶替周某杰作为肇事司机接受司法机关处理，对发生的交通事故编造虚假陈述，导致周某杰未受到刑事处罚，周某德作为被保险车辆的实际投保人和被保险人获得了保险公司赔付的保险金。被告人周某德的行为已构成保险诈骗罪、包庇罪，对于定罪问题，各方对此并无争议。

本案的焦点问题在于周某德保险诈骗的数额认定，即机动车交通事故责任强制险（以下简称交强险）赔偿金是否应计入保险诈骗数额的问题。综合本案证据，笔者认为在道路交通事故真实发生的情况下，交强险赔偿金的赔付与被告人周某德的诈骗行为无刑法上的因果关系，故交强险赔偿金不应计入保险诈骗数额。主要理由如下：

1. 首先从分析交强险的性质出发。根据道路交通安全法、机动车交通事故责任强制保险条例的规定，交强险指由保险公司对被保险机动车发生道路交通事故造成人身伤亡、财产损失，在责任限额内予以赔偿的强制性责任保险。与机动车第三者责任险（以下简称“商业险”）不同，交强险作为一种公益性的准社会保险，其立法定位为国家“分担风险”强制规定投保的险种。根据该条例第二十一条规定的“被保险机动车发生道路交通事故造成本车人员、被保险人以外的受害人人身伤亡、财产损失的，由保险公司依法在机动车交通事故责任强制保险责任限额范围内予以赔偿。道路交通事故的损失是由受害人故意造成的，保险公司不予赔偿。”及机动车交通事故责任强制保险条款的规定“下列损失和费用，交强险不负责赔偿和垫付：（一）因受害人故意造成的交通事故的损失……”，可见，交强险实行“无过错责任”赔偿原则，除“道路交通事故的损失是由受害人故意造成的”这一法定免责事由外，其他任何情形下，不管有责任还是无责任，保险公司均应在交强险限额内不计责任予以赔偿。也就是说，只要道路交通事故真实发生，无论是否有保险诈骗行为，也无论车辆驾驶人是否取得驾驶资格，保险公司均应赔付交强险赔偿金。

2. 基于保险诈骗罪的犯罪构成考虑。保险诈骗罪，是指以非法获取保险金为目的，违反保险法规，采用虚构保险标的、保险事故或者制造保险事故等方法，向保险公司骗取保险金，数额较大的行为，刑法第一百九十八条明确了保险诈骗罪的五种表现形式。显然，保险诈骗罪作为诈骗类犯罪的一种，其基本构成为：行为人实施欺诈行为—保险公司陷入错误认识—保险公司基于错误认识处分财产（进行理赔）—行为人获取保险利益—保险公司财产受损。与其他诈骗类犯罪一样，是否构罪较为关键的构成要件要素在于受害人是否基于错误认识处分了财产，即行为人的欺诈行为与受害人处分财产之间是否有刑法上的因果关系。本案中，在交通事故客观存在的前提下，由于交强险的特殊强制属性，保险公司为被告人周某德赔付交强险赔偿金并非基于错误认识，而是法律拟制的赔偿责任，即保险公司处分财产与周某德的欺诈行为之间，并无刑法上必然的因果关系。而商业险则与交强险性质不同，投保人与保险公司在平等、自愿的基础上签订保险合同，根据投保人或被保险人在交通事故中应负的责任来确定赔偿责任。在案的商业保险合同证实，周某德与保险公司达成的商业保险责任免除条款内明确规定“在上述保险责任范围内，下列情况下，不论任何原因造成被保险机动车的任何损失和费用，保险人均不负责赔偿……6. 驾驶出租机动车或营业性机动车无交通运输管理部门核发的许可证书或其他必备证书……”。因此，即保险标的发生事故后，保险人在合同规定范围内承担的赔偿责任，本案中无出租车驾驶员从业资格的周某杰驾驶被保险出租车造成道路交通事故，已经构成保险合同约定的免责事由，按合同约定，保险公司不应赔偿商业保险金。被告人周某德作为被保险车辆的实际投保人和被保险人向保险公司谎称其系肇事司机并提供了其的出租车驾驶员从业资格证明、事故责任认定书等材料办理理赔，致使保险公司陷入错误认识从而赔付了商业保险的赔偿金，诈骗的行为与保险公司处分商业保险赔偿金存在直接因果关系，依法应认定为保险诈骗罪。

综上，纵使被告人在主观上具有非法占有交强险赔偿金之目的，但正如前文所述，交强险的性质阻断了欺诈行为与被害人处分财产行为之间刑法意义上因果关系。因此，交强险赔偿金不应计入保险诈骗数额。

编写人：广西壮族自治区来宾市兴宾区人民法院　韦元臻　覃仪晏

35

集资诈骗罪中非法占有目的的认定

——刘某琼等集资诈骗、非法吸收公众存款案

【案件基本信息】

1. 裁判书字号

安徽省淮北市中级人民法院（2020）皖06刑终68号刑事裁定书

2. 案由：集资诈骗罪、非法吸收公众存款罪

【基本案情】

2012年至2015年6月，刘某琼虚构其经营外贸、电玩城、挖掘机等生意，以资金短缺急需周转为由，并许诺回报高额利息，通过朱某华吸收李某莉等人款项。被告人朱某华以上述理由从李某莉等人处吸收借款900余万元，通过银行转账或者直接交付现金的方式将从各被害人处所得的钱款交给刘某琼。刘某琼在朱某华向相关人员借款之际在朱某华的安排下，不定期与相关人员见面。刘某琼将所得钱款用于支付高额利息、挥霍等。其间，刘某琼通过银行转账等形式交给朱某华500余万元用于偿还借款。

另外，被告人朱某华于2018年3月26日接电话通知后主动到公安机关投案，并如实供述了主要犯罪事实。

【案件焦点】

集资诈骗罪中行为人将部分集资款用于偿还涉案借款，对该部分款项行为人是否具有非法占有目的的认定。

【法院裁判要旨】

安徽省淮北市相山区人民法院经审理认为：公诉机关指控被告人刘某琼犯诈骗罪，指控被告人朱某华犯非法吸收公众存款罪。被告人及其辩护人从事实及法律适用方面提出被告人系无罪的辩护意见。

被告人刘某琼虚构其经营外贸、电玩城、挖掘机生意，以资金短缺为由，许诺高额利息，通过朱某华吸收李某莉等人款项，后将部分款项交至朱某华处，部分款项被其个人挥霍。对有非法占有目的的部分，结合非法吸收公众存款的行为及结果，应认定为集资诈骗罪。刘某琼支付给朱某华部分款项用于偿付集资参与人的利息或本金，认定刘某琼对上述款项不具有非法占有目的，但系刘某琼通过朱某华非法吸收的公众存款，符合非法吸收公众存款的犯罪构成，该部分数额应认定为非法吸收公众存款罪。

被告人朱某华在刘某琼的授意下向不特定的对象吸收存款的行为，应评价为非法吸收公众存款的行为，朱某华的行为构成非法吸收公众存款罪。

安徽省淮北市相山区人民法院依照《中华人民共和国刑法》第一百九十二条、第一百七十六条第一款、第二十五条第一款、第二十六条第一款、第四款、第六十七条第一款、第三款、第六十九条第一款、第三款、第六十四条及《最高人民法院关于审理非法集资刑事案件具体应用法律若干问题的解释》第三条第五条之规定，作出如下判决：

一、被告人刘某琼犯集资诈骗罪，判处有期徒刑十二年六个月，并处罚金人民币四十万元；犯非法吸收公众存款罪，判处有期徒刑四年，并处罚金人民币十五万元；决定执行有期徒刑十四年，并处罚金人民币五十五万元；

二、被告人朱某华犯非法吸收公众存款罪，判处有期徒刑八年，并处罚金人民币三十万元；

三、被告人刘某琼、朱某华对被害人财物损失予以退赔。

刘某琼、朱某华提出上诉，安徽省淮北市中级人民法院经审理对原审的事实和证据进行确认，且同意一审法院裁判意见。

安徽省淮北市中级人民法院依照《中华人民共和国刑事诉讼法》第二百三

十六条第一款第一项之规定，作出如下裁定：

驳回上诉，维持原判。

【法官后语】

集资诈骗罪与非法吸收公众存款罪的区别在于行为人是否以非法占有为目的。以诈骗方法非法吸收公众存款的行为，构成集资诈骗罪。本案处理的重点是刘某琼将授意朱某华非法吸收公众存款中的500余万元转给朱某华用于偿还涉案借款部分，能否认定刘某琼对该部分钱款具有非法占有目的。

根据《最高人民法院关于审理非法集资刑事案件具体应用法律若干问题的解释》第四条规定，使用诈骗方法非法集资，具有下列情形之一的，可以认定为“以非法占有为目的”：(1) 集资后不用于生产经营活动或者用于生产经营活动与筹集资金规模明显不成比例，致使集资款不能返还的；(2) 肆意挥霍集资款，致使集资款不能返还的；(3) 携带集资款逃匿的；(4) 将集资款用于违法犯罪活动的；(5) 抽逃、转移资金、隐匿财产，逃避返还资金的；(6) 隐匿、销毁账目，或者搞假破产、假倒闭，逃避返还资金的；(7) 拒不交代资金去向，逃避返还资金的；(8) 其他可以认定非法占有目的的情形。

本案中，公诉机关指控被告人刘某琼犯诈骗罪、朱某华犯非法吸收公众存款罪；结合本案的事实与证据，认定被告人刘某琼的行为构成集资诈骗罪、非法吸收公众存款罪；被告人朱某华的行为构成非法吸收公众存款罪。

被告人刘某琼在无相关实体经济的情况下，虚构其经营外贸、电玩城、挖掘机等生意，以经营资金短缺急需周转为由，许以高额利息，通过朱某华吸收李某莉等人款项，后将部分款项交至朱某华处，部分款项被其个人挥霍。刘某琼授意朱某华实施吸收公众存款，二被告人共同实施上述违法行为，故对朱某华吸收公众存款的违法行为造成的结果应归责于二被告人。

刘某琼通过朱某华将非法吸收的部分借款用于支付利息和挥霍，致使集资款项不能返还，应认定对此部分款项具有非法占有目的。朱某华仅在刘某琼的授意下实施非法吸收公众存款行为，并不支配、控制非法吸收的款项，对吸收的集资款项不具有非法占有目的。对于其具有非法占有目的的部分，结合其非法吸收公众存款的行为及结果，应认定为集资诈骗罪。刘某琼支付给朱某华部分款项用于偿付集资参与人的利息或本金，二人之间存在大量的资金来往及其他借贷关系，但现有证据尚不能排除交付给朱某华的款项并非用于偿还涉案的集资款，故认定被告人刘某琼需要承担刑事责任之际应从涉案数额中将支付给朱某华款项予以扣除，认定刘某琼对上述款项不具有非法占有目的。但上述款项是刘某琼通过朱某华非法吸收公众的存款，对该部分款项刘某琼具有非法吸收公众存款的故意，符合非法吸收公众存款的犯罪构成，应认定为非法吸收公众存款罪。

编写人：安徽省淮北市相山区人民法院　王元

36

集资诈骗罪中被告人非法占有目的的认定

——丁某顺集资诈骗案

【案件基本信息】

1. 裁判书字号

安徽省滁州市中级人民法院（2020）皖11民终60号刑事裁定书

2. 案由：集资诈骗罪

【基本案情】

2010年11月18日，被告人丁某顺注册成立甲公司，后又以亲属名义注册成立某咨询服务公司等七家关联公司，被告人均系关联公司的实际控制人。甲公司近年来一直处于亏损经营状态，其他关联公司也未正常开展经营活动。自2014年以来，被告人丁某顺故意隐瞒其无实际偿还能力和名下相关企业亏损经营的真实状况，通过口口相传的方式，以银行过桥、承兑汇票兑付、资金周转、投资理财为由，许以月息1.5分至8分不等的高额利息为诱饵，采取借新还旧、拆东墙补西墙的手段，以本人或借用甲公司名义大肆向社会公众进行非法集资。

2018年5月13日，戚某等二十余人到公安机关报案称甲公司法人代表丁某顺数年间以投资理财为由，向社会不特定群众非法集资，造成巨额损失无法返还，某公安局于2018年6月13日对此案立案侦查。经某会计师事务所审计，截至案发，被告人丁某顺共向汤某、凌某等77人非法集资315513821.73元，其中造成汤某、凌某等56名集资参与人损失31006301.03元。

案发后，被告人丁某顺以白酒、车辆等物抵偿宋某、孙某、邵某等17人损失合计3539280元。现实际造成汤某、凌某等集资参与人损失合计28387921.03元。2019年6月11日，被告人丁某顺自动到案后，能如实供述主要犯罪事实。被告人丁某顺与汪某名下的6处房产和某科技公司资产已被侦查机关查封。

【案件焦点】

本案中被告人非法占有目的的认定。

【法院裁判要旨】

安徽省滁州市定远县人民法院经审理认为：被告人丁某顺以非法占有为目的，使用诈骗方法向社会不特定对象非法募集资金计31006301.03元，数额特别巨大，其行为已构成集资诈骗罪，依法应予惩处。被告人丁某顺自动投案，如实供述主要犯罪事实，其当庭虽辩解称不构成集资诈骗罪，但系其对行为性质的辩解，不影响自首的认定，案发后也赔偿了部分被害人的损失。但鉴于被告人丁某顺集资诈骗数额特别巨大，给本案被害人造成重大损失，在当地造成恶劣的影响，故对被告人丁某顺不予从轻处罚。对被告人及其辩护人提出的被告人主观上不具有非法占有目的的辩解和辩护意见，经查实，被告人丁某顺明知其无实际偿还能力且名下相关公司处于经营亏损或者未实际开展经营的情况下，隐瞒真相，虚构资金用途，吸收巨额资金，拆东墙补西墙，所募集的资金主要用于借新还旧，仅有少部分资金用于生产经营活动，该部分的资金与其筹集资金规模明显不成比例且未有盈利，更无法通过盈利来支付前期借款本息。

被告人丁某顺不计后果、不计成本、持续不断以高息向社会公众筹集资金的行为，导致后续资金来源减少进而发生资金链断裂，引发巨额集资款无法返还，给被害人造成巨大的经济损失，足以认定被告人丁某顺主观上具有非法占有的故意，故对被告人及其辩护人该辩解和辩护意见，本院不予采纳。

安徽省滁州市定远县人民法院依照《中华人民共和国刑法》第一百九十二条、第六十七条第一款、第六十一条、第五十二条、第五十三条、第六十四条以及《最高人民法院关于审理非法集资刑事案件具体应用法律若干问题的解释》第四条第一款、第二款，第五条第一款、第三款之规定，判决如下：

一、被告人丁某顺犯集资诈骗罪，判处有期徒刑十五年，并处罚金人民币五十万元；

二、责令被告人丁某顺退赔各被害人经济损失二千八百三十八万七千九百二十一元零角三分，分别返还相关被害人；

三、查封、扣押在案之财产由查封、扣押机关依法予以处理。

一审宣判后，被告人丁某顺上诉，辩称原判认定其行为构成集资诈骗罪不当，应认定为非法吸收公众存款罪，请求撤销原判，依法改判。安徽省滁州市中级人民法院经审理认为：丁某顺隐瞒真相，虚构资金用途，吸收巨额资金，拆东墙补西墙，所募集的资金主要用于借新还旧，仅有少部分资金用于生产经营活动，该部分的资金与其筹集资金规模明显不成比例且未有盈利，更无法通过盈利来支付前期借款本息。丁某顺行为造成巨额集资款无法返还，给被害人造成巨大的经济损失，丁某顺主观上具有非法占有的故意，其行为构成集资诈骗罪，丁某顺的上诉理由不能成立，不予采纳。

安徽省滁州市中级人民法院根据《中华人民共和国刑事诉讼法》第二百三十六条第一款第一项的规定，裁定：

驳回上诉，维持原判。

【法官后语】

本案处理的重点在于被告人丁某顺是否具有非法占有财产的目的。根据《最高人民法院关于审理非法集资刑事案件具体应用法律若干问题的解释》第四条第二款的规定，使用诈骗方法非法集资，具有下列情形之一的，可以认定为“以非法占有为目的”：(1) 集资后不用于生产经营活动或者用于生产经营活动与筹集资金规模明显不成比例，致使集资款不能返还的；(2) 肆意挥霍集资款，致使集资款不能返还的；(3) 携带集资款逃匿的；(4) 将集资款用于违法犯罪活动的；(5) 抽逃、转移资金、隐匿财产，逃避返还资金的；(6) 隐匿、销毁账目，或者搞假破产、假倒闭，逃避返还资金的；(7) 拒不交代资金去向，逃避返还资金的；(8) 其他可以认定非法占有目的的情形。

具体到本案中，一、二审法院都认为被告人丁某顺隐瞒真相，虚构资金用途，吸收巨额资金，拆东墙补西墙，所募集的资金主要用于借新还旧，仅有少部分资金用于生产经营活动，该部分的资金与其筹集资金规模明显不成比例且未有盈利，更无法通过盈利来支付前期借款本息。丁某顺的行为造成巨额集资款无法返还，给被害人造成巨大的经济损失，丁某顺主观上具有非法占有的故意，其行为构成集资诈骗罪。

编写人：安徽省滁州市定远县人民法院　罗永新

37

以虚拟货币交易为名实际操控价格的定性

——夏某明等集资诈骗案

【案件基本信息】

1. 裁判书字号

浙江省高级人民法院（2020）浙刑终 9 号刑事裁定书

2. 案由：集资诈骗罪

【基本案情】

夏某明于2016年5月底与他人共谋以服务器设在境外的某投资平台为依托非法集资，以其等人实际控制的某信公司等名义，在多地召开某投资平台推广会，以口口相传的方式，宣传投资该平台发行的钢币稳赚不赔等，吸引社会公众投资某投资平台。为加大某投资平台推广力度，夏某明等人还研发上线某手机APP并对接到某投资平台，方便投资人利用手机进行操作。

其间，夏某明等人通过设定账号推荐激活、多层级分配账号、左右线发展团队等运作模式，据发展下线数量无偿配给相应发行钢币的方式，诱使投资人层层发展下线，并确保夏某明居于平台投资层级顶端以牟利。同时通过宣传平台推出的某预测对赌游戏能赚钢币提现等高额回报为诱饵，诱使投资人进一步加大投资。而投资人注册进入该平台后，需由推荐人赠送0.01个钢币或0.1个钢币以激活账户，进而与推荐人形成上下级关系。2016年10月，为延缓投资人通过“打模拟”所得钢币提现给平台造成的资金压力，夏某明又联合平台推出“某商城”，实际该商城主要由夏某明控制，并从平台处分得收益。

为维系资金运转、营造能量钢只涨不跌的假象，夏某明等人伙同平台操控钢币单价自2016年6月初约16美元持续上涨，至2017年9月涨至约33美元，以增加投资人信心并进一步扩大集资规模。实际是以后账还前账的方式，由以低价购入钢币的投资人高价转卖至后续投资人，钢币并无实际价值；而夏某明等人则因上述操作无偿分得巨额钢币并提现，进而从中牟取暴利。

2017年9月初，投资人开始大量抛售钢币提现，某投资平台暂停交易，而后限制交易，最后将该平台钢币导入外盘交易提现，同时操控钢币单价降至约3美元，至案发降至约0.6美元，造成投资人达数亿元损失，其中已查明1380余名投资人实际损失4.45亿余元。至案发前，夏某明等人将所得上述钱款大部分用于购置房产、轿车、土地、商业保险等，部分被转移至境外及用于虚假宣传、维系公司运营等，至案发无力偿还。

【案件焦点】

夏某明等人的行为是否构成集资诈骗罪。

【法院裁判要旨】

浙江省杭州市上城区人民法院经审理认为：夏某明等人以虚假宣传手段，许以高额回报为诱饵骗取社会公众投资，通过控制价格涨跌等手段营利，并用于个人花费等，足见其等具有非法占有投资人钱款的主观故意，而某投资平台所发行的锎币并无实际价值，仅系夏某明等人用以欺瞒投资人投资、炒作的幌子，夏某明等所谓出售锎币牟利系市场行为的实质系其通过控制价格上涨将无偿获取的锎币转售下线投资人，借以掩盖其无偿获取公众投资款的犯罪本质；而其等所购锎币的少量投资纯系其用于谋取极不对称巨额利润的犯罪成本。被告人夏某明等以非法占有为目的，以投资网络虚拟币为名，以许诺高额回报为诱饵，通过控制价格、后账还前账等手段向社会公众非法集资，造成被害人数额特别巨大的财产损失，其行为均已构成集资诈骗罪。据此判决如下：

一、撤销（2013）鄂钟祥刑初字第00188号判决主文中对被告人夏某明犯组织、领导传销活动罪宣告的缓刑部分。被告人夏某明犯集资诈骗罪，判处无期徒刑，剥夺政治权利终身，并处没收个人全部财产，与前罪所处有期徒刑三年并罚，决定执行无期徒刑，剥夺政治权利终身，并处没收个人全部财产；

二、被告人富某娣犯集资诈骗罪，判处有期徒刑十三年，并处罚金人民币四十万元；

三、被告人宣某群犯集资诈骗罪，判处有期徒刑十年六个月，并处罚金人民币三十万元；

四、被告人夏某峰犯集资诈骗罪，判处有期徒刑八年六个月，并处罚金人民币二十万元；

五、被告人许某富犯集资诈骗罪，判处有期徒刑六年，并处罚金人民币十万元；

六、杭州市公安局富阳区分局依法扣押、未随案移送本院的现金人民币一千七百三十万七千二百二十九元及夏某明等人的手机、手提电脑等物，以及依法冻结的夏某明等人的涉案银行账户内存款人民币一千七百三十万七千二百二十九元、夏某明等涉案人员所购房产、车辆、商业保险单及相关财产权益，不足部分责令各被告人继续退赔。

被告人夏某明等人均不服一审判决提出上诉。二审法院同意一审法院裁判意见。

【法官后语】

随着以“比特币”为首的虚拟货币开始出现在人们的视野中，虚拟货币交易也逐渐成为人们争相追捧的交易渠道，虚拟货币的交易风险随之产生。根据我国法律规定，虚拟货币并非真正的货币，其交易本身存在巨大的风险性和不可控性，不被我国相关法律、法规所认可，即虚拟货币不具有与货币等同的法律地位，不能且不应作为货币在市场上流通使用。本案涉及的“铜币”归根结底是一种虚拟货币，其并不能在我国合法发行、流通，最终实现价值仍需要通过现行流通的货币实现；当人民币等法定货币无法与其进行兑换（如关闭交易平台等），铜币的价值无法再与通用法定货币挂钩，则其价值便无法实现。

一方面，某投资平台所发行的铜币总量并不固定，夏某明等人利用平台数据，根据发展下线数量无偿配给相应数量的铜币，故下线人数增加而铜币数量随之增加。铜币在某投资平台所对应的就是资金，故本案所谓的铜币发行实质是行为人通过不断增加铜币的方式扩大资金规模；另一方面，铜币的平台价格通过人为操作在一定时期内持续走高，故从短时区间看，铜币总价在不断攀升。换言之，铜币的发行与否、发行总量及方式仅依靠夏某明等个体而非市场决定，投资人对铜币进行投资并赚取所谓收益，实则存在巨大的风险。某投资平台作为投资的“中转机构”，是铜币这一虚拟货币存在的最终依托平台，而在国家出台管控措施后，某投资平台可随意暂停交易、跌价等，以应对一哄而上的投资人提现。可见，平台的存在本身并不是依赖于市场、依赖于投资人，而是仅在于所谓的“发行方”“推广方”即夏某明等人自行决策而已。

夏某明等人通过设定点位、级别以及通过拉人返利的方式，诱使被害人投资平台，而该手段又驱使各投资人为逐利而再去诱骗其他投资人，实质是通过不具有实际价值的产品进行不同点位、层级的推销及区分，致投资人到某投资平台投资，形成资金池，铜币纯粹是夏某明等人用于炒作、引诱被害人投资进而骗取钱款的幌子。因此，对于夏某明而言，因其处于投资人层级顶端，其所无偿收入的所谓铜币实质上就是投资人的累积资金，其将铜币套现就是赚取了后手投资人的资金，而后续投资人的资金、营利又是通过赚取再后续投资人投入资金而实现，以此循环。其实质就是一个“庞氏骗局”。[①] 而夏某明等人将所得钱款大部分用于购置房产、轿车、土地、商业保险等，部分被转移至境外及用于虚假宣传、维系公司运营等，即用于个人挥霍、花销等，亦可显见夏某明等人具有占有集资款的主观故意。

因此，本案虽以虚拟货币交易为名，从表面看融入了互联网金融及区块链技术，在行为人所创设的环境内可以实现虚拟货币的流通、交易。但其实质是行为人面向社会公众招揽投资，以高额回报为诱饵，通过控制价格、后账还前账等手段向社会公众非法集资，并将集资款大部分用于个人花费等，造成被害人数额特别巨大的财产损失。本案的被告人夏某明等人以非法占有为目的，使用诈骗方法非法集资，其行为应以集资诈骗罪定性。

编写人：浙江省杭州市上城区人民法院　武胜

浙江省杭州市中级人民法院　陆菁

---

① 庞氏骗局，是对金融领域投资诈骗的称呼，是金字塔骗局（Pyramid scheme）的始祖。在中国，庞氏骗局又称“拆东墙补西墙”或“空手套白狼”。简言之，就是利用新投资人的钱来向老投资者支付利息和短期回报，以制造赚钱的假象，进而骗取更多的投资。

38

经营型非法集资行为的认定

——王某某等集资诈骗、伪造国家机关证件案

【案件基本信息】

1. 裁判书字号

浙江省高级人民法院（2020）浙刑终 156 号刑事裁定书

2. 案由：集资诈骗罪、伪造国家机关证件罪

【基本案情】

2015 年 3 月至 2018 年 5 月，被告人王某某在不具备资金兑付能力的情况下，伙同其他被告人成立多家公司（以下简称“某集团公司”），以某茶坊、某店铺、某平台、某商城开展“线下实体加盟”“线上玉石资产证券化交易”“网上商城”为幌子，通过网站、群聊及举办会议、活动等形式开展虚假宣传，许诺高额回报，从事非法集资活动。2014 年 2 月至 2016 年 4 月，王某某等以一次性缴纳相应费用获取某茶坊、某店铺加盟商资格，后续使用积分折抵进货款的形式向加盟商吸纳资金。2014 年 6 月，王某某等人在未取得金融交易资质的情况下，将廉价玉石包装成资产包作为交易标的挂在某平台二级市场，以类似证券化交易的模式开展网上玉石订单交易，资产包初始销售单价 2000 元、3000 元，承诺价格涨至十倍时由公司向会员回购，推出承诺 6 个月后双倍返还资产包交易款的“1+1 交割”等交易规则，以提成等方式刺激某茶坊、某店铺加盟商积极发展平台会员，并雇用操盘团队操纵价格，造成价格单边上扬的假象，吸引会员大量投入资金。2016 年 7 月，收购名称和经营范围经省金融办报备的禾商所，将某平台挂在禾商所名下进行交易，对外宣传是经批准的禾商所某平

台，之后，某平台会员数量、原始资产包申购量及入金量开始急剧增加。2016年12月，为骗取资金兑付某平台会员出金，王某某等人设立某商城网上交易平台，向某平台加盟商和会员发布积分充值促销奖励活动，即现金充值按1比3获取积分后还可按70%比例循环使用积分，以充值返利的高额回报非法集资。同时，某平台的账户资产按1比3平移为某商城积分。2017年6月、8月，王某某等先后设立某1商城、运行新版某商城，继续拖延兑付、骗取资金。

至案发，王某某等人共向境内外48万余人非法集资530余亿元，除兑付集资参与人本息外，其余资金主要用于维系犯罪运作，还将大量钱款用于个人挥霍，仅3亿元用于生产经营，造成15万余人的资金170亿余元不能归还。

【案件焦点】

王某某等的行为是合法经营行为，还是非法集资行为。

【法院裁判要旨】

浙江省杭州市中级人民法院经审理认为：关于王某某等被告人及辩护人提出的被告人从事合法经营行为，不是非法集资的辩解及辩护意见。第一，某茶坊、某店铺加盟的性质。首先，王某某等人在招揽某茶坊加盟商后不久正式启用某平台，运行期间又招揽某店铺加盟商，并搭建市代、区代、服务网点的层级激励加盟商发展某平台会员迅速吸金，其采取线下实体加盟的目的在于推广模式、发展会员。其次，加盟商缴纳一次加盟费后虽有茶叶、保健品等商品交付，但是后续使用积分折抵后期进货款，即一次支付永久享有循环返利的资格，且加盟费并入资金池用于兑付会员返利，无论是以货款还是加盟费名义，其实质是承诺保本返利的手段。第二，某平台玉石交易的性质。某平台会员在平台购买原始资产包或在二级市场入金交易的目的是通过玉石类证券化交易投资盈利而非购买玉石，且实际选择玉石实物交割的情形极少，王某某等虚构原始资产包增值空间、操盘制造玉石交易虚假繁荣，玉石类资产的价值无法覆盖会员亏损，可见玉石系服务王某某等人实施非法集资的道具，而非从事玉石买卖。第三，某商城商品兑换的性质。某商城虽有用积分兑换商品的交易形式，但其本质系消耗某平台积分的同时继续吸金。结合王某某等的供述可以证实某商城的设立目的是延缓某平台兑付和吸收资金以维系运作，充值机制虽持续不久，但面向的加盟商也系集资参与人，充值可获取三倍积分且积分可按一定比例折抵现金消费并循环使用，决定了该手段同样具备高额利诱的性质，属于变相吸收公众存款。因此，王某某等未经有关部门依法批准、备案，超越经营范围以线下实体加盟、线上玉石资产证券化交易、网上商城为幌子，承诺保本、诱以高息，通过互联网宣传造势，向社会不特定对象吸收资金，系非法集资行为。

浙江省杭州市中级人民法院对王某某等 15 名被告人均认定集资诈骗罪。

王某某等以其行为属于合法经营等为由提出上诉，浙江省高级人民法院作出裁定：

驳回上诉，维持原判。

【法官后语】

认定非法集资行为，应根据非法集资行为的四个特征即非法性、公开性、利诱性、社会性进行判断。

1. 公开性和社会性。关于非法集资大多借助互联网媒介宣传，基于受众的广泛性、不特定性，故公开性和社会性特征较容易认定。

2. 利诱性。围绕利诱性的有偿性和承诺性两方面内容，即便物质回报的形式、名目较多，也不难认定。

3. 非法性。非法性的认定是非法集资行为特征中的判定难点。在审判实务过程中，是否符合非法性中的“批准性”标准，可以通过工商登记资料、金融主管部门备案手续等书证予以查明。非法性中的另一标准，即“借用合法经营的形式吸收资金”则较难判断。在具有经营形式的非法集资案件中，是正常经营还是假经营之名吸收资金，尤其是通过新颖、复杂的经营模式吸收资金，则极具迷惑性。实践中应当结合经营的本质，来辨别是合法经营行为，还是以经营形式掩盖非法集资的性质。第一，经营行为能否产生收益。经营活动系为取得利润而进行，盈利是经营活动的目的，经营活动具有相当的盈利可能性才会开展和持续。被告人的经营行为不具有盈利可能性，可以考虑认定为利用合法经营的形式。第二，经营活动的资金投入。在正常经营过程中，经营活动处于中心和主导地位，相应的，经营活动的资金投入也应是最大的，其他活动诸如媒体推介等均是为了更好地促进经营而展开。被告人将少量资金投入生产经营，将绝大多数资金用于吸纳社会公众投资、兑付本息和维持运营，且用经营活动作为融资手段的，实际上是以吸储行为作为主要业务范围，可以考虑认定为利用合法经营的形式。第三，是否具备经营条件。行为人利用他人之巨额资金进行经营，应当具有经营能力和抗风险能力。经营能力主要体现在行为人的知识背景、从业经历，以及决策机制、奖惩制度等规章制度是否科学、健全等。抗风险能力主要体现在自有资金规模，行为人自有资金不足，难于及时兑付投资人，更不能防范投资人挤兑、资金链断裂之风险。行为人经营能力欠缺、自有资金与操盘资金对比悬殊的，可以考虑认定为利用合法经营的形式。第四，投资人获得回报的来源。经营活动除要投入资金外，还要投入劳动。获得经营回报的多少与经营能力、市场行情等息息相关，具有波动性。参与非法集资活动的预期回报与投资数额成正比，且能够按照集资人设置的回报规则精准测算。如果投资人无须特别的智力和体力付出，只需要投资或推荐他人投资即可依照被告人的承诺获得稳定回报，可以考虑认定为利用合法经营的形式。

本案中，王某某等人构建的经营模式，通过内部循环运作来营利不具有现实性。某集团公司不是现代意义上的公司，由王某某一人拍板决策，投资具有盲目性，王某某等人缺乏证券从业、网上商城及集团公司运作知识、经历，案发前不具备足够兑付的资产，实际也无自有资金投入运营。王某某等人仅将占比极少的资金投入经营活动，以吸储作为主要业务，投资人只需要投入资金，无需自身的经营行为，即可按照集资人设置的规则获得可测算的高额回报。王某某等人的行为系以合法形式掩盖非法集资的性质。其行为同时符合非法性、利诱性、公开性、社会性特征，在性质上属于非法集资。

编写人：浙江省杭州市中级人民法院　沈励　曹静

（五）危害税收征管罪

39

介绍他人虚开增值税专用发票的行为人一般认定为主犯

——鹿某某等虚开增值税专用发票案

【案件基本信息】

1. 裁判书字号

江苏省南通市中级人民法院（2020）苏06刑终44号刑事裁定书

2. 案由：虚开增值税专用发票罪

【基本案情】

2015年5月至2016年5月，鹿某某为赚取开票费差价，在无实际经营业务的情况下，通过孙某、刘某东等（均另案处理）从某洁公司、某丰公司、丰某公司、某森公司、某加工厂分别向某春公司、某兴公司、某邦公司、某财公司等14家受票单位虚开增值税专用发票共计129份，价税合计共计12126789.21元，税款1762012.05元。

案发后，鹿某某、冯某、徐某均能如实供述自己的罪行；姜某于2018年11月16日向公安机关投案，并如实供述自己的罪行；鹿某某规劝其他犯罪嫌疑人向如皋市公安局投案，公安机关扣押被告人鹿某某28万元。某春公司、某源公司、某隆公司及姜某、冯某、徐某均自愿如实供述自己的罪行，承认指控的犯罪事实，愿意接受处罚。鹿某某违法所得为人民币5万元。

【案件焦点】

鹿某某仅从中介绍虚开增值税专用发票，可否认定为从犯。

【法院裁判要旨】

江苏省如皋市人民法院经审理认为：鹿某某、某春公司及其直接负责的主管人员姜某、被告单位某源公司及其直接负责的主管人员被告人冯某，某隆公司直接负责的主管人员徐某违反国家增值税专用发票的管理规定，虚开增值税专用发票，其中鹿某某虚开的税款数额较大，其行为均已构成虚开增值税专用发票罪。姜某主动投案，并如实供述自己的罪行，是自首，对其与某春公司均可以从轻处罚；鹿某某、冯某、徐某能如实供述，可以对三被告人、被告单位某源公司从轻处罚；鹿某某有立功表现，可以从轻处罚；某春公司、某源公司及姜某、冯某、徐某均自愿认罪认罚，均可以依法从宽处理。某春公司、某源公司、某隆公司已补缴税款，鹿某某已退出违法所得，酌情对某春公司、某源公司及四被告人从轻处罚。某隆公司已注销，另行裁定终止审理。

江苏省如皋市人民法院依照《中华人民共和国刑法》第二百零五条、第三十条、第三十一条、第六十七条第一款、第三款、第六十八条、第七十二条第一款，第七十三条第一款、第三款、第六十四条，《中华人民共和国刑事诉讼法》第十五条之规定，作出如下判决：

一、鹿某某犯虚开增值税专用发票罪，判处有期徒刑四年，并处罚金人民币二十三万元。某春公司犯虚开增值税专用发票罪，判处罚金人民币二万元。姜某犯虚开增值税专用发票罪，判处拘役三个月，缓刑四个月。某源公司犯虚开增值税专用发票罪，判处罚金人民币二万元。冯某犯虚开增值税专用发票罪，判处拘役三个月，缓刑四个月。徐某犯虚开增值税专用发票罪，判处拘役四个月，缓刑五个月；

二、公安局扣押的鹿某某人民币二十八万元，其中违法所得人民币五万元，予以没收，上缴国库；尚余人民币二十三万元，用于抵缴上述第一项中的罚金。公安局扣押的姜某所补税款人民币七千二百七十二元，扣押的冯某所补税款人民币三万四千七百三十八元，均由该局按规定程序上缴国库。

鹿某某以其仅从中介绍虚开，属于从犯，原判决量刑过重为由提出上诉。江苏省南通市中级人民法院经审理认为：关于鹿某某及其辩护人提出的鹿某某仅从中介绍虚开增值税专用发票，应为从犯意见，经查：虚开增值税专用发票罪的行为包括为他人虚开、为自己虚开、让他人为自己虚开、介绍他人虚开，故鹿某某介绍他人虚开行为即系虚开增值税专用发票罪的实行行为表现之一，系为他人虚开者、让他人为自己虚开者之间提供介绍的中间环节，三者之间属上下游关系，不属于共同犯罪关系，故辩方提出的上诉人鹿某某所起作用较小，为从犯的意见，不符合本案事实及相关法律规定，对该意见本院不予采纳。

江苏省南通市中级人民法院依照《中华人民共和国刑事诉讼法》第二百三十六条第一款第一项之规定，作出如下裁定：

驳回上诉，维持原判。

【法官后语】

本案处理的重点主要在于对鹿某某主从犯的认定。司法实践中，对于介绍虚开增值税专用发票行为，有观点认为行为人可认定为从犯，主要理由是介绍人处于居间人的作用，只是为虚开或者接受虚开增值税专用发票的单位或个人进行居中联系和提供帮助，在违法所得上也仅仅表现为“中介费”，其地位作用较小。而根据刑法第二百零五条的规定，虚开增值税专用发票或者虚开用于骗取出口退税、抵扣税款的其他发票，是指有为他人虚开、为自己虚开、让他人为自己虚开、介绍他人虚开行为之一的，违反有关规范，使国家造成损失的行为。与买卖毒品等多种必然关联危害行为一样，介绍他人虚开行为本身就是我国刑法所规定的虚开增值税专用发票罪的实行行为表现之一，与为他人虚开、为自己虚开、让他人为自己虚开行为之间不属于共同犯罪关系。

当然，并非虚开增值税专用发票犯罪中就不发生共同犯罪问题。比如，在开票方、受票方单方面存在多人参与虚开犯罪的场合，应当根据各个人在犯罪中的地位、作用大小，区分主从犯，以做到裁判对各个犯罪行为的罪责刑相适应。又如，在开票人、介绍开票人确实是受受票人的请托，被动实施开票或介绍开票的场合，虽然开票人或介绍开票人帮助受票人实现虚开增值税发票用于税款抵扣或出口退税的非法目的，但自己并未获取或者仅仅获取极少的非法利益，因其在犯罪的主观故意和客观行为方面都明显表现出从属性、被动性，从尊重客观事实与刑事处罚的效果上考虑，对这种开票人、介绍开票人，则可以认定为虚开犯罪中的从犯，适度追究其刑事责任，以更好地彰显司法的公正性。而对于单独处罚的介绍虚开者，如果不是犯意的发起人或者犯罪活动的组织者，一般相对开票人和受票人在虚开犯罪过程中所起的作用来讲，要小一些。尽管按照刑法的规定，不将其作为共同犯罪来认定，但在实际处罚上还是可以酌情考量，体现刑罚上的区别。尤其是在开票人、受票人均被抓获的情况下，更应注意三者之间在量刑上的协调性。

编写人：江苏省南通市中级人民法院　陆炜炜

40

为他人虚开增值税发票行为构成虚开增值税发票罪

——杨某虚开增值税专用发票案

【案件基本信息】

1. 裁判书字号

新疆维吾尔自治区塔城市人民法院（2020）新 4201 刑初 37 号刑事判决书

2. 案由：虚开增值税专用发票罪

【基本案情】

2014 年至 2015 年，杨某在经营某煤炭销售中心期间，向其他公司销售煤炭共计 13207.86 吨，开具增值税专用发票 18 份，价税金额共计：1886609.92 元，增值税额共计：274122.81 元；同时向某电信公司塔城地区分公司开具增值税专用发票 1 份，价税金额 40253 元，增值税金 5848.73 元。被告人杨某在不具备开具增值税专用发票资质，且其供货商和某电厂煤场也无能力出具增值税专用发票的情况下，通过该煤场驾驶员介绍认识崔某杰，并在没有真实货物交易（货物购销）的情况下，通过崔某杰从某矿业公司开具并取得18份增值税专用发票，随后提供给另外三家公司；2015年在与崔某杰失去联系后，被告人杨某直接通过崔某杰介绍的代开公司开具并取得1份增值税专用发票，随后提供给某电信公司塔城地区分公司。

【案件焦点】

被告人的行为是否构成免予刑事处罚。

【法院裁判要旨】

新疆维吾尔自治区塔城市人民法院经审理认为：被告人杨某违反增值税专用发票管理规定，让他人为自己虚开增值税专用发票，税款数额为人民币364409.89元，其行为已触犯刑律，犯罪事实清楚，证据确实充分，应当以虚开增值税专用发票罪追究其刑事责任，公诉机关对被告人杨某指控的罪名成立。对被告人杨某辩护人辩护称：被告人杨某部分犯罪事实不构成虚开增值税专用发票罪的意见，法院依法不予采纳。被告人杨某经公安机关传唤主动到案，归案后如实供述自己的犯罪事实，应当认定为自首，可以从轻或减轻处罚。被告人杨某系初犯偶犯，同时主动缴纳罚金，具有悔罪表现。经社区评估，对被告人杨某适用缓刑确实不致危害社会。

新疆维吾尔自治区塔城市人民法院依照《中华人民共和国刑法》第二百零五条、第六十一条、第四十七条、第五十二条、第五十三条、第六十七条第一款、第七十二条第一款、第七十三条，《中华人民共和国刑事诉讼法》第二百条第一项之规定，作出如下判决：

被告人杨某犯虚开增值税专用发票罪，判处有期徒刑一年，缓刑一年执行，并处罚金人民币100000元。

【法官后语】

虚开增值税专用发票的犯罪行为，严重威胁到增值税制改革，破坏了正常的社会主义经济秩序，同时给国家造成了一定的损失。

虚开增值税专用发票罪的客观方面主要是虚开增值税专用发票中的虚开，因此对虚开的理解影响着犯罪的构成范围。刑法修正案（八）第二百零五条规定了四种行为方式，具体为：

一是为自己虚开增值税专用发票。是指合法拥有增值税专用发票的单位和个人，在本身没有货物购销或者没有提供或接受应税劳务的情况下为自己开具增值税专用发票，或者即使有货物购销或者提供或接受了应税劳务但却为自己开具数量或者金额不实的增值税专用发票的行为。

二是为他人虚开增值税专用发票。是指合法拥有增值税专用发票的单位或者个人，明知他人没有货物购销或者没有提供或接受应税劳务而为其开具增值税专用发票，或者即使有货物购销或提供了接受了应税劳务但却为自己开具数量或者金额不实的增值税专用发票或用于盘区出口退税、抵扣税款的其他发票行为。

三是让他人为自己虚开增值税专用发票。是指没有货物购销或者没有提供或接受应税劳务的单位或者个人要求合法拥有增值税专用发票的单位或者个人为其开具增值税专用发票，或者即使有货物购销或者提供或接受了应说劳务但要求他人就开局数量或者金额不实的增值税专用发票或者进行了实际经营活动，但让他人为自己代开增值税专用发票的行为。

四是介绍他人虚开增值税专用发票，是指在合法拥有增值税专用发票的单位或者个人与要求虚开增值税专用发票的单位或者个人之间沟通联系、牵线搭桥的行为。本案例中违法行为的客观方面是为他人虚开增值税专用发票的行为。

虚开增值税专用发票在主观方面是一种故意的犯罪行为。故意犯罪分为直接故意和间接故意两种表现形式，笔者认为，虚开增值税的主观方面应是直接故意的犯罪行为而不是一种间接故意的行为。本案中，杨某的违法犯罪在主观表现上是一种直接的故意。综合本案的情形，杨某违反国家税收监管制度，为他人虚开增值税专用发票，已构成了虚开增值税专用发票罪。被告人的辩护人认为，对公诉机关指控事实部分无异议，但被告人杨某帮助某电信公司塔城地区分公司开具的增值税发票的行为，属于刑法意义上的虚开增值税专用发票行为，数额较少，未达到定罪处罚的立案标准。被告人杨某为其他公司提供了18张增值税发票的行为，虽具有一定的违法性，但尚未构成刑法意义上的“虚开增值税专用发票罪”，且被告人主观上无偷税、漏税的故意，犯罪情节轻微，应予以免予刑事处罚。

新疆维吾尔自治区塔城市人民法院依据《最高人民法院关于审理骗取出口退税刑事案件具体应用法律若干问题的解释》第三条，《中华人民共和国刑法》第二百零五条的规定不予支持辩护人的意见。被告人的行为已触犯刑律，犯罪事实清楚，证据确实充分，应当以虚开增值税专用发票罪追究其刑事责任，公诉机关对被告人杨某指控的罪名成立，但因其归案后如实供述自己的犯罪事实，应当认定为自首，可以从轻或减轻处罚。被告人杨某系初犯偶犯，同时主动缴纳罚金，具有悔罪表现。法院最终对被告人判处缓行。

编写人：新疆维吾尔自治区塔城市人民法院　马杰超

41

如何认定被告人主观上明知同案人可能存在骗取出口退税仍予以帮助

——彭某远骗取出口退税案

【案件基本信息】

1. 裁判书字号

湖南省衡阳市中级人民法院（2020）湘04刑终414号刑事裁定书

2. 案由：骗取出口退税罪

【基本案情】

某新公司于2008年7月成立，性质为私营有限责任公司，法定代表人彭某茂，实际控制人为公司总经理彭某云（彭某茂的弟弟），经营范围为生产销售各类服装、鞋帽、棉纺织品贸易。该公司于2011年1月取得了自营出口资格，为生产型出口退税企业。

2010年年初，某新公司总经理彭某云（已判决）找到被告人彭某远担任法定代表人的某昌公司，该公司系自然人独资公司。彭某云表示需要通过某昌公司代理出口服装，彭某远表示同意。彭某云和彭某远约定双方具体合作方式为：彭某云实际控制的某新公司与某昌公司签订购销合同，将货物出售给某昌公司，再由某昌公司将商品出口给彭某云另一家实际控制的某冠公司。付款方式为：某冠公司将订购服装的部分费用通过外汇美元的方式打给某昌公司，某昌公司按汇率换成人民币后全部打给某新公司，某昌公司从深圳国税局办理出口退税之后，某冠公司将尾款打给某昌公司，某昌公司在扣除手续费之后将所有款项打给某新公司。在交易前期，被告人彭某远在彭某云的带领下曾到某新公司、某冠公司查看工厂的生产情况及公司情况，彭某远清楚某新公司、某冠公司的实际控制人均为彭某云。

贸易的整个过程，彭某远作为某昌公司的负责人，从未到港口、码头、仓库验货，也不能确定其公司与某新公司是否有真实的货物交易。在每次出口贸易清关结束后，某昌公司拿到报关单、海运提单、装货单、代理报关委托书等单证后，将加盖某昌公司印章的空白报关委托书、外汇核销单等交给彭某云，由彭某云一方负责报关，彭某云报关出口后连同出口收汇核销单、代理报关委托书以及海运提单等单据交给某昌公司，某昌公司凭借以上单据及付款凭证和增值税专用发票到国家税务部门退税，出口退税款再以货款形式流转给某新公司，某昌公司按出口金额每1美元收取人民币8分至1角的手续费用。

2012年至2014年，彭某云与报关公司，某国际货运代理公司的报关员游某珠（已判决）等报关员取得联系，要求游某珠等人收集其他不需要出口单据的公司的出口货物并制作虚假的海运提单和陆运提单，假称为某昌公司货物办理出口，取得相应报关手续，实施“无货配单套货出口”。彭某云按每1美元出口货物支付2分钱好处费给游某珠。某昌公司与某新公司贸易中，涉嫌虚假出口货物中，已经核实虚假运单对应的报关单共77份，该部分出口货物金额为人民币58150569.31元，退增值税额为人民币9304091.43元。

在整个出口贸易中，某新公司自带客户、自带货源、自带汇票、自行报关，而某昌公司仅仅负责提供出口委托报关手续，彭某远作为某昌公司的负责人，从未到港口、码头、仓库验货，也不能确定其公司与某新公司是否有真实的货物交易，彭某远在不见商品、不见货主、不见外商的情况下，允许彭某云以自己公司的名义委托报关公司出口销售给某冠公司，并对彭某云一方提供的单据在未加审核真伪的情况下进行退税。

2012年至2014年，某新公司与某昌公司签订虚假的购销合同，某昌公司与某冠公司签订的虚假出口合同，彭某云采取前述虚假方式报关出口，并虚开增值税发票，某昌公司获取相关虚假单证和增值税发票后申报退税。经某司法鉴定中心出具的鉴定意见书认定，2012年至2014年，某新公司通过无真实货物出口的方式开具销项增值税专用发票201份给某昌公司，价税合计人民币65506949.44元，税额为人民币9518103.7元。上述发票均被某昌公司用于申报出口退税，共计骗取出口退税人民币9518103.70元。某昌公司从中收取出口代理费约人民币70万元。

【案件焦点】

彭某远主观上是否明知彭某云等人可能存在骗取出口退税而仍然予以帮助的情形。

【法院裁判要旨】

湖南省衡阳市珠晖区人民法院经审理认为：彭某远在与同案人彭某云接触过程中了解到，某新公司和某冠公司的负责人均是彭某云，彭某云找彭某远代理出口，实际是“自己”将货物卖给“自己”。彭某远作为多年从事外贸行业的人，应当认知其中可能出现骗取出口退税的情况，但被告人彭某远为谋取提成、手续费，违背审慎义务，仍将盖有某昌公司章的空白出口收汇核销单和代理报关委托书交给彭某云，彭某云报关出口后将出口收汇核销单、代理报关委托书、增值税发票、海运提单等单据交给某昌公司，某昌公司凭借以上单据、付款凭证和增值税专用发票到国家税务部门退税。虽然被告人彭某远的供述一直否认自己与彭某云存在骗取出口退税的合谋，且彭某云的供述也称不清楚彭某远是否知晓自己骗取出口退税的行为，但根据彭某远及其公司实施的一系列违反进出口贸易交易习惯的行为，可以作出合理及明确的推定，即彭某远明知彭某云可能存在骗取出口退税的行为，而仍然予以实施帮助行为，其行为构成骗取出口退税罪。公诉机关指控被告人彭某远犯骗取出口退税罪的事实清楚，证据确实、充分，罪名成立，本院予以支持。在共同犯罪中，被告人彭某远起次要作用，是从犯，依法应当从轻或者减轻处罚。被告人彭某远及其家属退缴部分违法所得，可酌情从轻处罚。据此，依照《中华人民共和国刑法》第二百零四条第一款、第二十五条第一款、第二十七条、第五十二条、第五十三条第一款、第六十四条，《最高人民法院关于审理骗取出口退税刑事案件具体应用法律若干问题的解释》第一条第一项、第三条之规定，经本院审判委员会讨论决定，判决如下：

一、被告人彭某远犯骗取出口退税罪，判处有期徒刑五年，并处罚金人民币七十万元；

二、公安机关扣押的被告人彭某远违法所得人民币六十万元，依法予以没收，上缴国库；继续追缴被告人彭某远违法所得人民币十万元，依法予以没收，上缴国库。

【法官后语】

彭某远一直坚持认为其只从事出口商检、为生产商提供部分融资、申报出口退税等业务环节，不违反任何法律规定；其出口业务的海关报送单、内外贸合同、增值税发票、税务机关对于增值税发票的函调核查单等是真实合法的，申请出口退税是正规、合法的经营，没有犯罪。

笔者认为，个人或企业在从事商业活动中既不能为了利益不择手段，也不能为了利益对涉嫌违法违规的行为视而不见。本案中，根据彭某远及其公司实施的一系列违反进出口贸易交易习惯的行为，可以作出合理及明确的推定，即彭某远明知彭某云可能存在骗取出口退税的行为，而仍然予以实施帮助行为，其行为构成骗取出口退税罪。具体如下：(1) 取得自营出口资格仍通过其他具有进出口资质的公司出口货物；(2) "自己"将货物卖给"自己"；(3) 将盖有公司章的空白出口收汇核销单和代理报关委托书交给他人，为他人制作虚假的报关单和载货清单提供便利条件；(4) 交易利润的获取违背正常交易习惯；(5) 在长期交易过程中未核实货物的真实性，严重违背审慎义务，更违背正常交易习惯。上述行为明显违反"四自三不见"规定，即"不见出口商品、不见供货货主、不见外商的情况下，允许或者放任他人自带客户、自带货源、自带汇票、自行报关"的行为。

综上，国家已明令禁止买单行为，被告人及其同案人仍心存侥幸，为谋取提成、手续费，在出口业务过程中，弄虚作假，骗取国家出口退税，应当予以惩处。

编写人：湖南省衡阳市珠晖区人民法院　胡洪葵

42

利用建筑资质为他人提供挂靠服务的建筑企业的企业所得税应纳税所得额及偷逃税款金额的认定

——邹某刚、某威公司逃税案

【案件基本信息】

1. 裁判书字号

北京市第三中级人民法院（2020）京 03 刑终 496 号刑事裁定书

2. 案由：逃税罪

【基本案情】

某威公司于 2010 年成立，邹某刚为实际经营人。2012 年年底至 2014 年年初，某威公司在向付款单位开具发票后，伪造发票记账联，减少发票金额并入账，进行虚假的纳税申报，以逃避缴纳应缴企业所得税、营业税、城市维护建设税。经原某区地税局稽查，某威公司于 2012 年年底至 2014 年年初开具的 14 张发票的发票联与记账联金额不一致，存在少记工程结算收入的问题。2017 年 3 月，某区地税局就某威公司少记工程结算收入要求公司补充提供成本资料，某威公司提供 16 份山东某公司出具材料费发票，金额共计人民币 1600 万元。经稽查人员到山东核实，结果为业务不真实，故不予确认当期成本。

经某区地税局核算认定，某威公司 2012 年至 2014 年开具发票联与记账联不一致发票 14 张，发票差额 1600 余万元，调增当期应税收入和应纳税所得额 1600 余万元，减去认定少缴营业税等税款后，乘以税率 25%，认定某威公司偷逃企业所得税 401 万余元。其中，某威公司 2013 年少缴税款占各税种应纳税总额的 83%。2017 年 12 月 19 日，某区地税局作出《税务处理决定书》并送达某威公司，要求某威公司补缴税款。但某威公司一直未能缴纳。邹某刚于 2018 年 12 月 4 日被抓获。

【案件焦点】

1. 有关企业所得税的纳税义务由谁承担；2. 税务机关认定某威公司未缴应纳企业所得税 401 万元是否成立；3. 是否能够根据税务机关确定的偷逃企业所得税数额认定某威公司及邹某刚犯逃税罪中逃避缴纳企业所得税的数额。

【法院裁判要旨】

北京市顺义区人民法院经审理认为：无资质单位和个人挂靠有资质建筑企业借用资质施工为法律所禁止，某威公司及邹某刚不能以挂靠经营为名主张不承担纳税义务。某威公司收取的 1600 余万元工程结算款，属于公司的收入，对应申报而未申报的1600余万元工程结算收入未能提供合法税前扣除凭据，其采用“大头小尾”方式少申报以上收入应认定为逃避缴纳企业所得税。某威公司少记收入，进行虚假纳税申报，且未按规定就1600余万收入补充提供成本费用凭据，本院对税务机关作出的某威公司偷逃企业所得税401万余元的认定予以认可，亦应据此认定某威公司逃避缴纳企业所得税数额。

北京市顺义区人民法院对被告单位某威公司、被告人邹某刚依照《中华人民共和国刑法》第二百零一条、第二百一十一条、第三十条、第三十一条之规定，判决：

一、被告单位某威公司犯逃税罪，判处罚金人民币五十万元；

二、被告人邹某刚犯逃税罪，判处有期徒刑四年，并处罚金人民币四万元；

三、继续追缴某威公司欠缴税款，上缴国库。

宣判后，邹某刚不服提出上诉。北京市第三中级人民法院经审理认为：原审被告单位某威公司及上诉人邹某刚采取欺骗、隐瞒手段进行虚假纳税申报，逃避缴纳税款数额巨大并且占应纳税额百分之三十以上，其行为已构成逃税罪，依法应予惩处。一审法院认定某威公司、邹某刚犯逃税罪的事实清楚，证据确实、充分，根据其犯罪的事实、犯罪的性质、情节及对于社会的危害程度所作出的判决，定罪和适用法律正确，量刑适当，审判程序合法，应予维持。依照《中华人民共和国刑事诉讼法》第二百三十六条第一款第一项之规定，裁定如下：

驳回上诉，维持原判。

【法官后语】

1. 某威公司系14张发票对应1600余万元收入的企业所得税纳税义务人，有义务如实申报并缴纳税款。根据企业所得税法的规定，企业为企业所得税的纳税人，企业每一纳税年度的收入总额，减去不征、免征收入及允许弥补亏损余额，扣除企业实际发生的与取得收入有关的、合理的支出，即为企业所得税应纳税所得额，应纳税所得额乘以税率后，减去减免、抵免税额，为应纳税额。

本案中，其他公司将工程款支付给某威公司，即是某威公司取得的建筑安装收入，属于企业“收入总额”的一部分。某威公司违反建筑法借资质接受挂靠，挂靠人以某威公司“项目负责人”名义进行施工，并非独立的纳税义务人，某威公司向挂靠人支付工程款并非企业所得税法上规定的“支出”，不能进行税前扣除，邹某刚不能以某威公司与挂靠人内部的收入分配情况对抗税法关于纳税人确定的规定。

2. 某威公司进行虚假纳税申报，且未按规定就1600余万元收入补充提供成本费用凭据，税务机关认定某威公司偷逃并应补缴企业所得税401余万元符合规定。“应纳税所得额”“应纳税额”与企业“利润”并非同一概念，不能因为没有利润就不存在应纳税所得额和应纳税额。某威公司通过“大头小尾”发票的方式不申报收入，省去无法提供支出凭证而无法税前扣除的“麻烦”，通过虚假纳税申报实现少缴税款的结果。

根据企业所得税法的规定，企业实际发生的与取得收入有关的、合理的支出，包括成本、费用、税金、损失和其他支出，准予在计算应纳税所得额时扣除。本案中由于1600余万元收入可能存在实际发生的支出，税务机关未直接确认该收入为企业所得税应纳税额，而是通知某威公司就未申报收入提供成本费用凭据，但某威公司逾期提供山东某公司开具的1600万元材料费发票，稽查人员到山东核实发现系不真实业务，故不予确认当期成本。税务机关要求某威公司提供支出凭据证明时，某威公司再次提供业务不真实的发票，某威公司无法提供支出凭据证明存在“真实、合理支出”，应当补缴相应税款。

3. 某威公司通过“大头小尾”发票少列收入，故意逃避缴纳应缴税款，给国家税收造成损失，本案应根据税务机关确定的企业所得税偷税数额认定某威公司逃避缴纳企业所得税数额。某威公司接受他人挂靠经营，在向挂靠人付款后，挂靠人实际将多少款项用于支出无法查明，不排除某威公司如果完全提供成本费用票据并依法进行申报，其实际缴纳企业所得税少于税务机关现认定应纳税所得额。但即使存在该情况，本案也应按照合法有效的税务认定确定的应纳税额认定某威公司及邹某刚逃避缴纳企业所得税数额。某威公司通过违反税法的方式逃避税款缴纳，且在税务机关要求提供真实支出凭据时仍然无法提供，不利后果只能由某威公司自行承担。同时，某威公司及邹某刚在本应依法申报且完全有条件依法申报纳税的情况下，使用虚假发票入账隐瞒收入，故意进行虚假纳税申报，造成了国家所得税款的损失，具有逃避缴纳企业所得税的主观故意，侵犯了逃税罪保护的客体税收征管秩序，具有刑事违法性和可罚性。

编写人：北京市顺义区人民法院　张伊　耿若诗

（六）侵犯知识产权罪

43

假冒注册商标犯罪中“相同商标”认定标准

——某光公司等假冒注册商标案

【案件基本信息】

1. 裁判书字号

安徽省马鞍山市中级人民法院（2020）皖05刑终75号刑事判决书

2. 案由：假冒注册商标罪

【基本案情】

注册商标“”的商标权人为某电气公司，注册商标“COOPER”“cooper”的商标权人为某投资公司，注册商标“COOPER”（商标证号822692）核定使用商品的范围不包括断路器。2014年至2017年，被告单位某光公司与某鼎公司签定工业品买卖合同，其多次向某鼎公司采购真空断路器。被告人余某燕未经注册商标所有人许可，在某鼎公司生产的断路器上假冒某电气公司“”、某投资公司“cooper”牌注册商标，由某光公司对外销售。被告人张某平明知余某燕假冒他人注册商标，仍然安排被告人党某强伪造标识、检测报告、出厂合格证等。

【案件焦点】

涉案断路器所使用的商标“”，是否与商标权人的“”注册商标构成假冒注册商标罪中“相同的商标”。

【法院裁判要旨】

安徽省马鞍山市花山区人民法院经审理认为：被告单位某光公司未经注册商标权利人许可，在同一种商品上使用与该注册商标相同或相近似的商标，被告人余某燕系该公司直接负责的主管人员，伙同被告人张某平、党某强假冒他人注册商标，非法经营数额为 4077400 元，情节特别严重。其行为均已触犯刑律，构成假冒注册商标罪，且系共同犯罪，依法作出如下判决：

一、被告单位某光公司犯假冒注册商标罪，单处罚金人民币二十万元；

二、被告人余某燕犯假冒注册商标罪，判处有期徒刑二年三个月，并处罚金人民币十万元；

三、被告人张某平犯假冒注册商标罪，判处有期徒刑一年五个月，并处罚金人民币十万元；

四、被告人党某强犯假冒注册商标罪，判处有期徒刑一年四个月零五天，并处罚金人民币三万元；

五、扣押于公安机关的 51 台真空断路器予以没收。

某光公司、余某燕不服判决，提出上诉。安徽省马鞍山市中级人民法院经审理认为：上诉人某光公司、上诉人余某燕及原审被告人张某平、党某强未经商标所有权人许可，在同一种商品上使用与其注册商标相同的商标，其行为均已构成假冒注册商标罪。关于上诉人某光公司、余某燕及各辩护人提出的某鼎公司犯单位犯罪的上诉理由、辩护意见。经查，张某平系某鼎公司的法定代表人，其与余某燕签订的合同并未注明真空断路器品牌型号，且证人吴某超、苟某科等证人证言证实，合同载明的真空断路器价格符合市场价格，现有证据不能证明某鼎公司对张某平的犯罪行为明知，故该项上诉理由及辩护意见成立，本院不予采纳。关于上诉人某光公司、余某燕及各辩护人提出的涉案第三起犯罪事实不构成假冒注册商标罪的上诉理由和辩护意见。经查，第三起涉案断路器所使用的商标“”与第660363“”注册商标相比，整体视觉上差别较大、区别显著，未达到假冒注册商标罪中“与其注册商标相同的商标”的判断标准，该起指控不能认定为假冒注册商标犯罪。故该项上诉理由及辩护意见成立，本院予以采纳。关于上诉人余某燕及其辩护人提出的涉案“COOPER”与“cooper”商标不属于相近似商标的上诉理由、辩护意见。经查，涉案断路器所使用的商标“COOPER”与第1036327“cooper”注册商标外观仅有细微差别的，可以认定为在视觉上基本无差别、足以对相关公众产生误导。根据《最高人民法院、最高人民检察院关于办理侵犯知识产权刑事案件具体应用法律若干问题的解释》第八条的规定，“刑法第二百一十三条规定的“相同商标”，是指与被假冒的注册商标完全相同，或者与被假冒的注册商标在视觉上基本无差别、足以对公众产生误导的商标”。涉案断路器被认定为“与其注册商标相同的商标”，一审判决认定事实清楚、准确，故该项上诉理由及辩护意见不成立，法院不予采纳，依法作出如下判决：

一、维持马鞍山市花山区人民法院（2019）皖0503刑初120号刑事判决第五项，即扣押于公安机关的51台真空断路器予以没收；

二、撤销马鞍山市花山区人民法院（2019）皖0503刑初120号刑事判决第一项至第四项；

三、上诉人某光公司犯假冒注册商标罪，单处罚金人民币十八万元；

四、上诉人余某燕犯假冒注册商标罪，判处有期徒刑二年，并处罚金人民币九万元；

五、原审被告人张某平犯假冒注册商标罪，判处有期徒刑一年五个月，并处罚金人民币九万元；

六、原审被告人党某强犯假冒注册商标罪，判处有期徒刑一年四个月零五天，并处罚金人民币二万五千元。

【法官后语】

仿制产品借助被仿制品牌的价值，横行市场，很可能侵犯权利人的诸多知识产权。在国家鼓励自主创新的大环境下，司法实践一直以打击侵权、保护知识产权为己任。然而，对于假冒注册商标犯罪，司法实践中对于何为基本相同的商标存在认识上的分歧和误区。假冒注册商标罪中的“相同商标”，是指与被假冒的注册商标完全相同，或者与被假冒的注册商标在视觉上基本无差别、足以对公众产生误导。“视觉上基本无差别”和“足以对公众产生误导”两个构成要件必须同时满足，缺一不可。[①] 根据《高人民法院、最高人民检察院关于办理侵犯知识产权刑事案件具体应用法律若干问题的解释》的规定，“相同商标”包括“与被假冒的注册商标在视觉上基本无差别、足以对公众产生误导的商标”的情形。从字面上看，这种“基本相同”的情形包含两个构成要件：第一，与被假冒的注册商标在视觉上基本无差别；第二，这个商标足以对公众产生误导。而且，从语句结构和标点也可以明显地知道，这两个条件是并列关系而不是选择关系，因此必须同时满足才能证成相同商标。从标准特点来看，“视觉上基本无差别”偏客观标准，容易质证和判定；而“足以对公众产生误导”事实上需要裁判者虚拟相关消费者的视角进行观察，在没有全面、客观的统计数据支持的情况下，事实上是一个偏主观的标准。然而，司法实践中受商标民事侵权混淆理论的影响，往往在比对时以“混淆即相似”“混淆即视觉无差别”省略、替代了视觉差别的分析和证明，两个导致相关公众混淆、且在民事上应认定为侵权的商标，可能在视觉上存在明显不同。本案中，第三起涉案断路器所使用的商标“”与第660363“”注册商标相比，整体视觉上差别较大、区别显著，不可能造成公众混淆。因此在司法实践中，无论是从标

① 袁博：《论假冒注册商标罪中相同商标的刑法含义》，载《人民司法》2015年第9期。

准间的关系还是从标准的客观与否来说，应当严格把握“视觉上与注册商标基本无差别，足以对公众产生误导”的认定标准，尤其重视“视觉效果基本无差别”的构成要件。

商标标识类刑事案件中，如何将被诉假冒注册商标标识和注册商标进行比对，在法律规定和司法解释中并无明确规定。司法实践中，不少法院自然沿用了民事商标侵权案件中使用的“隔离观察方法”，即将商标置于不同时间和地点加以观察。与之对应的是“对比观察方法”，即将商标放在一起进行观察。两种比对方法的区别在于，前者只要存在被消费者误认的可能性，就应认定为相同商标，而后者只要存在细微差别，也能被辨识出来。[①] 需要强调的是，刑法上相同商标的比较主要是从“形”上进行比较，更倾向于“对比观察法”，而民事侵权上近似商标除从“形”上进行比较外，还包括从“义”“音”“色”“比例”等方面进行比较。关于“在视觉上基本无差别”，对一般公众而言，要求基本上分不清假冒商标和被假冒商标的区别，但就近似商标而言，假冒商标和被假冒商标的区别通过施以“普通注意、通体观察以及比较主要部分”等，其差别是显而易见的。因此，这就决定了假冒注册商标罪中的商标比对，不但要执行更高的判定标准，而且只能局限于字形或具体图形要素的比对，只能局限于字形比对。[②] 在上述认识基础上，对本案第三起涉案断路器所使用的商标“”与第660363“”注册商标相比对，就能够轻易得出两者存在实质性差异的结论。

编写人：安徽省马鞍山市中级人民法院　金磊　陈曼

① 郑晔、林璐瑶：《刑法上相同商标的认定标准及比对方法》，载《人民司法》2019年第29期。

② 吴允锋：《假冒注册商标罪若干问题研究》，载《知识产权法研究》2006年第1期。

44

不以营利为目的的“换标”行为是否构成假冒注册商标罪

——李某假冒注册商标案

【案件基本信息】

1. 裁判书字号

北京市第二中级人民法院（2020）京02刑终6号刑事裁定书

2. 案由：假冒注册商标罪

【基本案情】

2018年8月，被告人李某任某建筑公司材料员期间，在某大学操场工地，将施工使用的“远洋”牌塑胶跑道材料桶上商标更换为其通过网络伪造的“元亨”商标。经查，更换商标的跑道材料共计52桶，经国某价格评估集团有限公司评估，上述物品价格为人民币183015元。

2018年10月29日，被告人李某经民警电话传唤到案。

在本案审理期间，被告人李某赔偿某化工公司经济损失人民币十万元，某化工公司对被告人李某表示谅解。

【案件焦点】

1. 李某在购买涉案产品后施工过程中进行的“换标”行为是否具有商品属性，其行为是否构成假冒商标罪；2. 假冒商标的产品与受害人注册的商品种类是否为同一类。

【法院裁判要旨】

北京市房山区人民法院经审理认为：李某未经注册商标所有人许可，在同一种商品上使用与其注册商标相同的商标，情节严重，其行为已构成假冒注册商标罪，依法应予惩处。鉴于李某主动投案，到案后能如实供述犯罪事实，具有自首情节，依法从轻处罚；李某积极赔偿并获得被侵权单位的谅解，可酌予从轻处罚。北京市房山区人民法院依照《中华人民共和国刑法》第二百一十三条、第五十二条、第五十三条、第六十七条第一款、第七十二条、第七十三条第二款、第三款、第六十一条、第六十四条之规定，作出如下判决：

一、被告人李某犯假冒注册商标罪，判处有期徒刑一年，缓刑一年，并处罚金人民币十万元；

二、随案移送扣押物品，依法予以没收。

北京市房山区人民法院提出抗诉，被告人李某提出上诉。北京市第二中级人民法院经审理认为：李某未经注册商标所有人许可，在同一种商品上使用与其注册商标相同的商标，情节严重，其行为已构成假冒注册商标罪，依法应予惩处。鉴于李某主动投案，到案后能如实供述犯罪事实，具有自首情节，依法从轻处罚；李某积极赔偿并获得被侵权单位的谅解，可酌予从轻处罚。一审法院根据李某犯罪的事实、犯罪的性质、情节及对于社会的危害程度所作出的判决，定罪及适用法律正确、量刑适当，审判程序合法，应予维持；上诉人撤回上诉的申请符合法律规定，应予准许。

【法官后语】

本案的争议焦点有两点：一是在购买涉案产品后施工过程中进行的“换标”行为，该产品是否具有商品属性，“换标”行为不以盈利为目的能否构成假冒商标罪；二是假冒商标的产品为铺设塑胶跑道的原料及辅料，与受害人注册的商品种类是否为同一类。即假冒行为是否在同一种商品上使用了与注册商标相同的商标。

李某的辩护人提出两点辩护意见：一是更换商标的行为对象与受害人拥有商标权的商品不属于同一种商品；二是涉案产品进入施工工地时已到终端客户手中，不再具有流通性，已经失去商品属性，不具有商业经营目的，故涉案物品的市场评估价值不属于非法经营数额。因此李某的行为不构成假冒注册商标罪。

一、李某更换商标的行为是否与受害人在同一种商品上使用了与注册商标相同的商标

李某更换商标的行为对象与受害人拥有商标权的商品属于同一种商品。理由如下：某化工公司出具的“元亨”商标侵权事宜的说明证实塑胶跑道在核定使用商品的范围为第28类，项下无具体细分。塑胶跑道成品是由工厂将多种化工原料及辅料经过加工制成铺装材料，后经过人工铺设安装形成的。铺装材料是塑胶跑道的必备条件。本案涉案远洋商标也是注册在第28类中。根据证人证言，李某更换的商标与权利人的商标视觉上基本无差异，足以达到混淆的程度。依据《最高人民法院、最高人民检察院关于办理侵犯知识产权刑事案件具体应用法律若干问题的解释》第八条“刑法第二百一十三条规定的‘相同的商标’，是指与被假冒的注册商标完全相同，或者与被假冒的注册商标在视觉上基本无差别、足以对公众产生误导的商标”的规定，足以认定李某未经注册商标所有人许可，在同一种商品上使用了与注册商标相同的商标。

二、本案涉案产品是否属于商品，李某的行为是否构成假冒注册商标罪

笔者认为，李某构成假冒注册商标罪。理由如下：

第一，李某所在的施工单位并非施工材料的实际使用者，仅为加工者，最终的购买者应为某教育公司，该施工材料尚需通过铺设行为完成交付，因此涉案产品具有商品属性。第二，李某所在的施工单位在购进施工材料后，经过人工铺设形成最终的工程成果。在收取的工程款中既包括了购买施工材料的成本，亦包括付出的劳务价格。故李某的行为应该评价为销售行为。依据《最高人民法院、最高人民检察院关于办理侵犯知识产权刑事案件具体应用法律若干问题的解释》第十二条的规定，本解释所称“非法经营数额”，是指行为人在实施侵犯知识产权行为过程中，制造、存储、运输、销售侵权产品的价值。第三，李某虽然不以盈利为目的，但在“换标”过程中，未经注册商标所有人许可，私自使用他人注册商标，侵犯了该罪的客体，即他人合法的注册商标专用权，

以及国家商标管理秩序。综上，李某的行为构成假冒注册商标罪。

编写人：北京市第二中级人民法院　王芊雯

45

产品配方仅某关键成分的含量不为公众所知悉亦能被认定为商业秘密

——甲公司等侵犯商业秘密案

【案件基本信息】

1. 裁判书字号

北京市第三中级人民法院（2020）京03刑终560号刑事裁定书

2. 案由：侵犯商业秘密罪

【基本案情】

2008年2月至2017年4月，被告人苏某先后与乙公司、丙公司签订劳动合同，工作内容均为销售乙公司的产品。2016年7月25日，苏某成立甲公司，为该公司的实际控制人。

2000年至2012年，张某（另案处理）在乙公司从事实验、生产工作，在工作中知悉了乙公司一种稠化剂配方。该配方系乙公司自主研发，为防止配方泄露，乙公司制定了《保密管理规定》，与员工签订保密协议，并在实验、生产过程中对原料采用代码制管理。

2016年3月，苏某联系张某合作生产稠化剂产品，并支付张某5万元，张某将乙公司的稠化剂配方告知苏某。2017年起，甲公司使用上述配方生产并销售稠化剂产品，获利290余万元。

经鉴定，乙公司主张的稠化剂相关技术信息于2019年3月8日之前不为公众所知悉；张某给苏某的配方、甲公司相关产品配方与乙公司所主张的稠化剂相关技术信息具有同一性。

2019年7月8日，被告人苏某被查获。

【案件焦点】

仅某一关键成分的含量不为公众所知悉，其他成分已公开的化工产品配方能否被认定为商业秘密。

【法院裁判要旨】

北京市顺义区人民法院经审理认为：被告人苏某的辩护人认为乙公司的稠化剂相关技术信息不具有非公知性，并向法庭提交了理论文章欲证实某关键成分等原料在稠化剂中的作用已被社会公知。经查，公诉机关出示的某司法鉴定所出具的司法鉴定意见书能证实乙公司的稠化剂相关技术信息具有非公知性，并对密点作出解释，乙公司的稠化剂相关技术信息并非仅包括各种原料的种类，关键在于各原料的配比，乙公司的稠化剂相关技术信息具有非公知性，故辩护人提交的理论文章与乙公司关于各原料的配比并无相同之处，对其证明目的不予采纳。被告单位甲公司及其实际控制人被告人苏某以不正当手段获取乙公司的商业秘密并使用，造成特别严重后果，构成侵犯商业秘密罪，依法均应予以惩处。

北京市顺义区人民法院依照《中华人民共和国刑法》第二百一十九条、第二百二十条、第三十条、第三十一条、第五十二条、第五十三条、第六十一条、第六十四条，对被告人苏某依照《中华人民共和国刑法》第二百一十九条、第二百二十条、第六十七条第三款、第五十二条、第五十三条、第六十一条、第四十五条、第四十七条之规定，作出如下判决：

一、被告单位甲公司犯侵犯商业秘密罪，判处罚金人民币三十万元；

二、被告人苏某犯侵犯商业秘密罪，判处有期徒刑三年六个月，并处罚金人民币五万元；

三、继续追缴被告单位甲公司的违法所得人民币二百九十万元，追缴后发还被害单位乙公司；

四、随案移送的笔记本七本由公安机关附卷备查，笔记本电脑一个、电脑主机一个、名片夹一个、来往账一本发还被告单位甲公司。

甲公司、苏某持原审辩解提起上诉。二审法院同意一审法院裁判意见，裁定：

驳回上诉，维持原判。

【法官后语】

本案乙公司主张稠化剂配方中某关键成分的含量属于商业秘密的密点，某关键成分含量在a%~b%范围时能够增强产品的某特性。然而，根据证人证言及鉴定意见，现有技术已公开稠化剂配方的其他成分及含量，公开了某关键成分作为单体在稠化剂中使用，即稠化剂配方的内容并不完全具有非公知性，那么能否主张该配方构成商业秘密？笔者认为是可以的。

本案裁判时施行的刑法第二百一十九条明确规定，商业秘密是指“不为公众所知悉，能为乙公司带来经济利益，具有实用性并经乙公司采取保密措施的技术信息和经营信息”。尽管刑法修正案（十一）删除了本条对商业秘密的定义，但结合反不正当竞争法第九条的规定，商业秘密是指不为公众所知悉、具有商业价值并经乙公司采取相应保密措施的技术信息、经营信息等商业信息，仍可以从“不为公众所知悉”“具有价值性”“乙公司采取保密措施”三方面判断某技术信息或经营信息是否属于商业秘密。

科技发展到现阶段，技术信息已基本不可能完全由乙公司独创进而在整体上具有新颖性，创新总是站在前人的肩膀上。司法实践中，某个机器或产品的一些部分技术总是从已知技术成果中移植过来的，商业秘密必须是具体地表现在产品当中的个别部分、具体功能和作用原理①。因此，将密点仅体现为某一成分含量的产品配方认定为商业秘密并不存在法律上的障碍，仍可以围绕商业

① 周光权：《侵犯商业秘密罪疑难问题研究》，载《清华大学学报（哲学社会科学版）》2003年第5期。

秘密的特性予以分析。

一、稠化剂配方中某关键成分的含量不为公众所知悉

本案侦查机关委托两家机构进行鉴定，未发现某关键成分含量范围及所起作用被专利公报、期刊、技术文献、互联网等公开信息渠道记载或者披露；根据某关键成分添加后的化学反应原理，结合乙公司提供的实验记录，可以确定该技术信息是通过大量的合成试验得到，具有特定性，不属于本技术领域的一般常识或行业惯例；稠化剂配方中，各质量比范围的原料需要经过聚合反应才能合成最终的销售产品稠化剂，相关公众无法通过对最终产品的反向工程得到该稠化剂产品的具体原料及相应配比数值。最终，两家鉴定机构均作出某关键成分的含量不为公众所知悉、具有非公知性的鉴定意见。法院认为，上述鉴定意见系合格鉴定主体出具，鉴定程序合法，鉴定过程客观，鉴定结论有效，应依法采信。

二、稠化剂配方中某关键成分的含量具有价值性

本案所讨论的密点是某关键成分的含量，只有某关键成分含量具有价值性，才能认为该技术信息符合商业秘密的特征。所谓价值性，通常是指信息的使用能增加竞争优势进而获得现实的或者潜在的经济利益。仅具有新颖性，不能增加竞争优势的局部创新不值得被法律所保护，只有“关键”部分的技术信息才可能成为商业秘密。

本案乙公司主张某关键成分是稠化剂配方的关键成分，含量在a%～b%范围时能够增强产品的某特性，一是需要明确某特性的增强是否能提升产品的竞争优势；二是某关键成分含量在a%～b%范围能增强某特性是否有科学依据。

乙公司生产的稠化剂主要用于石油开采，据乙公司及稠化剂使用方的证言，某特性较好是乙公司生产的稠化剂产品相较于其他产品的明显优势所在，可以发生酸化携砂压裂，使采油过程更为通畅，大幅提高石油开采量，另有多篇文献探究增强某特性的生产方法，可见某特性于稠化剂而言意义十分重大，某特性的增强确实能显著提高稠化剂产品的竞争力。关于某关键成分含量对某特性的影响是否具有科学性，鉴定机构的专业人员作出分析，引入某关键成分能与

交联剂交联，使得合成的稠化剂不但水溶，而且酸溶，从而能用于携砂，满足了油田酸化压裂要求，满足酸中增稠以及交联某特性，结合乙公司的研发记录中通过更改某关键成分浓度的对比实验验证对某特性的影响情况，能够证实某关键成分含量在a%~b%范围可以增强某特性具有科学依据。此外，依据甲公司技术人员的证言，生产稠化剂时其亲自加入某关键成分，因某关键成分是该配方最核心的内容，且其对某关键成分加量特征的描述与乙公司主张的某关键成分含量特点相一致。综合前述分析，能够确定某关键成分是稠化剂配方中的关键成分，某关键成分的含量具备商业秘密的价值性特征。

三、乙公司采取了合理的保密措施

乙公司采取了制定《保密管理规定》，与员工签署保密协议，对稠化剂配方中的关键性原料（含某关键成分）采用代码制管理，即原料入厂时就去掉外包装，用代码替换原料名称，代码表由专人管理等措施，在正常情况下是足以防止涉密信息泄露的，可以认为乙公司采取了合理、有效的保密措施。

综上，本案所涉化工产品稠化剂配方中某关键成分的含量不为公众所知悉，具有价值性，且乙公司采取了合理的保密措施，某关键成分的含量系产品配方的密点所在，尽管配方其他成分已为公众所知悉，也不影响包含有关键成分和特定含量的某关键成分的产品配方构成商业秘密。

编写人：北京市第三中级人民法院　张媛　夏苗苗

（七）扰乱市场秩序罪

46

非法经营烟草专卖品案件中相关行为及事实之认定

——司某涛等非法经营案

【案件基本信息】

1. 裁判书字号

河南省平顶山市中级人民法院（2020）豫04刑终376号刑事判决书

2. 案由：非法经营罪

【基本案情】

2019年7月、8月，在未经烟草专卖行政主管部门许可，无经营许可证的情况下，被告人司某涛一方与被告人贾某国、贾某、张某兴（另案处理）一方预谋合伙加工卷烟后销售谋利。双方约定共同出资，将来所得利益由司某涛一方分成50%，贾某、贾某国、张某兴共同分成50%。其中，贾某国、张某兴各出资8万元，贾某出资2万元并提供其羊场作为制烟窝点，司某涛负责购买原材料、制烟机并销售卷烟。2019年9月，司某涛将购买的烟机运至羊场并找人安装调试完成，后司某涛一方找来被告人姜某宾和朱某路，贾某国一方找来被告人陈某莲和贾某。2019年10月30日，该制烟窝点开始正常运转，其中姜某宾作为技术工，负责烟机在生产过程中的运行维护，每斤提成2元好处费；朱某路负责上烟丝，贾某和陈某莲（贾某妻子）负责把生产好的烟条装箱封箱，后过磅人员将每日生产的斤数记录在一个三联式账本上，司某涛拉烟条时撕走两联，窝点留存一联用于对账。司某涛每晚将生产烟条拉走并按每斤 16 元的价格予以销售。2019 年 11 月 4 日该窝点被查获，现场扣押账本一册，制烟机一台，散支红旗渠卷烟约 26 万支，滤嘴棒 32 件，盘纸 153 盘、烟丝 1100 公斤及其他制烟原料若干。截至案发，司某涛获利 18000 余元，后给贾某 10000 余元，四名工人未获利。经河南省烟草质量监督检测站鉴定，涉案卷烟为假冒注册商标且为伪劣卷烟。经国家烟草质量监督检验中心鉴定，该卷烟机、滤嘴接装机均为伪劣烟草专用机械。经鲁山县价格认证中心价格认定，涉案物品价值 42 万余元，其中仿卷接机价值人民币 260000 元（该机器实际购买价格为 45000 元）、常规醋纤滤嘴棒价值人民币 36960 元、烟丝价值人民币 89265 元、盘纸价值人民币 36033.03 元。本案已售散支烟为 3199 斤，未销售的散支烟为 445 斤，按 16 元/斤的实际销售价格计算，上述卷烟价值人民币 58304 元。综上，各被告人的非法经营数额为 265562.03 元。

【案件焦点】

1. 关于本案被告人罪名的认定问题；2. 关于本案作案工具价值以及犯罪数额的认定问题；3. 关于本案一审适用认罪认罚程序后被告人的上诉问题；4. 关于被告人的量刑问题。

【法院裁判要旨】

河南省平顶山市湛河区人民法院经审理认为：被告人司某涛等七人违反国家规定，未经许可经营法律、行政法规规定的专营、专卖物品，扰乱市场秩序，情节特别严重，其行为已构成非法经营罪。公诉机关指控七名被告人所犯罪名均成立。被告人贾某国等六人在共同犯罪中起次要作用，系从犯，依法予以减轻处罚。被告人司某涛等自愿认罪认罚，可依法从宽处罚。被告人司某涛犯罪后主动到案，如实供述所犯罪行，系自首，可依法从轻处罚。关于本案仿卷接机的价值认定问题，经查，司某涛主动投案后在公安机关的多次稳定供述、当庭的陈述均称其用 45000 元购买了二手的旧仿卷接机，其供述又能够与贾某、贾某国关于仿卷接机新旧程度、购买零部件多次维修调试的供述相互印证，故仿卷接机的购买价格宜认定为 45000 元。

关于七被告人是否构成自首的问题。经查，司某涛如实供述了其与贾某国等共同犯罪的全部事实，虽然其不能供述烟机和辅料的购买来源及散支烟销售去向，但提供了具体的地址，作出了合理的解释，其行为可以认定为自首；本案系某烟草局等单位根据相关线索，与公安机关联合执法，贾某国、贾某、姜某宾、朱某路、贾某、陈某莲是在被行政执法机关发现违法行为并进行调查后，认为六被告人涉嫌犯罪，根据行政执法移送制度将案件移送至公安机关，故六被告人不属于自动投案，不应认定为自首。综上，一审判决：

一、被告人司某涛犯非法经营罪，判处有期徒刑五年，并处罚金人民币二万元；

二、被告人贾某犯非法经营罪，判处有期徒刑三年，并处罚金人民币一万元；

三、被告人贾某国犯非法经营罪，判处有期徒刑三年，并处罚金人民币一万元；

四、被告人姜某宾犯非法经营罪，判处有期徒刑一年，并处罚金人民币五千元；

五、被告人朱某路犯非法经营罪，判处有期徒刑一年，并处罚金人民币五千元；

六、被告人陈某莲犯非法经营罪，判处有期徒刑一年，缓刑一年，并处罚金人民币三千元；

七、被告人贾某犯非法经营罪，判处有期徒刑一年，缓刑一年，并处罚金人民币三千元；

八、对被告人司某涛、贾某违法所得人民币一万八千元依法予以追缴，上缴国库；

九、扣押在案的烟草专用机械、卷烟辅料、烟草制品予以没收，由扣押单位依法处理；

十、本案作案工具五菱牌车一辆，依法予以没收，上缴国库。

一审宣判后，河南省平顶山市湛河区人民检察院提出抗诉，原审被告人司某涛、贾某国提出上诉。

河南省平顶山市中级人民法院经审理认为：司某涛等以违反国家规定，未经许可经营法律、行政法规规定的专营、专卖物品，扰乱市场秩序，情节特别严重，其行为已构成非法经营罪。原审被告人贾某国、贾某、姜某宾、朱某路、陈某莲、贾某在共同犯罪中起次要作用，系从犯，依法予以减轻处罚。原审被告人司某涛犯罪后主动到案，如实供述所犯罪行，系自首，可依法从轻处罚。原审判决适用法律正确，在案证据确实、充分，审判程序合法，但认定各原审被告人非法经营的数额有误，且对司某涛、姜某宾的量刑不当，依法应予纠正。

【法官后语】

一、关于本案被告人罪名的认定问题

根据《最高人民法院、最高人民检察院关于办理非法生产、销售烟草专卖品等刑事案件具体应用法律若干问题的解释》（以下简称《解释》）第一条之规定，违反国家烟草专卖管理法律法规，未经烟草专卖行政主管部门许可，无烟草专卖生产企业许可证、烟草专卖批发企业许可证、特种烟草专卖经营企业许可证、烟草专卖零售许可证等许可证明，非法经营烟草专卖品，情节严重的，以非法经营罪定罪处罚。本案中，在未经烟草专卖行政主管部门许可，无经营许可证的情况下，被告人司某涛一方与被告人贾某国、贾某、张某兴（另案处理）一方经预谋约定共同出资，合伙加工卷烟后销售谋利，由贾某提供其羊场作为制烟窝点，司某涛负责购买原材料、制烟机并销售卷烟，姜某宾作为技术工负责烟机生产过程中的运行维护，朱某路负责上烟丝，贾某和陈某莲负责把生产好的烟条装箱封箱，上述人员违反国家规定，未经许可经营法律、行政法规规定的专营、专卖物品，扰乱市场秩序，情节特别严重，且系共同犯罪，在实施行为过程中分工明确，其行为均符合非法经营罪的犯罪构成。虽然所生产的卷烟经鉴定为假冒注册商标的伪劣卷烟，但依据《解释》第五条之规定，违反国家烟草专卖管理法律法规、行为人实施非法生产、销售烟草专卖品犯罪，同时构成生产、销售伪劣产品罪、侵犯知识产权犯罪、非法经营罪的，依照处罚较重的规定定罪处罚。综上，本案应以非法经营罪定罪处罚。

二、关于本案作案工具价值以及犯罪数额的认定问题

关于本案作案工具价值以及犯罪数额的认定，在审理过程中争议最大，其中检察机关在抗诉书中明确指出“一审判决对仿卷接机的价格认定有误”，而辩护人亦提出“某价格认证中心的价格认定与事实不符，且未附价格认证人员岗位资格证书，未表述价格认定方法，不应作为定案依据”对此笔者评析如下：

关于本案犯罪数额及犯罪工具的价格认定问题。根据《解释》第四条之规定，非法经营数额的计算包括卷烟、烟叶、烟丝、卷烟辅料、烟草专用机械等的价格总和。本案中，某价格认证中心依照河南省烟草专卖局出具的价格证明，认定常规醋纤滤嘴棒价值人民币36960元、烟丝价值人民币89265元、盘纸价值人民币36033.03元。而关于散支烟的价值，根据《解释》的规定，能够查清销售或者购买价格的，按照其销售或者购买的价格计算非法经营数额。本案中已售散支烟为3199斤，未销售的散支烟为445斤，按16元/斤的实际销售价格计算，卷烟价值人民币58304元。

关于本案中烟机价值的认定。抗诉机关认为在案烟机的价格应当认定为26万元，原审法院则认为该烟机价格应认定为4.5万元，双方分歧较大。本案中，一审认定烟机价值为4.5万元的依据为司某涛的供述，司某涛称其从他人处花费4.5万元购买了一台烟机，但在案并无其他任何证据对该情况予以印证，故一审对烟机价值的认定证据不足。在无法查清购买价格的前提下，依照《解释》第四条规定，非法生产、销售、购买烟草专用机械的价格按照国务院烟草专卖行政主管部门下发的全国烟草专用机械产品指导价格目录进行计算；目录中没有该烟草专用机械的，按照省级以上烟草专卖行政主管部门出具的目录中同类烟草专用机械的平均价格计算。根据河南省烟草专卖局出具的价格证明，证实涉案的卷烟机、滤嘴接装机等烟草机械在价格目录中无对应型号，因此，上述完整机械设备应参照价格目录中的最低价值机型即价格为26万元。虽然涉案烟草专用机械系破旧机器，但该类机器是以其具备相应功能来认定的，其新

旧程度不影响其能够制造假烟的功能，故不宜按照新旧程度进行折价计算。综上，河南省烟草专卖局虽未出具烟草专用机械的平均价格，但从有利于被告人角度出发，二审认为涉案烟机价格应认定为26万元。故本案非法经营数额共计480562.03元，原审判决认定事实有误，抗诉机关的相关抗诉意见成立。

三、关于本案一审适用认罪认罚程序后被告人上诉问题

本案中，被告人司某涛在一审审查起诉阶段资源认罪认罚，但一审判决后又提起了上诉。针对该情况，抗诉机关指出“司某涛上诉后，原本因认罪认罚享有的从宽优惠前提不复存在，应依法对其从重裁判。”司某涛及其辩护人则认为，在一审认定事实发生重大变化的前提下仍采纳公诉机关的量刑建议，未充分体现自首依法可从轻、减轻处罚的规定，故司某涛的上诉并不违背认罪认罚原则。双方对司某涛认罪认罚后的上诉行为给予了截然相反的评价。

针对该问题，二审认为，本案一审审查起诉期间，司某涛签署认罪认罚具结书的前提是公诉机关指控其非法经营数额为48万余元，量刑建议是五年至六年，而原审判决根据一审审理查明的事实，认定司某涛非法经营数额为26万余元，且构成自首，在原判认定事实与公诉机关指控事实发生变化的条件下，司某涛认为原判对其量刑较重，从而提出上诉，并不能否定其在公诉机关签订认罪认罚具结书时的真诚认罪悔罪态度。但鉴于经二审审理后，认定司某涛非法经营的犯罪数额由26万余元增加至48万余元，且该类犯罪不仅危害了国家烟草专卖制度，亦侵犯了他人的商标权等知识产权，故综合考量其本人的犯罪事实、性质、社会危害性以及在共同犯罪中的地位、作用等因素，原判对司某涛的量刑不当，依法应予改判。

四、关于本案中被告人贾某国、姜某宾的量刑问题

被告人贾某国及其辩护人认为，对贾某国应当认定为自首。关于贾某国的到案方式，经查，本案系因举报人举报，在省烟草专卖局的统一调配指挥下，许昌市烟草专卖局、平顶山市烟草专卖局、平顶山市公安局、鲁山县烟草专卖局联合行动，在鲁山县梁洼镇半坡杨村现场抓获制造假烟的贾某、贾某国、姜某宾、朱某路、陈某莲、贾某，故贾某国等人并不存在投案的主动性，依法不

能认定构成自首，原审判决对贾某国的量刑适当，依法应予维持。

抗诉机关二审时指出，一审对被告人姜某宾的量刑明显不当，其在本案中起关键性作用，与其他三名工人有明显区别。二审经审理认为，根据司某涛、姜某宾、朱某路等人的供述，能够证实姜某宾在制作假烟时主要负责开关、调试、修理烟机，朱某路负责铲烟丝，其与朱某路的工作性质相比具有一定的技术性；且姜某宾、贾某等人供述均证实在制烟窝点每生产一斤烟给姜某宾2元钱的提成，而朱某路、陈某莲、贾某是按照一天200至300元取得的工资，故姜某宾在生产假烟过程中的作用与朱某路等人不同，其量刑应与朱某路等人有所区别。原审判决对其量刑不当，依法应予改判，抗诉机关的该抗诉意见成立。

编写人：河南省平顶山市中级人民法院　朱至元

47

利用POS机为他人非法套现属于非法经营

——林某波非法经营案

【案件基本信息】

1. 裁判书字号

广东省汕头市中级人民法院（2020）粤05刑终327号刑事判决书

2. 案由：非法经营罪

【基本案情】

2013年3月起，被告人林某波在其租赁的某小区房屋先后雇佣同案人赵某、陈某濠、杨某沙、林某频等人（均已判决），利用申请的销售点终端机具（POS机），通过朋友介绍、发布网络信息等方法招揽信用卡持卡人刷卡，以虚假交易的方式为信用卡持卡人刷卡套取现金，并收取套现金额1%-1.5%的手续费，后又通过某支付公司、某数据公司将虚构交易的款项转至同案人林某频的银行账户。经某司法会计鉴定所鉴定，从某支付公司汇入同案人林某频上述银行账户的资金共 30 笔，合计 1106130.45 元；从某数据公司汇入同案人林某频上述银行账户的资金共 279 笔，合计 16796988.73 元。上述汇入资金共 309 笔，共计 17903119.48 元。

2014 年 3 月 2 日，公安机关在上述地点抓获同案人林某频、陈某濠、杨某沙、赵某，缴获作案工具银行 POS 机 3 台、银行卡、账单、U 盾、登记簿等物品。

【案件焦点】

1. 使用 POS 机以虚构交易方式为他人套取现金是否构成非法经营罪；2. 使用 POS 机套现应适用《最高人民法院、最高人民检察院关于办理妨害信用卡管理刑事案件具体应用法律若干问题的解释》（以下简称《信用卡管理司法解释》）还是适用《最高人民法院、最高人民检察院关于办理非法从事资金支付结算业务、非法买卖外汇刑事案件适用法律若干问题的解释》（以下简称《资金支付结算司法解释》）。

【法院裁判要旨】

广东省汕头市龙湖区人民法院经审理认为：被告人林某波使用销售点终端机具，以虚构交易的方式向信用卡持有人直接支付现金，扰乱市场秩序，情节特别严重，其行为构成非法经营罪。林某波是主犯，依法应当按照其所参与的全部犯罪处罚；归案后如实供述自己的罪行，当庭自愿认罪，可以从轻处罚。依照《中华人民共和国刑法》第二百二十五条第三项、第二十五条第一款、第二十六条第一款、第四款、第六十七条第三款和《信用卡管理司法解释》第十二条第一款、第二款的规定，判决被告人林某波犯非法经营罪，判处有期徒刑七年，并处罚金人民币十万元。

林某波不服，提起上诉，理由是本案不宜适用刑法第二百二十五条及《信用卡管理司法解释》，且量刑过重，刑责不对等。

广东省汕头市中级人民法院经审理认为：上诉人林某波在未发生真实商品交易的情况下，使用POS机非法为他人进行信用卡套现，变相将信用卡的授信额度转化为现金，使金融机构资金置于高度风险之中，严重扰乱国家金融管理秩序，属于虚构支付结算行为的一种形式，其行为已符合非法经营罪的定罪标准。根据《最高人民法院、最高人民检察院关于适用刑事司法解释时间效力问题的规定》第三条的规定，对于新的司法解释实施前发生的行为，行为时已有相关司法解释，依照行为时的司法解释办理，但适用新的司法解释对犯罪嫌疑人、被告人有利的，适用新的司法解释。根据被告人犯罪的事实、性质、情节和对于社会的危害程度，量刑应予调整。依照《中华人民共和国刑事诉讼法》第二百三十六条第一款第二项、第十五条，《中华人民共和国刑法》第二百二十五条第三项、第二十五条第一款、第二十六条第一款、第四款、第六十七条第三款和《信用卡解释》第十二条第一款、第二款的规定，判决如下：

一、维持汕头市龙湖区人民法院（2020）粤0507刑初167号刑事判决对上诉人林某波的定罪以及罚金刑部分，撤销对上诉人林某波的量刑部分；

二、被告人林某波犯非法经营罪，判处有期徒刑六年，并处罚金人民币十万元。

【法官后语】

随着互联网支付的兴起，不仅支付结算的方式、方法发生了根本变化，套现的行为、方式也呈多样化，包括POS机等终端机具、其他各种受理终端和网络支付接口。信用卡套现，是指行为人帮助持卡人利用信用卡免息消费的规定，不通过正常合法的ATM机或银行柜台提取现金，而通过POS机等销售终端机具，以虚构交易、虚开价格等方式将信用卡信用额度内的资金以现金的方式套取，并收取一定比例的手续费的行为。

一、利用POS机非法套现的行为应定性为非法经营罪

为打击频繁出现的信用卡套现行为，2009年发布的《信用卡管理司法解释》第七条规定，违反国家规定，使用销售机终端机具（POS机）等方法，以虚构交易、虚开价格、现金退货等方式向信用卡持卡人直接支付现金，情节严

重的，应当以非法经营罪定罪处罚。2018年，最高人民法院、最高人民检察院对其进行了修改，一审判决适用的《信用卡管理司法解释》2018年修正版第十二条与2019年解释第七条内容一样，没有变化。而且，根据2001年施行的《最高人民法院、最高人民检察院关于适用刑事司法解释时间效力问题的规定》第三条的规定，对于新的司法解释实施前发生的行为，行为时已有相关司法解释，依照行为时的司法解释办理，但适用新的司法解释对犯罪嫌疑人、被告人有利的，适用新的司法解释。故本案适用法律正确。

同时，非法经营罪中的“经营”，是根据国家规定从事须具有某种获得准许的资格，或者遵守某些特定规则等特殊要求的业务。如果没有资质而从事该业务，或者违反相关业务程序的，则构成非法经营。从客观方面看，信用卡套现类非法经营行为只需要行为人在没有真实交易背景下向“信用卡持卡人”直接支付现金，对象是信用卡持卡人。从侵犯的法益看，信用卡套现行为之所以构成非法经营罪，是因为行为人在未发生真实商品交易情况下，变相将信用卡的授信额度转化为现金，从而使金融机构资金置于高度风险之中，严重扰乱国家金融管理秩序。因此，本案林某波利用POS机非法套现牟利的行为应定性为非法经营罪。

二、使用POS机非法套现是否适用《资金支付结算司法解释》

本案审理过程中，一种意见认为，被告人林某波的行为适用《信用卡管理司法解释》，属于情节特别严重；另一种意见认为，林某波的行为应适用《资金支付结算司法解释》，属于情节严重。生活中，套现的行为、方式包括但不限于信用卡套现行为，还包括以各种非法方式向指定付款方支付货币资金的行为，信用卡套现只是虚构支付结算行为的一种形式。从上述两个司法解释看，《资金支付结算司法解释》规定，使用受理终端或者网络支付接口等方法，以虚构交易等非法方式向指定付款方支付货币资金的，属于“非法从事资金支付结算业务”，如行为人通过网购平台套取贷记卡资金。《资金支付结算司法解释》的规定属于一般规定，《信用卡管理司法解释》关于信用卡套现行为的规定则属于特别规定，按照特别规定优于一般规定的原则，对于信用卡套现行为的认定适用《信用卡管理司法解释》，对于其他虚构支付结算行为的认定适用资金结算有关规定。本案应适用《信用卡管理司法解释》。

编写人：广东省汕头市中级人民法院　沈启勇

48

未获资质，从事药品、第三类医疗器械经营活动的认定为非法经营

——张某等非法经营案

【案件基本信息】

1. 裁判书字号

黑龙江省牡丹江市爱民区人民法院（2020）黑 1004 刑初 89 号刑事判决书

2. 案由：非法经营罪

【基本案情】

一、销售假药罪

2017 年 3 月至案发，被告人张某在未取得国家药品经营许可证，无药品经营资质的情况下，以销售为目的，从被告人邢某、郑某颖、李某杰（郑、李二人均另案处理）等人处通过微信购入未经批准进口无中文标识的肉毒素、保妥适等美容药品，并通过快递发货的方式将部分药品非法销售给黄某、付某波、吴某勇等。2018 年 3 月 26 日，公安机关在张某租住地楼下将其抓获，当场查获其准备转移尚未销售的大量上述美容药品，其中肉毒素 2700 余支，价值 60 余万元。经某食品药品监督管理局认定，上述查获的肉毒素按假药论处。

2018 年 2 月至案发，被告人金某明知帮助郑某颖管理储存的肉毒素、保妥适等美容药品未经批准注册无中文标识，仍帮助其管理库房并按照郑某颖指示

通过快递向张某等买家发货。同年3月28日，公安机关抓获金某时在其库房内查获大量上述美容药品，其中肉毒素、保妥适共计1000余支，价值20余万元。经牡丹江市食品药品监督管理局认定，上述查获的肉毒素、保妥适按假药论处。

2018年年初，被告人邢某在未取得国家药品经营许可证，无药品经营资质的情况下，通过微信向被告人张某及张某馨、康某等销售肉毒素、保妥适，销售金额共计6万余元。

2016年至案发，被告人黄某在未取得国家药品经营许可证，无药品经营资质的情况下，以销售为目的，通过微信从被告人张某等人处购入大量肉毒素、保妥适等多种未经批准进口无中文标识的美容药品，并通过快递发货方式将部分药品非法销售给陆某玲、王某、刘某兰等。2017年5月，被告人吕某军明知黄某无药品经营许可证，仍帮助其收发药品、管理库房。2018年3月27日，公安机关抓获黄某、吕某军时在黄某库房内查获大量上述美容药品，其中肉毒素、保妥适共计290余支，价值7万余元。经某食品药品监督管理局认定，上述查获的肉毒素、保妥适按假药论处。

二、非法经营罪

2017年3月至案发，被告人张某在未取得医疗器械经营许可证的情况下，以销售为目的，通过微信从被告人邢某、郑某颖、李某杰等处购进大量未经批准进口的第三类医疗器械玻尿酸、水光针等美容用品，并通过快递发货的方式将上述部分产品销售给被告人黄某等。2018年3月26日，公安机关在抓获张某时，当场查获其准备转移尚未销售的上述美容用品10000余盒，价值100余万元。经某食品药品稽查大队认定，上述医疗器械均为未经注册批准的进口医疗器械。

2018年2月至案发，被告人金某明知郑某颖未取得医疗器械经营许可证，仍帮助其管理储存大量第三类医疗器械玻尿酸、水光针等美容用品的库房，并按照郑某颖指示通过快递向买家发货。2018年3月28日，公安机关在抓获金某时，查获大量上述美容用品，其中玻尿酸、水光针共计7000余支，价值100余万元。经某食品药品稽查大队认定，上述医疗器械均为未经注册批准的进口医疗器械。

2018年年初，被告人邢某在未取得医疗器械经营许可证的情况下，通过微信向被告人张某销售菲洛嘉和丝丽各70盒，销售金额共计122500元。

2016年至案发，被告人黄某在未取得医疗器械经营许可证的情况下，通过微信从被告人张某等人处购入大量第三类医疗器械玻尿酸、水光针等美容用品，并通过快递发货方式将上述部分产品非法销售给王某、丁某等。被告人吕某军于2017年5月开始帮助黄某收发货、管理库房。2018年3月27日，公安机关在抓获黄某、吕某军时，查获大量上述美容用品，其中玻尿酸、水光针共计900余支，价值13万余元。经某食品药品稽查大队认定，上述医疗器械均为未经注册批准的进口医疗器械。

因以未经批准进口的药品按照假药论处系原牡丹江市食品药品监督管理局根据原《中华人民共和国药品管理法》第四十八条第三款第二项的规定认定，2019年12月1日起施行的《中华人民共和国药品管理法》关于假药的认定标准发生变化，上述以假药论处的认定依据不存在，案件事实与起诉书指控的事实不符。黑龙江省牡丹江市爱民区人民检察院对原起诉书认定的销售假药犯罪事实变更为非法经营犯罪事实：

2017年3月至案发，被告人张某在未取得国家药品经营许可证，无药品经营资质的情况下，以销售为目的，从被告人邢某、郑某颖、李某杰等处购入未经批准进口、无中文标识的肉毒素、保妥适等美容药品，并通过快递发货的方式将部分药品非法销售给黄某、付某波、吴某勇等。2018年3月26日，公安机关在张某租住地楼下将其抓获，当场查获其准备转移尚未销售的大量上述美容药品，其中肉毒素2700余支，价值60余万元。

2018年2月至案发，被告人金某明知郑某颖未取得国家药品经营许可证，无药品经营资质的情况下，仍帮助其管理储存未经批准进口、无中文标识的肉毒素、保妥适等美容药品的库房，并按照郑某颖指示通过快递向张某等买家发货。同年3月28日，公安机关抓获金某时在库房内查获大量上述美容药品，其中肉毒素、保妥适共计1000余支，价值20余万元。

【案件焦点】

关于假药的认定标准发生变化，以假药论处的认定依据不存在，案件事实与起诉书指控的事实不符，应如何审理。

【法院裁判要旨】

黑龙江省牡丹江市爱民区人民法院经审理认为：被告人张某对公诉机关指控其犯非法经营罪没有异议，但辩解称公安机关在其库房扣押的部分肉毒素、玻尿酸系李某杰存放在其库房中的。被告人金某、黄某、邢某、吕某军对公诉机关指控其犯非法经营罪供认不讳。依照《中华人民共和国刑法》第二百二十五条第一项、第二十五条第一款、第二十六条第一款、第四款、第二十七条、第四十五条、第四十七条、第五十二条、第五十三条、第六十四条、第六十七条第三款，《中华人民共和国刑事诉讼法》第二百三十七条第一款的规定，判决如下：

一、被告人张某犯非法经营罪，判处有期徒刑六年，并处罚金人民币十二万元；（已缴纳）（刑期从判决执行之日起计算。判决执行以前先行羁押的，羁押一日折抵刑期一日，即自2018年3月27日起至2024年3月26日止。）

二、被告人金某犯非法经营罪，判处有期徒刑二年十个月，并处罚金人民币三万元；（已缴纳）（刑期从判决执行之日起计算。判决执行以前先行羁押的，羁押一日折抵刑期一日，即自2018年3月29日起至2021年1月28日止。）

三、被告人黄某犯非法经营罪，判处有期徒刑一年，并处罚金人民币五千元；（已缴纳）（刑期从判决执行之日起计算，判决执行以前先行羁押的，羁押一日折抵刑期一日。）

四、被告人邢某犯非法经营罪，判处有期徒刑八个月，并处罚金人民币一万五千元；（已缴纳）（刑期从判决执行之日起计算，判决执行以前先行羁押的，羁押一日折抵刑期一日。）

五、被告人吕某军犯非法经营罪，判处有期徒刑七个月，并处罚金人民币五千元；（已缴纳）（刑期从判决执行之日起计算，判决执行以前先行羁押的，羁押一日折抵刑期一日。)

六、被告人张某违法所得人民币十二万元、被告人金某违法所得人民币六千元、被告人黄某违法所得人民币二千元、被告人邢某违法所得人民币三千元、被告人吕某军违法所得人民币四千元，依法追缴，上缴国库；

七、公安机关扣押的药品、第三类医疗器械，依法由公安机关在本判决生效后依法销毁。

判决后，被告人张某、金某提出上诉。黑龙江省牡丹江市中级人民法院于2020 年 5 月 25 日作出刑事裁定：撤销黑龙江省牡丹江市爱民区人民法院（2019）黑 1004 刑初 31 号刑事判决；发回黑龙江省牡丹江市爱民区人民法院重新审理。黑龙江省牡丹江市爱民区人民法院依法另行组成合议庭，适用普通程序进行审理。

法院生效裁判认为，被告人张某未经许可，从事药品、第三类医疗器械经营活动，扰乱市场秩序，情节特别严重，被告人金某未经许可，从事药品、第三类医疗器械经营活动，扰乱市场秩序，情节严重，被告人黄某、邢某、吕某军未经许可，从事第三类医疗器械经营活动，扰乱市场秩序，情节严重，五被告人的行为均已构成非法经营罪，应依法予以惩处。黑龙江省牡丹江市爱民区人民检察院指控张某、金某、黄某、邢某、吕某军犯非法经营罪成立。被告人张某关于公安机关在其库房扣押的部分肉毒素、玻尿酸系李某杰存放在其库房中的辩解，无证据证实，不予采纳。张某、金某、黄某的辩护人关于本案部分犯罪系未遂，应当比照既遂犯从轻或者减轻处罚的辩护意见，经营者购进并存放于仓库等场所的行为属于经营行为的中间环节，对此也应认定为非法经营行为，故此点辩护意见不成立，不予采纳。张某的辩护人关于张某主观恶性不深，社会危害性相对较小，可对其从轻处罚的辩护意见，张某未经许可，从事药品、第三类医疗器械经营活动，数额达到情节特别严重标准，故此点辩护意见不成立，不予采纳。张某、金某、黄某、邢某、吕某军的辩护人关于张某、金某、黄某、邢某、吕某军如实供述自己的罪行，可从轻处罚的辩护意见，符合法律规定，予以采纳；张某、金某、黄某、邢某、吕某军的辩护人关于张某、金某、黄某、邢某、吕某军系初犯，无前科劣迹，认罪认罚，可酌情从轻处罚的辩护意见，符合法律规定，予以采纳。被告人金某、吕某军的辩护人关于金某、吕某军系从犯，可从轻处罚的辩护意见，符合法律规定，予以采纳；邢某的辩护人关于可对邢某适用缓刑的辩护意见，于法无据，不予采纳。吕某军的辩护人关于部分产品未流入社会，可对其酌情从轻处罚的辩护意见，符合法律规定，予以采纳。本案系发回本院重新审判的案件，除有新的犯罪事实，人民检察院补充起诉外，本院不得加重被告人的刑罚，在审理过程中因法律发生变化公诉机关变更了张某、金某非法经营犯罪事实，故二被告人非法经营犯罪量刑不受此限。本案部分犯罪系共同犯罪，其中黄某、吕某军非法经营犯罪中，黄某起主要作用，系主犯、吕某军起辅助作用，系从犯；金某在非法经营犯罪中起辅助作用，系从犯，应对黄某按照其所参与的全部犯罪处罚，应对金某、吕某军从轻处罚。张某、金某、邢某、黄某、吕某军到案后如实供述自己的罪行，可对五被告人从轻处罚；本案涉案药品、第三类医疗器械大部分未流入社会，可对张某、金某、黄某、吕某军酌情从轻处罚。

为维护国家限制买卖物品和经营许可证的市场管理制度，依照《中华人民共和国刑法》第二百二十五条第一项、第二十五条第一款、第二十六条第一款、第四款、第二十七条、第四十五条、第四十七条、第五十二条、第五十三条、第六十四条、第六十七条第三款，《中华人民共和国刑事诉讼法》第二百三十七条第一款的规定，作出判决：

一、被告人张某犯非法经营罪，判处有期徒刑六年，并处罚金人民币十二万元；

二、被告人金某犯非法经营罪，判处有期徒刑二年十个月，并处罚金人民币三万元；

三、被告人黄某犯非法经营罪，判处有期徒刑一年，并处罚金人民币五千元；

四、被告人邢某犯非法经营罪，判处有期徒刑八个月，并处罚金人民币一万五千元；

五、被告人吕某军犯非法经营罪，判处有期徒刑七个月，并处罚金人民币五千元。

【法官后语】

2019年12月1日起施行的《中华人民共和国药品管理法》彰显了法治对社会民生的关怀。本案的裁判，是依法对药品市场秩序整治的一次亮剑，对于新型美容药品类刑事案件审判具有借鉴意义。

近年来，非法医疗美容活动频发，不少消费者在使用了不法药品后给身体造成了无法逆转的损伤，严重危害了人民的生命健康权益，受到社会广泛关注。生产、销售、经营非法美容药品类犯罪，是美容类医疗事故上游的“因”，下游的“果”，则是许多非法美容医疗机构的不法运营。这些不法机构开办医疗美容业务的“速成班”，使得一些完全未经专业培训的讲师、学员摇身一变成为“资深医师”，非法开展医美医疗活动。建议相关行业监管部门要加大执法力度，严厉打击无营业执照、无行医资格、无正规场所的“三无”医美行为，规范医美行业依法有序发展，营造良好市场环境。

编写人：黑龙江省牡丹江市爱民区人民法院　冀国东　陈思彤

49

持有烟草专卖零售许可证销售走私烟是否构成非法经营罪

——张某等非法经营案

【案件基本信息】

1. 裁判书字号

湖南省中级人民法院（2021）湘02刑终87号刑事裁定书

2. 案由：非法经营罪

【基本案情】

2018年上半年，陈某军经人介绍认识郑某强，被告人郑某强称可以搞到走私烟，要被告人陈某军帮忙介绍湖南的买家，可以送货到湖南。被告人陈某军返回长沙后找到被告人周某华商量一起做走私烟生意，但因两人缺乏资金与卷烟销路未能接下该笔生意。之后被告人周某华又找到在长沙经营烟酒生意的被告人张某，被告人张某愿出资从防城港购进走私烟在长沙销售。2018年6月初，被告人陈某军告诉被告人郑某强长沙有人要购买走私烟，被告人郑某强获得信息后，便与被告人何某源和共同作案人黄某海（未到案）商量，三人每人出资5万元合伙将走私烟销售到湖南。由被告人郑某强负责联系货源与长沙买家，被告人何某源和共同作案人黄某海负责开车送货到长沙。为查看走私烟运输路线，被告人郑某强、何某源租车从防城港出发，在南宁接到被告人陈某军一起驾车到长沙，并与被告人张某见面确定购买走私烟的品种，送货交易地点为某镇。被告人陈某军将被告人郑某强、周某华的联系电话告知双方，由被告人周某华负责与被告人郑某强联系购买走私烟的具体事宜。被告人郑某强、何某源在桂林购买一辆二手长安轻型货车作为运输走私烟的工具，该车转户在被告人何某源名下，车牌号为桂CE××××。

自2018年7月开始，当被告人张某需要购进走私烟时就通知被告人周某华，由被告人周某华与被告人郑某强联系，被告人郑某强将走私烟装载在货车上并用饲料覆盖进行伪装，由被告人何某源和共同作案人黄某海驾车运输至某镇。被告人周某华与共同作案人叶某田（另案处理）到某镇接货后将走私烟存放至被告人张某在某村余某兴家租用的一仓库内，并将货款以现金方式交由被告人何某源。被告人周某华帮张某联系购买、接货走私卷烟每次获取报酬1千元，共计获利6千元。经查，被告人郑某强、何某源等人为非法牟利，在2018年7月至2019年3月驾驶桂CE××××号长安轻型货车6次运输走私烟到某镇，由被告人张某联系被告人周某华和共同作案人叶某田到收费站出口接货，并放置在被告人张某租用的仓库以备销售，每次每车装载50余箱，货值10余万元，上述6次交易涉案卷烟价值共计60余万元。被告人郑某强、何某源和共同作案人黄某海每次获利分别约 2 万元。

2019 年 3 月 31 日晚，被告人何某源和共同作案人黄某海再次运输走私烟至长沙，4 月 1 日上午途经京珠高速在 1564 千米处车辆爆胎侧翻，因害怕非法经营走私烟暴露两人弃车逃离现场。高速交警接到群众报警在处理事故中发现车中违法运输的卷烟，通知某烟草专卖局对卷烟进行查处，现场查获某牌甲 1000 条（20 箱），某牌乙 2150 条（43 箱）。根据某烟草质量监督监测站检验，该批卷烟为真品卷烟。某烟草专卖局出具的价格证明，所查获的卷烟未在国家烟草专卖局进口卷烟价格目录内，系走私烟。某牌甲指导零售价 260 元/条，某牌乙指导零售价 140 元/条。该次涉案卷烟价值共计 56.1 万元。

被告人郑某强、何某源、周某华、陈某军、张某均系被公安机关抓获归案，被告人郑某强、何某源、陈某军、周某华到案后，均如实供述了上述犯罪事实。

【案件焦点】

被告人张某持有烟草专卖零售许可证，其实施的行为是否构成非法经营罪。

【法院裁判要旨】

湖南省株洲市天元区人民法院经审理认为：被告人张某、郑某强、何某源、周某华、陈某军违反国家烟草专卖管理法律法规，未经烟草专卖行政主管部门许可，非法经营烟草专卖品，扰乱市场秩序，情节特别严重，其行为已构成非法经营罪。

湖南省株洲市天元区人民法院依照《中华人民共和国刑法》第二百二十五条第一项、第二十五条第一款、第二十六条第一款、第四款、第五十二条、第五十三条第一款、第六十四条；对被告人郑某强依法适用《中华人民共和国刑法》第二百二十五条第一项、第二十五条第一款、第二十六条第一款、第四款、第六十七条第三款、第五十二条、第五十三条第一款、第六十四条；对被告人何某源依法适用《中华人民共和国刑法》第二百二十五条第一项、第二十五条第一款、第二十六条第一款、第四款、第六十七条第三款、第五十二条、第五十三条第一款、第六十四条以及《中华人民共和国刑事诉讼法》第十五条、第二百零一条之规定；对被告人周某华依法适用《中华人民共和国刑法》第二百二十五条第一项、第二十五条第一款、第二十七条、第六十七条第三款、第五十二条、第五十三条第一款、第六十四条；对被告人陈某军依法适用《中华人民共和国刑法》第二百二十五条第一项、第二十五条第一款、第二十七条、第六十七条第三款、第五十二条、第五十三条第一款、第六十四条以及《中华人民共和国刑事诉讼法》第十五条、第二百零一条之规定，并经审判委员会讨论决定，作出如下判决：

一、被告人张某犯非法经营罪，判处有期徒刑五年六个月，并处罚金人民币六万元；

二、被告人郑某强犯非法经营罪，判处有期徒刑五年三个月，并处罚金人民币五万元；

三、被告人何某源犯非法经营罪，判处有期徒刑五年，并处罚金人民币五万元；

四、被告人周某华犯非法经营罪，判处有期徒刑四年六个月，并处罚金人民币三万元；

五、被告人陈某军犯非法经营罪，判处有期徒刑一年八个月，并处罚金人民币二万元；

六、缴获的烟草制品及被告人的违法所得予以没收。

被告人张某不服一审判决，提出上诉。湖南省株洲市中级人民法院经审理认为：上诉人（原审被告人）张某、原审被告人郑某强、何某源、周某华、陈某军违反国家烟草专卖管理规定，未经烟草专卖行政主管部门的许可，非法经营走私卷烟，扰乱市场秩序，情节特别严重，其行为均已构成非法经营罪。在郑某强、何某源等人共同经营走私卷烟犯罪过程中，郑某强、何某源起主要作用，系主犯，依法应当按照其所参与的全部犯罪处罚。上诉人张某、原审被告人周某华经陈某军介绍从郑某强、何某源等人处非法购进走私卷烟，系非法经营走私卷烟的下线，与郑某强、何某源等人不构成共同犯罪，一审判决认定张某、周某华与郑某强、何某源构成共同犯罪错误，应予以纠正。在张某、周某华、陈某军共同犯罪过程中，张某起主要作用，系主犯，依法应当按照其所参与的全部犯罪处罚；周某华、陈某军起次要作用，系从犯，依法应从轻或减轻处罚。原审被告人郑某强、何某源、周某华、陈某军到案后均能如实供述自己的罪行，依法可以从轻处罚。

上诉人张某提出他只是将仓库借给周某华使用，不是非法经营罪的主犯，张某实际是否出资证据不足的上诉理由及辩护人龙某洁提出认定张某6次购进走私烟并销售的事实不清、证据不足，应当以张某承认参与3次的购买金额185000作为认定非法经营数额的辩护意见。经查，认定张某伙同周某华、叶某田6次购进走私卷烟事实的证据有被告人郑某强、何某源、周某华、陈某军和共同作案人叶某田的供述、桂CE××××号车高速通行记录等证据证实，被告人张某虽供述参与了3次，但被告人周某华、郑某强、何某源和叶某田均供述交易了6次，每次货值为10余万元，且上述四人供述与CE××××号车高速通行记录相互印证，二审审理过程中张某自愿认罪认罚，如实供述6次购进走私卷烟的事实，足以认定。关于共同经营走私卷烟的分工问题，被告人周某华供述张某负责提供资金、仓库和销售，周某华负责联系广西的卖家郑某强、还负责和叶某田一起将走私烟送到仓库；叶某田供述其根据张某的安排和周某华一起接货（烟），并一起将货送到仓库；被告人张某在公安机关亦有同样的供述。上述供述共同证实了张某系走私卷烟的直接购买者，负责提供资金、仓库和销售走私烟，依法应认定非法经营的主犯。故该上诉理由及辩护意见不能成立，不予支持。

上诉人张某提出未将检验报告、价格证明及时告知他，不符合《最高人民法院关于适用〈中华人民共和国刑事诉讼法〉的解释》规定的上诉理由。经查，在案证据显示，公安机关将检验报告、价格证明的结论及时告知了被告人郑某强、何某源，两被告人均没有异议。庭审质证时，张某、郑某强、何某源对检验报告、价格证明均没有异议。该上诉理由不能成立，不予支持。辩护人龙某洁提出2019年4月1日在运输途中查获的香烟，应认定为犯罪未遂。香烟的货值应按照销售价格计算，证人杨某的证言证明某品牌乙是45元一条，某品牌甲是 65 元一条；现场查获的 2150 条某品牌乙和 1000 条某品牌甲应认定为价值 161750 元的辩护意见。经查，2019 年 4 月 1 日在运输途中缴获的走私卷烟还未交付给购买方张某，购买行为还没有完成，依法应认定该部分为犯罪未遂；关于此次查获的非法走私卷烟的货值计算问题，根据《最高人民法院、最高人民检察院关于办理非法生产、销售烟草专卖品等刑事案件具体应用法律若干问题的解释》第四条规定，非法经营烟草专卖品，能够查清销售或者购买价格的，按照其销售或者购买的价格计算非法经营数额。被告人周某华的供述、证人杨某的证言均证明某品牌乙销售价格是 45 元每条，某品牌甲销售价格是 65 元每条，结合被告人郑某强的供述，现场查获的 2150 条某品牌乙和 1000 条某品牌甲的价值应认定为 161750 元。该辩护意见成立，予以支持。辩护人提出被告人张某持有烟草专卖零售许可证，不宜构成非法经营罪的辩护意见。经查，上诉人张某虽然具有经营零售卷烟的资质，但张某明知涉案卷烟系尚未得到国家许可在境内销售的境外走私卷烟，先后 6 次从郑某强等人处购买后储存并销售，该行为扰乱了市场管理秩序，侵犯了国家对限制买卖物品和经营许可证的市场管理制度，其行为符合非法经营罪的构成要件，应以该罪对其定罪量刑。该辩护意见不能成立，不予支持。

上诉人张某及辩护人龙某洁提出构成从犯，原审判决量刑畸重的上诉理由。经查，张某非法经营走私卷烟的情节特别严重，且系主犯，依法应在五年以上有期徒刑量刑。原审判决根据非法经营的数额，结合其主犯等量刑情节，在法定刑罚幅度内从轻判处有期徒刑五年六个月，二审审理过程中虽认罪认罚，但根据非法经营的数额，不宜再从轻以法定刑的起点量刑。该上诉理由及辩护意见不能成立，不予支持。综上，原审判决认定事实清楚，证据确实充分，审判程序合法、量刑适当。依照《中华人民共和国刑法》第二百二十五条、第二十三条、第二十五条、第二十六条第一款、第四款、第二十七条、第六十七条第三款、第六十四条以及《中华人民共和国刑事诉讼法》第二百三十六条第一款一项之规定，裁定：

驳回上诉，维持原判。

【法官后语】

关于持有烟草零售许可证经营走私烟是否认定非法经营罪的问题，司法实践中一直存在争议。本案中，法院在审理张某、郑某强、何某源、周某华、陈某军非法经营案时，根据该案事实及在案证据综合审查认为，该批复适用的范围首先要符合烟草专卖法及烟草专卖法实施条例的相关规定，经营的烟草必须在中国境内允许销售的烟草。张某、郑某强、何某源、周某华、陈某军非法经营案中，涉案的卷烟均为禁止在国内销售的真品卷烟。因此，如果行为人仅有烟草专卖零售许可证却从事批发经营且经营的烟草允许在中国境内销售的，则属于“超范围和地域经营的情形”，根据批复精神可不以犯罪论处。而被告人张某虽持有烟草专卖零售许可证，但其经营的却是禁止在中国境内销售的真品走私卷烟，被告人张某经销走私烟显然不属于“超范围和地域经营的情形”，当然不符合上述批复精神。被告人张某经营走私烟的行为具有刑事违法性，应当以非法经营罪定罪处罚。

编写人：湖南省株洲市天元区人民法院　刘雅欣

50

搭建“第四方支付”平台为赌博网站提供资金支付结算的行为定性

——林某甲等非法经营案

【案件基本信息】

1. 裁判书字号

浙江省杭州市中级人民法院（2020）浙 01 刑终 406 号刑事裁定书

2. 案由：非法经营罪

【基本案情】

2018年1月至9月，被告人林某甲以某科技公司名义，在未获得支付结算业务资质的情况下，伙同被告人林某乙、张某、王某、金某、黄某等人以第三方支付平台为接口，自建支付结算系统，利用向他人收买、公司员工注册、下游商户提供等方式收集的大量无实际经营业务的空壳公司资料（包括工商资料、对公银行账户、法人资料、虚构的电子商务网站等）在某支付平台注册了数百个公司账户，再将支付接口散接至上述账户，非法从事赌博资金支付结算业务，共计非法结算资金达人民币46.69亿余元。

被告人林某乙负责该公司日常事务并主管公司技术事宜；被告人金某在林某乙不在时，负责公司日常管理事务，另还与被告人黄某等负责将结算数据与下游的报账数据进行核对，并交由林某甲审核后，在林某甲的指令下，利用掌握的空壳公司对应的对公账户、密码、网银向下游何某、李某甲（均另案处理）、被告人李某乙等提供的账户结算资金；被告人张某负责对林某甲购买的支付结算系统进行二次开发，优化升级，并为空壳公司企业支付宝账户配置对应通道资源，维护支付系统的运行；被告人王某主要负责处理客户投诉，对接下游，并将一些伪造的公司材料、交易材料提交给第三方支付平台，用以欺骗第三方支付平台解冻权限资金。

2018年3月至7月，被告人李某乙通过在何某公司任职时掌握的下游客户名单，在被告人吴某的帮助下对接某科技公司成为下游客户，非法为赌博资金提供支付结算服务，共计结算资金达人民币4.6亿余元。仅从2018年3月底至6月底的三个月内，从中非法获利人民币334.99万余元。

案发后，公安机关从某科技公司办公场所及被告人等处查扣作案使用的电脑、手机、公章、U盾等物品；并对某科技公司所掌握的本案中用于给赌博网站走账、结算的17个空壳公司对应的某支付平台账户进行冻结。

本院审理期间，被告人吴某亲属代为退缴其违法所得人民币6万元至本院。

【案件焦点】

搭建”第四方支付”平台为赌博网站提供资金支付结算的行为定性。

【法院裁判要旨】

浙江省杭州市西湖区人民法院经审理认为：被告人林某甲、林某乙、李某乙、金某、张某、王某、吴某、黄某未经国家有关主管部门批准，非法从事资金支付结算业务，扰乱市场秩序，情节特别严重，其行为均已构成非法经营罪。公诉机关的指控成立。被告人张某、王某、吴某、黄某在共同犯罪中起次要、辅助作用，系从犯，均予以减轻处罚。对被告人林某甲、张某、王某的辩护人所提前述被告人具有坦白情节的意见。经查，前述被告人在侦查阶段的供述或者庭审中对起诉书指控的部分事实予以否认，且对是否明知本案结算的系赌博资金的问题存在推诿，不宜认定为坦白，对辩护人所提相关意见，本院不予采纳。被告人林某乙、李某乙、金某、吴某、黄某自愿认罪认罚，且被告人吴某亲属能够代为退缴其个人违法所得，本院酌情予以从宽处罚。公诉机关及辩护人的相关意见，本院予以采纳。根据被告人李某乙、金某、张某、王某、吴某的犯罪情节，不宜适用缓刑，对辩护人所提请求适用缓刑的意见，本院不予采纳。根据被告人黄某的犯罪情节和悔罪表现，适用缓刑没有再犯罪的危险，且对其所居住社区也没有重大不良影响，故对其依法宣告缓刑。公诉机关量刑建议适当，应予采纳。据此，依照《中华人民共和国刑法》第二百二十五条第三项、第二十五条第一款、第二十六条第一款、第四款、第二十七条、第七十二条第一款、第三款、第七十三条第二款、第三款、第五十二条、第五十三条、第五十九条、第六十四条和《最高人民法院、最高人民检察院关于办理非法从事资金支付结算业务、非法买卖外汇刑事案件适用法律若干问题的解释》第一条第一项、第二项、第四条第一款第一项之规定，判决如下：

一、被告人林某甲犯非法经营罪，判处有期徒刑十二年六个月，并处没收财产人民币五千万元；

二、被告人林某乙犯非法经营罪，判处有期徒刑七年，并处罚金人民币一百万元；

三、被告人李某乙犯非法经营罪，判处有期徒刑五年六个月，并处罚金人民币七百万元；

四、被告人金某犯非法经营罪，判处有期徒刑五年，并处罚金人民币二十五万元；

五、被告人张某犯非法经营罪，判处有期徒刑四年，并处罚金人民币二十万元；

六、被告人王某犯非法经营罪，判处有期徒刑三年，并处罚金人民币十万元；

七、被告人吴某犯非法经营罪，判处有期徒刑二年，并处罚金人民币十万元；

八、被告人黄某犯非法经营罪，判处有期徒刑二年，缓刑三年，并处罚金人民币五万元；

九、对被告人吴某亲属代为退缴在本院的违法所得人民币 6 万元和公安机关查扣在案的犯罪工具手机、电脑、公章、U 盾等物品以及冻结在案的 17 个空壳公司对应某支付平台账户内涉案资金均依法予以没收；对被告人的违法所得依法予以追缴。

被告人林某甲、王某提起上诉。浙江省杭州市中级人民法院经审理认为：被告人林某甲、王某及其辩护人要求从宽处罚的请求，均依据不足，不予支持。原判定罪及适用法律正确，量刑适当。审判程序合法。据此，依照《中华人民共和国刑法》第二百二十五条第三项、第二十五条第一款、第二十六条第一款、第四款、第二十七条、第七十二条第一款、第三款、第七十三条第二款、第三款、第五十二条、第五十三条、第五十九条、第六十四条，《最高人民法院、最高人民检察院关于办理非法从事资金支付结算业务、非法买卖外汇刑事案件适用法律若干问题的解释》第一条第一项、第二项、第四条第一款第一项，《中华人民共和国刑事诉讼法》第二百三十六条第一款第一项之规定，裁定如下：

驳回上诉，维持原判。

【法官后语】

本案系新型的利用计算机网络技术实施的为赌博网站提供非法资金支付结算业务的案件。行为人通过互联网及线下办理、收购大量壳公司资料，再将上述资料用于申请支付宝对公账户，经支付宝审核并通过对公账户申请后，将上述对公支付宝账户挂在自行搭建的“第四方支付”平台，同时将支付接口参数发给上游赌博网站运营人员，赌博网站运营人员再将第三方支付平台充值接口放在赌博网站上供赌客充值。赌客在赌博网站点击充值功能并进行支付宝充值后，资金进入涉案“第四方支付”平台上挂载的第三方支付平台对公账户，行为人事前与赌博网站运营人员或中间商约定手续费比例（千分之五至千分之十二不等），资金流入“第四方支付”平台并自动按比例扣除手续费，其余资金再经该平台转入中间商或赌博网站运营人员指定的其他账户。同时，行为人为应对部分赌客充值后向第三方支付平台、工商行政管理部门进行投诉，还同步搭建了电子商务网站，网站上一般销售电子书等不需要线下实际发货的物品，如遇到赌客投诉或支付宝冻结账户，部分被告人专门负责提交虚假交易信息，以应对赌客的投诉及解冻账户。笔者认为，涉案行为人搭建“第四方支付”平台，为赌博网站提供资金支付结算业务的行为，同时符合非法经营罪和开设赌场罪的构成要件，应择一重罪论处，以非法经营罪定罪处罚。理由如下：

一、涉案平台属于非法的“第四方支付”平台

所谓的“第四方支付”平台是指未获得国家支付结算许可，违反国家支付结算制度，依托正规的第三方支付平台，通过大量注册商户或个人账户非法搭建的支付通道。“第四方支付”平台是相对于正规的第三方支付平台而言的。随着互联网的兴起，传统的银行—商家之间的支付模式受到冲击，互联网的特点决定买卖双方的交易不再受地域的局限，但这种传统支付模式面临着巨大的交易风险，因此第三方支付平台应运而生，第三方支付平台获得了国家支付结算许可，在买卖双方中充当了资金信用担保的角色，其拥有独立于买卖双方和信誉保障等特点，传统的“银行—商家”交易模式转变为“银行—第三方支付平台—商家”交易模式，资金安全和交易风险大幅度降低。第三方支付平台受

到各国法律的严格监管，监管部门及平台自身根据所在国家、地区的金融法规、政策进行监管，确保平台不会用于洗钱和各类涉互联网犯罪资金流通、中转、结算。

然而，互联网中存在大量的黑灰产业，巨额的违法、犯罪资金需要通过多种途径进行“洗白”、提现，上述资金如直接通过传统的银行卡转账或第三方支付平台进行资金中转、结算，资金流转情况极易被追踪、查获，故“第四方支付”平台应运而生。以上述第三方支付平台的模式为例，“第四方支付”平台系介于第三方支付平台与商家之间，构成了银行—第三方支付平台—“第四方支付”平台—商家交易模式，相关黑灰产资金经由银行卡等传统支付路径进入第三方支付平台，经第三方支付平台流转至行为人搭建的“第四方支付”平台，经“第四方支付”平台转入“客户”所指定的各类账户，最终将相关资金“洗白”而牟取高额利益。本案中，林某甲等人所搭建的正是前述的“第四方支付”平台，其根据从他人处购买的“聚合支付”代码，研究并修改成为适用于具备与第三方支付平台进行支付结算功能的“第四方支付”平台，从平台基本功能上看，与正规的第三方支付平台基本相同。支付机构依法接受中国人民银行的监督管理。未经中国人民银行批准，任何非金融机构和个人不得从事或变相从事支付业务。国务院2011年修订的《非法金融机构和非法金融业务活动取缔办法》第五条规定，未经中国人民银行依法批准，任何单位和个人不得擅自设立金融机构或者擅自从事金融业务活动。根据在案的工商登记资料，涉案的某科技公司并不具备金融支付结算资格，被告人林某甲等人也从未获得过支付业务许可。行为人利用自设的“第四方支付”平台擅自从事资金支付结算业务的行为无疑属于违反国家规定，非法从事资金支付结算业务的行为。

二、行为人利用“第四方支付”平台实施了非法从事资金支付结算业务行为

《最高人民法院、最高人民检察院关于办理非法从事资金支付结算业务、非法买卖外汇刑事案件适用法律若干问题的解释》第一条规定，违反国家规定，具有下列情形之一的，属于刑法第二百二十五条第三项规定的“非法从事

资金支付结算业务”：（1）使用受理终端或者网络支付接口等方法，以虚构交易、虚开价格、交易退款等非法方式向指定付款方支付货币资金的；（2）非法为他人提供单位银行结算账户套现或者单位银行结算账户转个人账户服务的；（3）非法为他人提供支票套现服务的；（4）其他非法从事资金支付结算业务的情形。”本案中，被告人林某甲等人在利用“第四方支付”平台接收赌客资金及将资金结算给“客户”指定账户的同时，为了应对银行、第三方支付平台及监管部门的风控，另行搭建多个独立站（指不依托于第三方电商网站，由销售者自行搭建的商品销售平台），在独立站上“销售”不需要实际发货的“电子书”等产品，并生成相应的订单编号、价格等信息，通过虚构交易的方式应对银行、第三方支付平台及监管部门的风控。被告人及同案人亦供述在遇到平台挂载的企业版支付宝账户被冻结时，有专门人员负责提交企业法人信息及上述商品订单信息，用于资金解冻。同时，上述信息也用于应对因赌客投诉至工商及市场监管部门而产生的纠纷。行为人的行为符合使用网络支付接口等方法，以虚构交易等非法方式向指定付款方支付货币资金的非法结算行为要件。此外，行为人利用涉案“第四方支付”平台接收赌客充值的资金，并将相关资金按照“客户”要求进行结算的模式属于“二清模式”。[①] 本案中，林某甲等人所搭建的无证“第四方支付”平台所实施的模式属于典型的“二清模式”。赌客将自有资金充值到林某甲等人在“第四方支付”平台上挂载的第三方支付平台对公账户，形成资金池，此时在第三方支付平台与“第四方支付”平台之间已经历了一次清算过程（第三方支付平台要扣除一定比例的手续费），此后，“第四方支付”平台再按照事先约定的手续费比例，扣除手续费后将款项打入“客户”

---

① “二清模式”是相对于“一清模式”而言的，“一清模式”指的是商家与银行或第三方支付之间仅经历一次结算过程。根据中国人民银行办公厅发布的《中国人民银行办公厅关于进一步加强无证经营支付业务整治工作的通知》，“二清模式”即二次清结算模式，一般指无证机构以平台对接或者大商户接入支付机构或商业银行，留存商户结算资金，并自行开展商户资金清分结算。从特征方面来看，一是大商户模式，平台类电商模式；二是商户是无证机构拓展的；三是持证机构将资金结算到无证机构指定商户账户；四是无证机构经由指定商户账户处理后再清分结算至二级商户的收款账户。

指定的其他账户，经历了第二次清算过程。该过程本质上就是非法为他人提供单位银行结算账户转个人账户的服务。行为人从第三方支付将资金提现到对应对公银行账户后，分别应下游要求再将资金虚构交易打入大量的私人银行卡，逃避国家金融监管，属于相关司法解释中所规定的典型的非法从事资金支付结算业务的行为。

三、涉案“第四方支付”平台的非法经营行为扰乱了金融市场秩序，具有极大的社会危害性

根据前述相关规定，银行是支付结算和资金清算的中介机构。未经中国人民银行批准的非银行金融机构和其他单位不得作为中介机构经营支付结算业务。非金融机构提供支付服务，必须按照规定取得《支付业务许可证》后才能成为支付机构。而涉案的“第四方支付”平台既没有获得支付许可，而且还在其实际运作中形成了资金池（Cash Pooling）。[①] 资金池的存在，使得管理人、控制人可以统筹调配池内资金，如商业银行、第三方支付公司及保险公司、大型企业所设立的财务中心、结算中心。本案中，林某甲等人从他人处购买及本公司员工注册的壳公司工商登记资料，并利用上述资料申请在第三方支付平台开设企业支付账户，再将企业版支付账户挂载到“第四方”平台，赌客在赌博 App、网站点击充值功能并进行充值后，实际上资金从赌客转移到了第三方支付平台，而后进入林某甲等人掌控的企业版支付宝账户中，形成了巨大的资金池，林某甲等人再根据与“客户”的事先约定，扣除一定比例的手续费后，将资金结算给“客户”。“第四方支付”平台实际上充当了银行的部分角色，行为人利用“第四方支付”通过虚假交易、对公转对私等方式，逃避监管部门的监管，破坏了正常的金融市场支付结算秩序。行为人所控制的巨额资金池容易衍生金融风险，对社会金融活动的正常有序运行产生严重危害。

---

① 资金池，也称现金总库。最早是由跨国公司的财务公司与国际银行联手开发的资金管理模式，以统一调拨集团的全球资金，最大限度地降低集团持有的净头寸。通俗意义上来看，实际上是把资金汇集到一起，形成一个像蓄水池一样的储存资金的空间。

四、行为同时符合非法经营罪和开设赌场罪的构成要件，应择一重罪论处，以非法经营罪定罪处罚

如前所述，行为人违反国家规定，利用“第四方支付”平台实施非法的资金支付结算业务行为，扰乱金融市场秩序，其行为符合非法经营罪的构成要件。同时，根据《最高人民法院、最高人民检察院、公安部关于办理网络赌博犯罪案件适用法律若干问题的意见》的规定，明知是赌博网站，为其提供资金支付结算服务，收取服务费数额在1万元以上或者帮助收取赌资20万元以上的，可认定为开设赌场罪的共犯；数额或者赌资达到前述规定标准5倍以上的，应当认定为开设赌场罪的“情节严重”。本案中，根据在案多名被告人、同案人的供述、投诉单及聊天记录等证据均证实被告人林某甲等人对某科技公司为赌博APP提供资金中转、结算业务主观上系明知。被告人林某甲等人在明知“客户”资金均为赌资的情况下，仍利用搭建的“第四方支付”平台为赌博网站提供支付结算服务，同时构成开设赌场罪的共犯，又因支付结算金额达到了“情节严重”的标准，其如果适用开设赌场罪的法定刑为三年以上十年以下有期徒刑，并处罚金。[1] 被告人林某甲等人的行为同时符合非法经营罪和开设赌场罪的构成要件，按照刑法理论通说，应从一重罪论处。根据《最高人民法院、最高人民检察院关于办理非法从事资金支付结算业务、非法买卖外汇刑事案件适用法律若干问题的解释》的相关规定，非法从事资金支付结算业务，非法经营数额在五百万元以上的，应当认定为非法经营行为“情节严重”；非法经营数额在二千五百万元以上的，应当认定为非法经营行为“情节特别严重”。被告人林某甲等人的非法经营数额高达人民币46亿余元，属于刑法第二百二十五条非法经营罪所规定的“情节特别严重”，其法定刑为五年以上有期徒刑，并处违法所得一倍以上五倍以下罚金或者没收财产。从被告人行为所对应的法定刑比较，适用非法经营罪明显重于开设赌场罪。故对被告人林某甲等人应以非法

① 开设赌场罪已经刑法修正案（十一）修改为：开设赌场的，处五年以下有期徒刑、拘役或者管制，并处罚金；情节严重的，处五年以上十年以下有期徒刑，并处罚金。本案发生在刑法修正案（十一）施行之前。

经营罪追究刑事责任。

五、财产刑的判处

利用“第四方支付”平台实施的非法支付结算行为属于典型的网络黑灰产业犯罪。行为人通过网络技术手段为犯罪资金提供转移功能，以逃避侦查和法律追究。大量违法、犯罪资金通过“第四方”平台的支付过程“洗白”，带来极大的社会危害性，且行为人可以在短时间内攫取巨额利润。本案被告人林某甲等人在短短数月间所结算资金就高达46亿余元。根据在案证据，某科技公司非法结算资金的手续费比例在千分之五至千分之十二左右不等，从有利于被告人的角度出发，按照千分之五就低计算获利，被告人林某甲等人的获利亦高达2300万余元。本案中，公安机关在侦查阶段还冻结了林某甲等人用于支付结算的17个空壳公司对应的支付宝账户，在案证据能够认定相关账户确为某科技公司所掌握并在本案中用于给赌博网站走账、结算所使用，账户内的钱款均为用于网络赌博的非法资金。对该类犯罪，应充分发挥财产刑的经济制裁作用，使行为人的犯罪行为无利可图并削弱其再犯罪的经济能力。根据刑法第二百二十五条的规定，人民法院对作为主犯的林某甲依法没收财产人民币五千万元，对其余各被告人根据违法所得金额从宽严相济的刑事政策出发分别判处金额不等的罚金，同时对冻结在案的账户内高达6000余万元的非法赌资依法予以没收。本案中，人民法院充分发挥财产刑的作用，有力打击了相关犯罪活动。

编写人：浙江省杭州市西湖区人民法院刑事审判庭　朱冠琳　郭森

51

犯罪组织成员不固定，实施犯罪没有持续性和稳定性，不宜认定为恶势力犯罪集团

——陈某平等非法转让、倒卖土地使用权、非法占用农用地、寻衅滋事案

【案件基本信息】

1. 裁判书字号

湖北省武穴市人民法院（2019）鄂1182刑初289号刑事判决书

2. 案由：非法转让、倒卖土地使用权罪、非法占用农用地罪、寻衅滋事罪

【基本案情】

一、非法占用农用地

2008年，被告人伍某芬与某村原书记陈某国签订某村大山承包合同，承包年限为30年。承包期间，被告人陈某平、伍某芬二人非法在某村大山取土，陈某平自己照看或者聘请陈某三平在大山进行管理，租挖机并聘请挖机师傅在某村大山非法取土，卖给刘某贵、岳某国等，同时陈某平将某村老砖瓦厂取土场的粘土制成红砖对外销售，牟取利益。陈某夫安排李某、兰某等人在伍某芬矿山管账并且看管挖机，每月分别支付李某、兰某一千元的工资。

2014年9月19日至2016年10月19日，被告人伍某芬因非法取土，被武穴市国土局先后行政处罚四次。经武穴市国土资源局查实：2013年4月至2014年6月，伍某芬在某村大山取土400车，非法获利16000元；2014年6月至2014年7月，伍某芬在某村老砖瓦厂取土场取土制砖对外销售，非法获利20000元；2015年4月，伍某芬在某村大山取土外销，非法获利8800元；2016年4月至2016年8月，伍某芬在某砖瓦厂内非法开采4167立方米粘土烧制红

砖，非法获利 3.336 万元。经某林业规划设计队认定，陈某平、伍某芬非法取土所占用林地、耕地面积共计 5.91 公顷（合计 88.65 亩）。

二、非法转让土地使用权

2011 年以来，被告人陈某平、伍某芬在未取得土地、规划部门审批的情况下，以 18 万元的价格从某兽医站买来 400 平方米土地、以 40 万元的价格从陈某祥处买来 600 平方米集体土地、以 20 万元的价格从陈某先处买来 198 平方米集体土地（三块土地毗邻），在该土地上非法开发商品房两栋总面积 5368 平方米，商品房造价每平方米为 650 元，建成后销售价格每平方米 900 元~1200 元不等，陈某平、伍某芬非法获利 134.2 万元。

三、寻衅滋事

2011 年 10 月，武穴市花桥镇某村村民投票选举村委会副主任，第一轮提名陈某夫、陈某东和朱某明参选，被告人陈某平为了让其子陈某夫顺利当选，便阻挠陈某东、朱某明参选。预选后的一天下午，陈某平开车至某大垸找到正在路边打谷的陈某东母亲席某花，陈某平警告席某花让陈某东放弃参选，并辱骂其子陈某东是残废。席某花将此事告知陈某东，陈某东在电话里与陈某平发生争执，后陈某平带陈某等人持刀到陈某东的副食店，用手掐住陈某东脖子并用砍刀指着陈某东威胁要将其砍死，陈某东迫于无奈放弃参选。后陈某平又给某卫生局及某卫生院相关领导打电话，制造压力迫使朱某明放弃参选。

2011 年 11 月，到某村村委会副主任第二轮选举时，陈某夫一人等额参加选举，因票数未过半未被选上，被告人陈某平觉得是某村三队队长陈某先在选票中作梗。被告人陈某平、伍某芬遂于某天晚上来到陈某先家门口，踢门辱骂陈某先，陈某先见状逃离。后陈某平强行带陈某先到各队队长家登门认错，逼迫让陈某先承认是他在选票中做了假，并威胁众人第二天不要参加村部召开的选举会议，否则砍断他们的脚。第二天，陈某平、伍某芬叫来铲车挖土堵住村委会大门阻扰会议正常进行，造成恶劣社会影响。

2014 年，被告人陈某平将其经营的砖瓦厂转让给某县吕某、黄某，2015 年上半年，朱某雄见厂内堆放的生产废料无人处理，朱某雄与吕某、黄某协商，他负责找车将废料运去填土方，吕某、黄某二人不收其费用。运废料的当天下午，陈某平回到厂里以朱某雄抢东西为名，将朱某雄叫来的铲车（司机朱某峰）、货车（司机岳某国）强行扣留，要求朱某雄出50000元钱，朱某雄无奈将自己的货车开到砖瓦厂，让陈某平放走朱某峰、岳某国的车，陈某平将朱某雄货车强行扣留三天，其间陈某平电话威胁逼迫朱某雄出钱，不然将其车子卖掉，后朱某雄出5000元钱，陈某平才将车子还给朱某雄。

2014年10月，岳某军因修建服装厂要填土，岳某军让岳某国在被告人陈某平山场拉土，并让其外甥朱某遗跟陈某平提前打好招呼。后岳某国运了320车土，每车50元，共计16000元。岳某军没有付岳某国运费，也没有将土钱给陈某平。陈某平以该土方系岳某国运输为由要求岳某国出钱，否则要扣其车辆。岳某国拒绝后，陈某平让陈某到岳某国家实施威胁，岳某国迫于无奈将货车开到砖瓦厂，陈某平强行将其车子扣留，岳某国找岳某军协商，岳某军将16000元土钱交给陈某平，陈某平才将车子还给岳某国。

2014年9月，陈某承在某超市找被告人陈某平讨要债务并拦住陈某平，陈某平殴打陈某承，胡某德拉劝后，陈某平准备离开，陈某承躺在车前不让，陈某平见状叫陈某夫等五人恐吓陈某承，一旁路边的彭某珍说句公道话，被告人陈某夫等打了彭某珍两巴掌，随后有人报警，陈某夫逃离现场。

2013年1月3日晚8时，被告人兰某、李某受刘某良邀约与郭某旗、刘某云、陈某利、余某、某成等来到某网吧教训与刘某良有过节的吴某东。兰某将吴某东从网吧拉出来后，兰某、李某与郭某旗、刘某云、陈某利、余某、某成等人持斧头、台球棍将吴某东打伤。后刘某良在某酒店设宴感谢兰某、李某等帮其报仇。经法医鉴定，吴某东的损伤程度属轻微伤。

2013年1月17日，被告人兰某、李某受陈某利邀约与刘某云、郭某旗（均已判决）、刘某良、余某、某成、姜某林等来到某溜冰场教训与陈某利有过节的陈某，兰某、李某等人仗着人多势众持砖头、台球棍等工具朝陈某身上乱打，后陈某的老表刘飞过来拉架时也被兰某、李某等人打伤。

2013年1月19日中午，被告人兰某听说与自己有过节的陈某弟从外地打工回家，便邀约郭某旗、刘某云、陈某利、余某、某成、程兵、姜某林等人来到陈某弟家，将陈某弟、陈某亮打伤，并将其家里的门窗、手机等物品砸坏。经法医鉴定，陈某弟、陈某亮的损伤程度属轻微伤。

案发后，被告人李某赔偿吴某东、陈某经济损失，并取得谅解。

2016 年 11 月 14 日凌晨，程某年、朱某华、吴豆豆、陈某松等人在花桥街吃烧烤，程某年、朱某华等人见陈某松目中无人便想教训一下陈某松。程某年、朱某华等找来毛某、吴某、彭某周和祝某龙开一辆吉利牌小车在某超市路上找到陈某松，程某年驾驶小车用后视镜碰撞陈某松，陈某松见状跑到出租屋内躲起来，程某年等人遂在其楼下守候，陈某松（已判决）叫其朋友杨某（已判决）带人支援，杨某叫来被告人陈某夫、陈某、刘某与杨某（另案处理）等人分乘两辆车赶来后，程某年等见对方人多势众便驾车逃跑，陈某夫等将陈某松接上车加速追赶程某年的车辆，致使程某年的车辆在某电机厂门口发生侧翻，程某年翻窗逃跑，陈某夫、陈某、刘某与陈某松、杨某等持棒球棍等工具对小车进行打砸，并用棒球棍捅车内人员。祝某龙翻窗出来后用匕首刺伤陈某松后逃跑，陈某夫等人让毛某、吴某、彭某周、朱某华跪在地上并对该四人进行殴打。

经鉴定，毛某伤情程度为轻伤，吴某、彭某周、朱某华为轻微伤，陈某松为轻微伤。经物价部门鉴定，程某年车辆受损价值为 31417 元。

四、聚众斗殴

2013 年 4 月 27 日晚，被告人兰某 1 与蓝某飞（已判决）在某卫生院因兰某 1 妻子检查身体一事与郭某东发生口角，蓝某飞用玻璃杯将郭某东的头部打破。郭某东因此怀恨在心，包扎好后，便打电话给蓝某飞，要求见面谈判。蓝某飞接电话后与郭某东在电话中斗狠，并与其约定在花桥镇打架。当晚，郭某东组织约十人持钢管、砍刀等工具分乘五辆小车赶往某镇。蓝某飞接到郭某东电话后便邀约被告人陈某夫、兰某、兰某 1、陈某与刘某云、郭某旗（均已判决）、程某兵等十人分乘三辆车携带钢管、砍刀等工具守候在花桥镇新街加油站附近路边。后陈某夫叫被告人李某送 18 把砍刀过来作晚上打架用。当日 24

时许，蓝某飞见郭某东等人乘坐的五辆车到达加油站附近，便上前拦住郭某东等人乘坐的小车，陈某夫、兰某、兰某1与刘某云、郭某旗、程某兵等人持砍刀、钢管对车辆进行打砸，后与郭某东方人员进行打斗。其间，李某开车带砍刀到花桥新街加油站准备与陈某夫等人汇合，陈某误以为李某的车辆是郭某东方的遂开面包车追赶李某。发现是误会后，陈某将李某准备的砍刀放到面包车上调头回到新街加油站，但此时，陈某夫等与郭某东等之间的斗殴已经结束。

经物价部门鉴定，被砸坏的轿车和出租车受损价值分别为3806元和4118元。

案发后，被告人陈某夫、兰某1、陈某分别赔偿郭某东经济损失1000元，并均取得谅解；赔偿刘某经济损失，并均取得谅解。被告人李某赔偿郭某东经济损失1000元，并取得谅解。

【案件焦点】

陈某平等应认定为恶势力团伙还是恶势力犯罪集团。

【法院裁判要旨】

湖北省武穴市人民法院经审理认为：陈某平、伍某芬违反土地管理法规，非法占用农用地，改变被占用土地用途，数量较大，造成农用地大量毁坏，其行为均构成非法占用农用地罪。被告人陈某平、伍某芬以牟利为目的，违反土地管理法规，非法转让、倒卖土地使用权，情节严重，其行为均构成非法转让、倒卖土地使用权罪。被告人陈某平辱骂、恐吓他人，造成恶劣社会影响；被告人伍某芬严重影响他人的工作、生活、生产、经营；被告人陈某夫、陈某参与陈某平一起辱骂、恐吓他人，造成恶劣社会影响，且被告人陈某夫、陈某、刘某持凶器随意殴打他人，致一人轻伤；被告人兰某、李某持凶器随意殴打他人，其行为均构成寻衅滋事罪。被告人陈某夫、兰某、陈某、李某、兰某1持械聚众斗殴，其行为均构成聚众斗殴罪。公诉机关指控八名被告人的罪名成立。

关于被告人陈某平、伍某芬辩解称自己的行为不构成非法转让土地使用权罪的意见，以及其辩护人辩护称被告人陈某平、伍某芬的行为不构成非法转让土地使用权罪的意见，法院认为，根据《中华人民共和国土地管理法》第十二条的规定，依法改变土地权属和用途的，应当办理土地变更登记手续。《中华人民共和国城市房地产管理法》第十八条的规定，土地使用者需要改变土地使用权出让合同约定的土地用途的，必须取得出让方和市、县人民政府城市规划行政主管部门的同意，签订土地使用权出让合同变更协议或者重新签订土地使用权出让合同，相应调整土地使用权出让金。被告人陈某平、伍某芬为谋取高额利润，违反土地管理法和国有建设土地出让合同的规定，擅自将购买的集体土地改变用途进行商品房开发并对外销售，实际将土地使用权转让给了购房者，但又不能依法办理土地使用权变更登记，行为实质是在未依法办理土地使用权变更手续，未经有关主管部门同意的情况下非法转让土地使用权，应以非法转让土地使用权罪论处。故二被告人及其辩护人的此辩护意见，不予采纳。

针对辩护人吕某祥、张某提出的从犯的意见，法院认为，被告人李某、兰某1在共同犯罪中不是起次要或辅助作用，不是从犯，将根据八名被告人在共同犯罪中所实施的犯罪事实、作用、地位以及对社会的危害程度，分别予以量刑。故辩护人的辩护意见，不予采纳。

被告人兰某犯罪时未满十八周岁，量刑时依法从轻或减轻处罚。被告人李某有参加聚众斗殴犯罪的犯意，在具体实施中因没有追赶上对方人员而未能完成具体斗殴行为，属犯罪未遂，可以比照既遂犯从轻或者减轻处罚。被告人陈某夫、陈某、兰某1、兰某、刘某当庭自愿认罪，被告人李某当庭认罪认罚，量刑时均依法从轻处罚。

寻衅滋事罪中，被告人李某赔偿吴某东、陈某经济损失，并取得谅解，量刑时酌情从轻处罚。聚众斗殴罪中，被告人陈某夫、兰某1、陈某分别赔偿郭某东、刘某经济损失，并均取得谅解；被告人李某赔偿郭某东经济损失，并取得谅解；量刑时均酌情从轻处罚。关于辩护人提出的赔偿谅解情节、自愿认罪情节、认罪认罚情节，均予以采纳。

依照《中华人民共和国刑法》第二百二十八条、第二百九十二条第一款第四项、第二百九十三条第一款第一项、第三百四十二条、第十七条第一款、第三款、第二十三条、第二十五条第一款、第六十四条、第六十七条第三款、第六十九条之规定，判决如下：

一、被告人陈某平犯非法占用农用地罪，判处有期徒刑三年，并处罚金人民币八万元；犯非法转让土地使用权罪，判处有期徒刑二年六个月，并处罚金人民币十五万元；犯寻衅滋事罪，判处有期徒刑二年十一个月，总和刑期有期徒刑八年五个月，并处罚金人民币二十三万元，决定执行有期徒刑八年，并处罚金人民币二十三万元；

二、被告人伍某芬犯非法占用农用地罪，判处有期徒刑三年，并处罚金人民币八万元；犯非法转让土地使用权罪，判处有期徒刑二年六个月，并处罚金人民币十五万元；犯寻衅滋事罪，判处有期徒刑二年一个月，总和刑期有期徒刑七年七个月，并处罚金人民币二十三万元，决定执行有期徒刑七年二个月，并处罚金人民币二十三万元；

三、被告人陈某夫犯寻衅滋事罪，判处有期徒刑三年五个月；犯聚众斗殴罪，判处有期徒刑三年，总和刑期有期徒刑六年五个月，决定执行有期徒刑五年十一个月；

四、被告人兰某犯寻衅滋事罪，判处有期徒刑一年一个月；犯聚众斗殴罪，判处有期徒刑二年七个月，总和刑期有期徒刑三年八个月，决定执行有期徒刑三年；

五、被告人陈某犯寻衅滋事罪，判处有期徒刑三年七个月；犯聚众斗殴罪，判处有期徒刑三年，总和刑期有期徒刑六年七个月，决定执行有期徒刑六年一个月；

六、被告人李某犯寻衅滋事罪，判处有期徒刑一年一个月；犯聚众斗殴罪，判处有期徒刑二年三个月，总和刑期有期徒刑三年四个月，决定执行有期徒刑二年八个月；

七、被告人兰某1犯聚众斗殴罪，判处有期徒刑三年；

八、被告人刘某犯寻衅滋事罪，判处有期徒刑三年四个月。

九、责令被告人陈某平、伍某芬退赔非法占用农用地罪的违法所得人民币七万八千一百六十元；

十、责令被告人陈某平、伍某芬退赔非法转让土地使用权罪的违法所得人民币一百三十四万二千元。

【法官后语】

关于恶势力犯罪案件，从侦查到起诉，直至审判阶段，都面临着同一个问题，那就是对组织性质的认定。由于黑恶势力犯罪构成较为复杂且认定标准存在不一致的地方，因此对组织性质的认定有一定的分歧，往往在审判阶段会推翻侦查和起诉阶段的结论，耽误案件审理的进程，因而成为黑恶势力犯罪案件司法实务中的一大难点。

“恶势力”是指经常纠集在一起，以暴力、威胁或其他手段，在一定区域或者行业内多次实施违法犯罪活动，为非作恶，欺压百姓，扰乱经济、社会生活秩序，造成较为恶劣的社会影响，但尚未形成黑社会性质组织的违法犯罪组织。恶势力犯罪集团是符合犯罪集团法定条件的恶势力犯罪组织，通常具有以下几个基本特征：有三名以上的组织成员，有明显的首要分子，重要成员较为固定，组织成员经常纠集在一起，共同故意实施三次以上恶势力惯常实施的犯罪活动或者其他犯罪活动。

首先，本案中，陈某平等人经常纠集在一起，多次实施违法犯罪活动，其场所不固定，哪里有“需要”就去哪里实施违法犯罪行为，其打击或报复的是特定的一个或一群对象，造成了极为恶劣的影响，但尚未对城区形成一定的非法控制或者重大影响，不具备黑社会性质组织必备的危害性特征。此外，该组织实施寻衅滋事、聚众斗殴是典型的恶黑势力违法犯罪行为，具备黑恶犯罪的行为特征；但没有明确的帮派帮规，组织特征不够明显；该组织实施违法犯罪行为不以经济利益为目的，同时也不具备一定的经济实力作为违法犯罪的支撑，不符合经济特征。因此，陈某平等形成的组织达不到黑社会性质组织的条件，不宜认定为黑社会性质组织，而是恶势力。

其次，恶势力团伙和恶势力犯罪集团从概念上统称为恶势力，但是二者又有所差别，关键区分点在于组织性特征。通常意义上来说，犯罪团伙是指三人以上，为实施违法犯罪行为临时纠集起来的一种犯罪组织形式，是共同犯罪的一种特殊形式，组织形式松散，团伙头目和骨干成员不固定，也没有明确的分工。而犯罪集团则是由三人以上组成，重要成员基本固定，有明显的首要分子，实施有预谋的犯罪活动，对社会造成严重的危害。犯罪团伙和犯罪集团在组织领导者、分工责任、持续性和稳定性等组织特征方面具有明显的差异。

本案中，陈某平这一犯罪组织成员不固定，实施犯罪，没有持续性和稳定性。将其认定为恶势力团伙是准确和适当的。

在办理涉黑涉恶案件中，要准确把握犯罪组织的各项特征，根据法律和司法解释相关规定，尤其要把握区分恶势力犯罪集团和黑社会性质组织的危害性特征以及恶势力犯罪团伙和恶势力犯罪集团的组织特征，依法认定。

编写人：湖北省武穴市人民法院　伍菁

52

合同诈骗罪中被告人非法占有目的认定

——刘某合同诈骗案

【案件基本信息】

1. 裁判书字号

河北省石家庄市中级人民法院（2019）冀01刑终1100号刑事裁定书

2. 案由：合同诈骗罪

【基本案情】

2015年10月至11月，刘某在未取得施工工程的情况下，以虚构的“某装饰公司”的名义，以可以承包塔某装饰工程收取进场保证金为由，在某小区骗取被害人王某A二万元、仇某某两万元、王某B二万元、郝某A一万元、武某某一万元、雷某某和王某C四万元、董某某1万元（退三千元）、姬某某三万元，共计人民币十五万七千元。

【案件焦点】

合同诈骗中如何准确定位其主观目的，确定是否有非法占有的恶意。

【法院裁判要旨】

河北省石家庄市裕华区人民法院经审理认为：刘某以非法占有为目的，在签订合同过程中，以虚构的单位签订合同，冒用他人名义，骗取对方当事人财物，数额较大，其行为已构成合同诈骗罪。对于被告人及辩护人提出不构成犯罪的意见，经审查全案证据分析：第一，根据被告人供述、被害人陈述、证人证言及被告人刘某写的保证书，可证实被告人在与各被害人签订合同时，并未取得塔某装饰工程，虽从证人证言可知刘某商谈过承包装饰工程事宜，也交了2万元保证金，但因保证金数额等问题，双方并未达成协议，未取得工程承包权，但被告人仍然向被害人介绍其有塔某装饰工程，假借与某建设公司相似度非常高的“某装饰公司”名义与众多被害人签订合同，取得信任，骗取多名被害人工程进场保证金，客观上有虚构事实、隐瞒真相，骗取被害人财物的行为。第二，虽被告人刘某签订合同是在其家中签订并用其真实姓名，但被告人刘某在收取被害人保证金后，在未取得工程施工资格的情况下，将款项用于他用，被害人催款后一直不予返还，并改变电话号码和住址等联系方式，致使无法与其联系，躲避债务，证实其主观上具有非法占有目的，符合合同诈骗罪构成要件。第三，虽本案中仅有二名被害人的合同上加盖了“某装饰公司合同专用章”，其他未盖章，但均是以某装饰公司作为甲方与被害人签订合同，虚构单位，误导被害人产生错误认识，具有骗取财物的主观故意。故对其不构成犯罪意见不予支持。依照《中华人民共和国刑法》第二百二十四条、第六十一条、第六十四条之规定，判决如下：

一、被告人刘某犯合同诈骗罪，判处有期徒刑二年六个月，并处罚金人民币三万元。

二、违法所得予以追缴，责令被告人刘某于本判决生效之日起五日内返还被害人王某A二万元、仇某某两万元、王某B二万元、郝某A二万元、武某某一万元、雷某某四万元、董某某七千元、姬某某三万元，共计人民币十五万七千元。

宣判后，被告人刘某提起上诉，河北省石家庄市中级人民法院同意一审法院裁判意见，裁定：

驳回上诉，维持原判。

【法官后语】

合同诈骗案件是刑事案件的常见案件，也是比较容易出现争议的案件，往往体现出报案立案难、侦查难、定案难的困境，主要是因为合同诈骗案件常常与民事欺诈等产生的合同纠纷混淆，尤其是出现在小标的、多名被害人的情况下，被害人的防骗意识不够强，证据往往较难收集，合同样式也不标准，被告人常常以做生意亏损无力还钱为由认为自己是合同纠纷、不构成刑事犯罪。在容易造成多名被害人损失的情况下而犯罪分子得不到法律追究，扰乱市场经济秩序，引起社会不稳定因素。

本案多名被害人报案后，经过网上追逃，将刘某抓获，后因证据不足检察院作出不予逮捕决定，刘某后来被取保候审，但在之后的侦查、审查起诉、法院审判阶段刘某一直没有还款意愿，拒不认罪，态度较差，引起民愤较大。经过法院一审、二审最终以合同诈骗罪判处其有期徒刑二年六个月，有力的打击了犯罪行为，保护了市场经济秩序，维护了被害人权益。

总结起来，有以下几点值得深思：

合同诈骗罪与合同纠纷有许多相似之处，二者都产生于民事交往并以合同的形式出现，都有不履行合同等违约行为，合同纠纷汇总有时也有欺骗行为。但二者的主要区别在于，行为人主观上是否有非法占有他人财物的目的。考察行为人的非法占有的主观目的一般从以下几点予以分析：

1. 本案中，刘某在与被害人签订合同时并未取得塔某装饰工程承包权，仍然向多名被害人谎称其有该工程承包权，并假借与蓝某建设公司相似度非常高的“某装饰公司”（甲方）名义与众多被害人签订合同，骗取被害人信任，签订合同，骗取进场保证金，客观上有虚构事实、隐瞒真相，骗取被害人财物的行为。

2. 签订合同后，行为人是否有履行合同的实际行动，如果未履行合同，原因是什么，是否积极采取补救措施。本案中，刘某在未取得工程施工资格的情况下，收取多名被害人保证金，但是刘某并未将款项用于跑办该事项，为积极采取方法谋求取得工程承包权予以弥补，在明知最后不能取得工程承包权的情况下也不将保证金退回被害人，而是将款项用于他用，被害人催款后一直不予返还，说明刘某主观上有非法占有的意图。

3. 行为人违约后是否愿意承担违约责任，态度是否积极，是否积极配合。本案中，刘某在不能取得工程承包权、多名被害人催款后一直拒不返还保证金，而且采取电话不接、变更家庭住址的情况下，想方设法躲避债务，致使被害人无法与其联系，证实其主观恶性较大，主观上具有非法占有的目的明显。

因此，从合同签订、合同履行、违约表现三个阶段综合分析行为人的行为，才能准确定位其主观目的，确定是否有非法占有的恶意，以此区分合同纠纷案件与合同诈骗罪的区别，以准确用合同诈骗罪的构成要件来定罪评价。

编写人：河北省石家庄市裕华区人民法院　何亚辉

53

合同诈骗案件中被害人的确定

——朱某合同诈骗案

【案件基本信息】

1. 裁判书字号

广东省佛山市中级人民法院（2021）粤刑06刑终285号刑事裁定书

2. 案由：合同诈骗罪

【基本案情】

2016年5月24日，被告人朱某注册成立甲公司，企业类型为有限责任公司（自然人独资），股东及法定代表人均为被告人朱某。2016年12月1日，甲公司与乙公司签订合作经营协议书，约定：乙公司授权甲公司为在某区销售服务东风本田品牌全车系列车辆之二级网点经销商；协议期限为2016年12月1日至2017年12月1日，协议到期，如双方无异议，本协议无需重新签署顺延一年；结算方式为全款提车，甲公司提车之前应将全额车款汇至乙公司账户。

2018年11月，因乙公司车辆库存量较大，无地方存放车辆，被告人朱某同意乙公司将车辆停放在甲公司承租的位于禅城区世纪车城停车场。2018年11月至2019年4月30日，乙公司陆续将123辆东风本田汽车停放在该停车场。双方约定：甲公司可以帮忙销售上述车辆，但是必须先向乙公司支付全额车款。

2019年1月至5月，被告人朱某在未向乙公司支付上述123辆东风本田汽车全额车款的情况下，向被害单位丙公司、丁公司谎称有权销售上述车辆，二被害单位遂与甲公司签订《购销合同》采购了其中的96辆汽车，其中，丁公司支付购车款人民币415.5万元，丙公司支付购车款人民币990.4万元。后被告人朱某向二被害单位交付一条汽车钥匙。被告人朱某收到上述款项后，部分用于偿还高利贷债务，部分转给乙公司作为采购其他车辆的款项。

2019年4月30日，乙公司在上述停车场盘点时，发现被告人朱某有擅自销售其中的21辆汽车的情形，于是向被告人朱某提出将剩余的汽车开走。被告人朱某隐瞒已收取上述车辆款项的事实，向乙公司出具《新车/物品放行申请表》，乙公司使用备用钥匙将上述车辆开走。

【案件焦点】

在朱某将乙公司的汽车私自转让给丙公司和丁公司的情况下，如何确定本案的被害人。

【法院裁判要旨】

广东省佛山市禅城区人民法院经审理认为：乙公司将其车辆停放被告人朱某停车场，并明确告知被告人朱某如欲销售上述车辆，需将车款全额支付给乙公司后方能提车；被告人朱某隐瞒上述事实，使二被害单位误以为被告人朱某已获得上述车辆的销售权，从而向被告人朱某购买上述涉案车辆；被告人朱某收到二被害单位的上述涉案车辆的车款后，将部分车款用于偿还个人借款，部分转账至乙公司，作为其购买非涉案车辆的车款，且向乙公司提走非涉案车辆；乙公司提出将涉案车辆开回乙公司时，被告人朱某又隐瞒其已收取二被害单位的涉案车辆购车款的事实，给乙公司开具放行条。被告人朱某上述行为具有非法占有目的，在履行合同过程中，隐瞒事实，致使二被害单位支付了车款但未能提取相关车辆，其行为符合合同诈骗罪的构成要件，构成合同诈骗罪。

广东省佛山市禅城区人民法院依照《中华人民共和国刑法》第二百二十四条、第五十二条、第五十三条、第五十五条、第五十六条、第六十四条的规定，作出判决：

一、被告人朱某犯合同诈骗罪，判处有期徒刑十二年，并处罚金人民币120000元，剥夺政治权利三年；

二、责令被告人朱某向被害单位丁公司退赔人民币415.5万元；向被害单位丙公司退赔人民币990.4万元；

三、解除对证人罗某某名下银行账户、莫某某名下银行账户、乙公司名下银行账户的冻结措施，公安机关暂扣乙公司的暂扣款人民币4835021.97元依法予以返还。

朱某上诉称朱某与丁公司、丙公司的汽车购销合同已履行完毕，不存在诈骗的行为和目的。造成两被害人的损失，不是朱某一人行为导致，乙公司存在过错，车辆是乙公司开走的。广东省佛山市中级人民法院经审理认为：朱某故意向丁公司、丙公司隐瞒了其无权处分涉案车辆的事实，将车辆交付给丁公司、丙公司，骗取了二被害单位的款项，用于偿还个人债务，从而使二被单位遭受财产损失，上述行为足以证实朱某具有非法占有目的，其行为系故意犯罪行为。

乙公司在朱某开出放行条后，将交到朱某处存放的车辆取回，系维护其公司的合法权益，并无法律上的过错。朱某的上诉理由不能成立，应予驳回。

广东省佛山市中级人民法院依照《中华人民共和国刑事诉讼法》第二百三十六条第一款第一项的规定，作出如下裁定：

驳回上诉，维持原判。

【法官后语】

本案中，朱某将乙公司存放在其公司停车场的车辆交给丙公司和丁公司后，将收取丙公司和丁公司的款项用于偿还个人债务。在朱某的上述行为完成后，乙公司和丙公司、丁公司都遭受到财产损失，那么如何确定本案的被害人关系到对本案的定性和涉案财物的处理。

按照约定，乙公司将车辆存放在朱某的停车场，如朱某找到买主可将车辆卖出时，朱某需先将车款支付给乙公司，乙公司收到款项才会开出发票和车辆合格证。买主凭发票和车辆合格证，才能将车辆过户到自己名下。本案中，朱某向丙公司、丁公司隐瞒了自己无权擅自处分车辆的事实，将车辆卖给二公司并收取车款。但因为没有相关凭证，丙公司、丁公司不可能将车辆过户到自己或买主名下。乙公司发现存放在朱某公司停车场的部分车辆缺失后，及时向朱某追回了车辆，及时挽回了损失。

本案中，乙公司是主动将车辆放于朱某公司的停车场，朱某将自己不具有处置权的财物交付给丙公司和丁公司并获得款项，但因车辆不能过户，朱某的合同诈骗行为被发现。本案中，乙公司及时发现了朱某的犯罪行为并及时将交到朱某处存放的车辆取回，系维护其公司的合法权益的行为，也加速了丙公司和丁公司发现被朱某合同诈骗的进程，但实质上的被害人还是丙公司和丁公司，丙公司和丁公司就是朱某合同诈骗的犯罪对象。朱某将乙公司存放在其公司停车场的车辆擅自卖出并将车款占有的行为，相对于乙公司来讲，是将代为保管的他人财物非法占为己有，是一种侵占行为，乙公司发现后向朱某追讨，朱某又将车辆退还，因此不构成侵占罪。该侵占行为与朱某的合同诈骗行为存在竞合关系，应以合同诈骗罪对朱某定罪处罚。

如果误将乙公司作为本案被害人，就必然会要求乙公司将向朱某追回的车辆再交付给丙公司和丁公司并开出发票和合格证，乙公司只能向朱某追偿损失。这不仅会使既定的经济关系再次遭到破坏，也会对朱某的罪责刑认定产生影响。因此，在某些经济犯罪案件中，如何准确厘清法律关系，正确认定被害人就成为案件审理的关键。

编写人：广东省佛山市中级人民法院　路红青

54

合同诈骗罪中主观故意的认定

——陈某某等合同诈骗案

【案件基本信息】

1. 裁判书字号

湖北省荆州市中级人民法院（2021）鄂10刑终76号刑事裁定书

2. 案由：合同诈骗罪

【基本案情】

被告人陈某某经人介绍知晓某水库土石方工程施工信息，与被告人童某某商议借某建设公司资质，与某工程公司商谈工程施工合作事宜，于2015年7月31日与某工程公司签订《土石方工程施工合同》，约定施工期间及保证金。合同签订后被告人陈某某、童某某与林某1、王某某、林某2合作，并商定占股份额。同年8月4日，其以某建设公司名义，将该工程发包给某2工程公司施工（实际发包给郑某某）。8月25日，林某1出资50万元向某工程公司缴纳保证金，并向陈某某支付前期费用28万元，向童某某支付3万元。公司通知开工后，郑某某委派方某某找来徐某某施工，进场时被某水库管理处叫停，告知该工程无相关审批、施工手续，无法施工，方某某等待无果后离开。陈某某既未退钱给林某1，也未谈后续合作事宜。徐某某按陈某某、童某某要求在施工地继续等待，后偶有施工也立马被叫停。

2015年10月，被害人蒋某某经徐某某介绍，认识二被告人。陈某某隐瞒该工程手续不全、他人占股、合作情况和工程发包情况，故意谎称该工程已经开始动工，手续完备，让蒋某某入股共同经营合作。同年12月9日，双方商谈约定合作事项及内容。陈某某私下交待其朋友刘某帮忙起草对其有利的合同，刘某根据双方商谈内容拟定合同。后陈某某谎称工程反正已经动工，删除150万元用途条款及违约退款条款。蒋某某当场对此提出异议，争执后签订《共同经营合同》，约定蒋某某投资100万元占股45%，陈某某、童某某占股55%，童某某在合同上签名。合同签订后，蒋某某共支付陈某某130万元，陈某某事后分给童某某15万元。蒋某某次日安排人员进场施工，被某水库管理处工作人员叫停。某水库管理处数次叫停该工程施工后，于12月10日对童某某下达书面《告知书》，告知其该工程未经过水库管理处的批准同意（或备案）。蒋某某发现该工程无法施工，要求陈某某、童某某退款。二人谎称马上就可以开工，为搪塞蒋某某，要蒋某某在工程旁边山坳处修便道，二个月后蒋某某发现便道工程无人监管与验收。

蒋某某修完便道后找陈某某、童某某多次讨要工程款和投资款未果，并于2016年9月、10月发现温峡口水库管理处给童某某下达的《告知书》，顿感被骗。讨要说法未果向公安机关报案。

【案件焦点】

合同诈骗犯罪中，被告人陈某某拒不承认其主观上具有合同诈骗故意的，如何根据在案证据定罪。

【法院裁判要旨】

湖北省荆州市沙市区人民法院经审理认为：被告人陈某某以非法占有为目的，明知自己没有实际履行合同的能力及合同目的无法实现，诱骗他人签订、履行合同，骗取他人钱财，被告人童某某受陈某某指示，帮助其完成相关行为，数额特别巨大，两被告人的行为均构成合同诈骗罪。在共同犯罪中，被告人童某某受陈某某安排，起辅助作用，系从犯，依法应当减轻处罚。被告人童某某于案发后积极退缴全部赃款，酌情可从轻处罚。依照《中华人民共和国刑法》第二百二十四条、第二十七条、第五十二条、第五十三条、第六十四条之规定，判决如下：

一、被告人陈某某犯合同诈骗罪，判处有期徒刑十年六个月，并处罚金人民币 50000 元。被告人童某某犯合同诈骗罪，判处有期徒刑三年，并处罚金人民币 10000 元；

二、被告人童某某向公安机关退缴的赃款 15 万元，返还给被害人蒋某某；责令被告人陈某某退还被害人蒋某某人民币 115 万元。

陈某某、童某某均提出上诉。湖北省荆州市中级人民法院经审理认为：上诉人陈某某以非法占有为目的，明知自己没有实际履行合同的能力及合同目的无法实现，诱骗他人签订、履行合同，骗取他人钱财，上诉人童某某受陈某某指示，帮助其完成相关行为，数额特别巨大，二上诉人的行为均构成合同诈骗罪。在共同犯罪中，上诉人童某某受陈某某安排，起辅助作用，系从犯，依法应当减轻处罚。原判认定事实清楚，适用法律正确，审判程序合法。依照《中华人民共和国刑事诉讼法》第二百三十六条第一款第一项的规定，裁定如下：

驳回上诉，维持原判。

【法官后语】

本案处理的重点在于被告人主观上是否具有合同诈骗的故意。根据《中华人民共和国刑法》第二百二十四条的规定，有下列情形之一，以非法占有为目的，在签订、履行合同过程中，骗取对方当事人财物，属于合同诈骗行为：（1）以虚构的单位或者冒用他人名义签订合同的；（2）以伪造、变造、作废的票据或者其他虚假的产权证明作担保的；（3）没有实际履行能力，以先履行小额合同或者部分履行合同的方法，诱骗对方当事人继续签订和履行合同的；（4）收受对方当事人给付的货物、货款、预付款或者担保财产后逃匿的；（5）

以其他方法骗取对方当事人财物的。

本案中，被告人陈某某以非法占有为目的，明知某水库土石方工程未经过水库管理处的批准同意（或备案），仍与他人签订的合作经营合同不能实际履行的合同，诱骗他人签订、履行合同，骗取蒋某某钱财一百余万元，上诉人童某某受陈某某指示，帮助其完成相关行为。基于以上分析，被告人陈某某、童某某主观上具有合同诈骗的故意。

值得注意的是，在推定被告人是否具有合同诈骗罪的主观故意时，应明确其明知自己没有实际履行合同的能力及合同目的无法实现，以虚构事实、隐瞒真相为手段，骗取合同相对方的信任，诱使对方陷于错误的认识和判断而主动交付财物，从而达到非法占有他人财物的目的。且合同诈骗罪中的“非法占有”，应是被告人以合同的签订、履行作为掩护，意图使合同相对方失去对自己财物的控制，追求将相对方财物据为己有或非法支配，从中获取非法利益的不法心理状态。

而在司法实践中认定被告人是否具有合同诈骗罪的主观故意，应根据案件事实及在案证据，结合行为人实施行为前、行为过程中及行为后的行为表现及主观意图进行评判。如签订、履行合同时有无欺诈行为；合同签订后履行义务的程度；合同签订后未履行合同是出于主观意愿不履行或是客观原因、意外事件、不可抗力等原因不能履行等。另外，合同签订后行为人对合同标的物的处理能反映出其实施行为时的主观意图。如行为人受到合同相对方款物后对款项的处理及用途，合同履行不能后是否积极退回款项。被告人在利用合同实施诈骗犯罪过程中，通常会采取各种手段掩盖其非法骗取他人财物的目的，案发后拒不认罪，应以证据为基础，结合被告人事实的客观具体行为，来判定其是否具有合同诈骗的主观故意，更加公正、合法、高效的发挥刑事审判职能的作用。

编写人：湖北省荆州市中级人民法院　李婷婷

55

承包施工工程中合同诈骗罪的认定

——李某友等合同诈骗案

【案件基本信息】

1. 裁判书字号

湖北省崇阳县人民法院（2020）鄂1223民初53号刑事判决书

2. 案由：合同诈骗罪

【基本案情】

2014年以来，被告人曾某华以骗取他人财物为目的，伪造某工程公司从某建设公司承包某高速公路施工合同书、中标通知书、从“某集团广宇分公司”承包某机场扩建项目土石方施工合同等相关文书，吸引他人前来订立工程转包合同，伙同被告人姜某海骗取他人交纳的保证金，被告人李某友与曾某华、姜某海订立转包合同并被骗去财物后，明知该工程系虚假的，仍然将工程转包给他人，以收取保证金的方式骗取财物。具体如下：

1. 2014年7月，被告人李某友经人介绍认识了被告人姜某海、曾某华，二人称通过关系从“某建设公司”争取到了“某高速公路TK65-TK71合同段”工程项目，欲将工程转包给李某友，2015年8月12日，曾某华与李某友签订了《公路工程施工承包合同书》，约定工期从2015年11月20日至2018年3月20日。2017年6月，李某友在约定的开工时间已到而工程仍不能开工的情况下，认识了被害人雷某高，对其称自己手里有某高速公路某连接线的工程项目，如果雷某高想合作，需向其交纳保证金，雷某高到某工程公司找到姜某海和曾某华，求证公司是否与李某友签订了某高速公路某连接线项目的工程合同时，两人均称该项目真实可靠，已与李某友签订了工程施工合同，并向雷某高提供了“某建设公司”给某工程公司的《中标通知书》和某工程公司与李某友的某工程公司签订的《公路工程施工承包合同书》欺骗雷某高，取得雷某高的信任。雷某高于2017年8月26日与李某友签订了某高速公路某连接线项目的《合作协议书》，2017年9月12日李某友以需交纳保证金为由，骗取雷某高100万元。

2017年11月，李某友、曾某华、姜某海以某机场土方项目马上要开工为由，骗取雷某高等人去搞某机场的土方项目，双方订立了《某机场改建项目土石方联合施工协议书》骗取雷某高、龚某芳等人保证金100万元。

2018年4月17日，雷某高等人到曾某华、姜某海设立的“山坡机场建设项目部”询问某连接线项目的真实性时，曾某华、姜某海还声称项目真实可靠，可以马上开工，并要雷某高等人向账上存款让“某建设公司”来验资，李某友以在武汉找好了投资公司来存款为由，骗取雷某高、龚某芳、揭某明、谢某平保证金150万元。

2. 2017年年底，刘某卫通过雷某高认识被告人姜某海，欲找姜某海承包土方工程，姜某海对刘某卫讲某机场这个项目是真实的，并同曾某华等人伪造开工仪式，刘某卫信以为真，签订了《某机场改扩建土石方工程项目施工合同》，曾某华、刘某卫分别代表发包方和承包方在合同上签了字，姜某海以需交纳保证金为由，于2018年1月两次共骗取刘某卫50万元，后因工程开不了工，姜某海被迫退还刘某卫8万元。

3. 2018年1月，被告人李某友又以同样的方法与黄某林签订“某高速公路支线TK65-TK71合同段”的《合作协议书》，协议规定：某建设公司将某高速公路支线TK65-TK71段路基工程约壹亿元工程量承包给黄某林施工。李某友以收取路基履约金的名义，先后于2018年1月16日、2月15日共计骗取黄某林人民币60万元。

4. 2018年5月22日，被告人李某友与万某胜、刘某卫签订“某高速公路支线TK65-TK71电力安装工程”《电力安装工程承包协议书》，并以需收履约金为由，骗取万某胜、刘某卫30万元。万某胜、刘某卫发现被骗后，多次找李某友退钱，并扬言要去报案，李某友于2019年3月25日退还了15万元。

5. 2018年上半年，刘某兵通过他人认识了被告人李某友，李某友称其手中有某高速公路崇阳连接线项目，并向其出示“某建设公司”下达的某连接线的相关红头文件及某工程公司和某建设公司签订的承包合同，刘某兵信以为真，同年7月2日，就与李某友签订了“某高速公路嘉通段支线T65-T71标段”《公路工程劳务施工合同》。当日，李某友以需交纳保证金为由，骗取刘某兵人民币50万元，事后当刘某兵向曾某华询问项目的真实性时，曾某华说项目是真的，并在曾某华的保证下，刘某兵又付给了李某友10万元保证金。李某友将其中的40万元还了雷某高、龚某芳，余款20万元自己花销。李某友将骗来的钱款用来偿还部分债务，并分给曾某华、姜某海等人各数十万元。2019年6月24日、2019年7月5日，李某友、姜某海到崇阳县公安局投案。案发后，曾某华向雷某高等人退赃183万元。

【案件焦点】

李某友、曾某华、姜某海构成合同诈骗罪的认定。

【法院裁判要旨】

湖北省崇阳县人民法院经审理认为：李某友、曾某华、姜某海以非法占有为目的，采取虚构事实或者隐瞒真相的方法，诈骗他人财物，数额特别巨大，其行为已构成诈骗罪，应当以诈骗罪追究三被告人的刑事责任，公诉机关指控的罪名欠妥。第一笔事实被告人李某友、曾某华是主犯，被告人姜某海是从犯；第二笔事实姜某海是主犯，曾某华是作用相对较小的主犯；第三笔、第四笔、第五笔事实李某是主犯，曾某是作用相对较小的主犯。对作用相对较小的主犯，予以从轻处罚；对部分是主犯、部分是从犯的按照量刑规范化计算其刑期，予以从轻或者减轻处罚。被告人曾某华、姜某海犯罪均年满六十五周岁，系老年人犯，予以从轻处罚。被告人李某友犯罪以后自动投案，由于一直隐瞒其知道曾某华承包的工程项目是假的这一关键事实，自首不成立，但如实供述犯罪事实有助于收集定案证据，是坦白，予以从轻处罚。被告人姜某海犯罪以后自动投案，如实供述自己及同案犯的犯罪事实，是自首，可以从轻或者减轻处罚。案发后，被告人曾某海退赔雷某高等人190万元并获得谅解，第三人王某偿还刘某兵9万元并书面提出自愿全额偿还刘某兵，系部分退赃，对被告人李某友、曾某华、姜某海均予以从轻处罚。依照《中华人民共和国刑法》第二百六十六条、第二十五条、第二十七条、第六十七条第一款、第三款、第五十二条、第五十三条、第六十四条之规定，判决如下：

一、被告人李某友犯诈骗罪，判处有期徒刑十三年，并处罚金人民币十万元；

二、被告人曾某华犯诈骗罪，判处有期徒刑十年，并处罚金人民币八万元；

三、被告人姜某海犯诈骗罪，判处有期徒刑七年，并处罚金人民币六万元；

四、被告人李某友、曾某华、姜某海共同违法所得477万元，责令退赔雷某高、龚某芳、谢某平、揭某明300万元（曾某华已退赔雷某高、龚某芳190万元），退赔刘某兵42万元（第三人王某已退赔9万元并提交书面材料自愿全额退赔），退赔黄某林60万元，退赔万某胜、刘某兵15万元，退赔刘某兵60万元。

【法官后语】

该案是一起团伙犯罪案件，被告人曾某华等以非法占有为目的，在2014年至2019年，采取注册公司、租赁办公场所、雇佣公司员工的方法，谎称其公司已中标某些特大工程项目，引诱他人前来分包工程项目并准许承包者转包，以现场考察、召开现场会议、签订承包合同和建设项目部等手段骗取承包者或者伙同承包者骗取下一级承包者的保证金或其他费用。

该案起诉的罪名是合同诈骗罪，被告人及其辩护人不认罪，法院认为被告人曾某华等人系以虚构事实或者隐瞒真相的方法骗取他人钱财的行为，签订合同仅作为一种骗术和犯罪工具，而且签订的合同是虚假合同，应当以诈骗追究其刑事责任。

本案在侦查、起诉初期方向有误，未挖出团伙中的类案、窝案，因犯罪行为具有很强的隐蔽性，案件办理亦具有一定的典型性，所以值得引起重视。

编写人：湖北省崇阳县人民法院　吴毅

ISBN 978-7-5216-2515-8

图书在版编目（CIP）数据

中国法院2022年度案例．刑事案例．二／国家法官学院，最高人民法院司法案例研究院编．—北京：中国法制出版社，2022.2
ISBN 978-7-5216-2515-8

Ⅰ.①中… Ⅱ.①国…②最… Ⅲ.①刑事犯罪-案例-汇编-中国 Ⅳ.①D920.5

中国版本图书馆CIP数据核字（2022）第025272号

策划编辑：李小草　韩璐玮（hanluwei666@163.com）
责任编辑：韩璐玮　　封面设计：李宁

中国法院2022年度案例．刑事案例．二
ZHONGGUO FAYUAN 2022 NIANDU ANLI. XINGSHI ANLI. ER

编者/国家法官学院，最高人民法院司法案例研究院
经销/新华书店
印刷/三河市紫恒印装有限公司
开本/730毫米×1030毫米　16开　　印张/15　字数/183千
版次/2022年2月第1版　　2022年2月第1次印刷

中国法制出版社出版
书号 ISBN 978-7-5216-2515-8　　定价：58.00元

北京市西城区西便门西里甲16号西便门办公区
邮政编码：100053　　传真：010-63141600
网址：http://www.zgfzs.com　　**编辑部电话：010-63141792**
市场营销部电话：010-63141612　　**印务部电话：010-63141606**

（如有印装质量问题，请与本社印务部联系。）